中国校本教研与校本课程数字出版平台
中国校本教研网 www.schooledu.com.cn
◎特别推荐◎

特色校本课程开发范例解读

Tese Xiaoben Kecheng Kaifa Fanli Jiedu

总主编：刘永平　李秀伟
张雪梅 等著

江苏凤凰教育出版社
Phoenix Education Publishing, Ltd

图书在版编目（CIP）数据

特色校本课程开发范例解读 / 张雪梅主编.
—南京：江苏教育出版社，2013.6（2017.6 重印）

ISBN 978-7-5499-2978-8

Ⅰ.①特… Ⅱ.①张… Ⅲ.①课程—教学研究—中小学 Ⅳ.①G623.3

中国版本图书馆 CIP 数据核字（2013）第 125694 号

书　　名	特色校本课程开发范例解读
作　　者	张雪梅等
责任编辑	严小英　司亚宁
出版发行	江苏凤凰教育出版社（南京市湖南路 1 号 A 楼　邮编 210009）
苏教网址	http：//www.1088.com.cn
照　　排	润星之源文化有限公司
印　　刷	三河市九洲财鑫印刷有限公司
厂　　址	河北省三河市灵山大口
开　　本	787 毫米×1092 毫米　1/16
印　　张	16.25
字　　数	266 千字
版　　次	2013 年 6 月第 1 版　2017 年 6 月第 3 次印刷
书　　号	ISBN 978-7-5499-2978-8
定　　价	30.00 元
网店地址	http：//jsfhjycbs.tmall.com
邮购电话	025-85406265,85400774　短信　02585420909
E - mail	jsep@vip.163.com
盗版举报	025-83658579

《校本研修》

系列丛书

前　言

真实，所以超越

当几本书稿摆上案头，凌晨的台灯下，我轻轻地摩挲着每一个文字，这里记载了团队老师四年来在教育现场踩出的凹凸不平的足迹。我清楚地知道，这些饱含着教育情怀的文字皆出自老师们每一天在教育实践中的切己体察、虚心涵泳，这是在自己的土地生长出来的可以触摸的果实。

2010 年，当我的工作室在奎文区建立的时候，没有人告诉我们要做些什么，我们也不知道该做些什么。整整一年的摸索、探索，甚至我们自己都怀疑这样的一个工作室、二十几位老师聚在一起会有什么意义。然而，正是那些几乎荒废了的时光告诉了我们：高瞻远瞩、左顾右盼不是我们的发展之道，潜心课堂、内省自我才能够有明达与智慧的选择。

我们选择，在真实的教育现场做真实的教育研究。

我们定义自己所做乃小生产劳动者的事情，就像中国几千万中小学教师的平凡劳动一样，可是，这也是人之所依，墨子说：

“今人固于禽兽麋鹿飞鸟贞虫异者也。今之禽兽麋鹿飞鸟贞虫因其羽毛以为衣裘；因其蹄爪以为袴屦；因其水草以为饮食。……今人与此异者也，赖其力者生，不赖其力者不生。”

每一个人的努力劳作恰恰是最不平凡的事情。

我们忘不了：

一节课的研修，李蓓蓓、赵楠、王安存、裴志星……每人留下 5 万乃至 10 万字的记录；

凌晨五点李蕾老师发来的信息：李老师，你也一夜没有睡吗；

病床边姜美玲老师打来的电话：李老师，我把案例删去了 7000 字；

一年过去了，辛秀红老师开发的课程还没有名字，而学生已经深深受益；

每一次研究现场，刘素雁老师在精心呵护着每一位老师的发展与进步；

宋燕在读《艺术人类学》，林亚妮在读《尼各马克伦理学》，殷芝华在读《论自由》，李华强在读《知性改进论》……

这是教育的良知，“仁者爱之理，爱者仁之用”。把自己放进教育的最深处，渐渐地，一些简单却被忽视的道理浮现出来。

张志勇研究员多年来在山东省力行的远程研修，主张的教师第二课程，推进的教师读书计划，期待的卓越课堂改革在这里着陆。

在“校本研修”中，教师把自己放在舞台的最中央，历练出了教育的智慧，也发现了一个普遍可用的模型；

在“第二课程”开发中，教师把学生个性发展需要置于教育的终极目标上，构建起了一个完整开放的校本课程开发结构；

在“教育读写”中，老师们推己及人，用自己的笔墨人生解答一个学生可以持续发展的核心命题；

在“卓越课堂”构建中，老师们用自己的理论思维让课堂变得从此与众不同而价值无穷。

这四本书回答了教育理论与教育实践间最亲密的姻缘关系，是一个过程的记载，也是一段研究的陈述。

本书呈现的是自2012年开始的“教师第二课程建设项目”成果，最终以校本课程的形式转变了学校的教育行走方式。工作室的老师们和潍坊育华学校、潍坊市奎文区的部分学校在多年来校本课程研发的基础上，建立了一个基于“理解与改进”的校本课程建设范型，将课程产生、课程实施、课程评价、课程改进融为一体，赋予校本课程本身发展力。

这一范型的呈现只是就实践价值来观照的。回望，是为了更好地前行，而不是结束。

启明的星辰正在东方升起，我与我的朋友们，将继续同行！

李秀伟

2013年1月6日，泉城济南英雄山下

CONTENTS

目 录

CONTENTS

Te Se Xiao Ben

特色校本课程开发范例解读

Ke Cheng Kai Fa Fan Li Jie Du

CONTENTS

Te Se Xiao Ben 特色校本课程开发范例解读 Ke Cheng Kai Fa Fan Li Jie Du

CONTENTS

CONTENTS

Te Se Xiao Ben
特色校本课程开发范例解读
Ke Cheng Kai Fa Fan Li Jie Du

第一章

校本课程开发的异变与思辨

作为我国三级课程管理体系中以学校为主体开发的课程类型，校本课程在拓展学生的个性化发展空间，提升教师的课程研究力，创生学校特色等方面已经产生了实际作用，成为中小学学校教育改革的关键因素。开发校本课程，既有地域的、文化的、历史的依据，又有学生需要、教师能力、学校核心价值观的诉求，这就使得校本课程在开发过程中不因“第三级”而低而以“第三类”而立。校本课程开发既需要专业的视野又寄寓着专业的行动，是一种教育过程。通过对2001年以来中小学校本课程开发现场部分案例的分析与调查研究，能够发现一些值得关注和探讨的校本课程开发异变问题，而据此以实践者的视角进行校本课程建设的模型探讨，无疑具有重要意义。

一般认为，校本课程的开发也有一个基本的程序。拉尔夫·泰勒(Ralph W. Tyler)的“泰勒原理”[①]是一种被普遍认可的课程编制理论，其基本流程为“确定目标——选择经验——组织经验——评价经验”。当学校无意中进入或有意地借鉴这一编制过程时，校本课程开发既有了足够的理论与操作基础，却也产生了校本课程开发乃至实施过程中的异变问题。

一、课程领导异变为课程专权

A校作为一所九年一贯制学校，十几年前确立了以“书法”作为校本课程开发的基本方向，其目标定位为“写字育人”——“写方方正正的中国字，做堂堂正正的中国人”，有着深刻的文化内涵与积极的教育意义。于是，

① 泰勒原理给出的课程开发的四个基本问题为：学校应力求达到何种教育目标？要为学生提供怎样的教育经验才能达到这些教育目标？如何有效地组织好这些教育经验？我们如何才能确定这些教育目标正在得以实现？

学校校本课程的课时全部安排为书法课。每周两节课的书法训练让全校师生的硬笔书法、毛笔书法有了长足的进步，也促进了学校品牌的形成。深入考察可以发现，A 校校长是一位书法爱好者，并且是当地书法家协会的会员，书法校本课程因此得到强力推行。2009 年，该校长离任，另一位校长上任不久即将学校特色定位于“京剧文化”，以“京腔京韵，身心两健”为核心构建起了京剧校本课程，师生研究京剧、表演京剧，形成了一系列关于京剧的研究性学习成果，两年后成功举办了“京剧艺术节”，引发了强烈反响，受到较高的专业评价与社会评价。事实上，这位校长是“京剧票友”，有着较深厚的京剧造诣，如此便促成了学校校本课程由书法向京剧及学校办学特色的“成功”转型。

从当前我国中小学校本课程的建设经验来看，由校长决定校本课程的现象并不鲜见，甚至是普遍存在着，即便不是校长一个人的喜好决定着校本课程，也存在着一种观念主导下的校本课程单一化的倾向。

用泰勒原理来考察 A 校的校本课程开发，其过程和结果都是合理的，两位校长都确立了学校的教育目标，并通过校本课程开发实现了它，学生发展和学校特色相得益彰，具有校本课程所应具有的教育价值。然而，我们也能轻易地发现问题所在。课程是学校教育的直接产品，是服务于学校发展的；学生的发展是建立在全面发展基础上的个性发展，校本课程要为此提供可能。这里有两个问题：一是课程是否丰富而富有选择性。因为缺少了选择性的课程将异变为教育专制，而“凡是压制和歪曲那些能在最少的浪费的条件下改变人类倾向的教育过程的东西，会助长那些使社会陷于僵局的势力，并鼓励人们把暴力作为社会改变的工具”①。显然，无法让学生充分选择的课程铺陈不是一种“约取”，而是以压制和歪曲的态势造成学生发展的被压制和被歪曲，并从一种隐性的教育暴力迁移为一种持续的抑制力量。选择性是课程建设的前提，而实现学生选择的课程体系则在于其内在结构与内涵的丰富。二是课程是由学生来驾驭而不是对学生进行驾驭的工具。马克思说：“外部世界对个人才能的实际发展所起的推动作用为个人本身驾驭的时候，才不再是理想、职责等等。”② 单从学生是否能实现真实的发展来看，他们对

---

① ［英］约翰·杜威著，傅统先、邱春译．《人的问题》［M］．南京：江苏教育出版社，2006：186.

② 《马克思恩格斯全集》（第 3 版）［M］．人民出版社，1960：286.

课程的驾驭程度也在某种程度上决定着自己的发展程度，课程的生命是由学生来促成的。校本课程可以定位为“本校学生的课程”，是具有极其鲜明的学生本体意义的，只有如此，学生才能在主动驾驭课程的过程中获得外部世界对其发展的实际期望和推动作用。

二、课程价值异变为课程功利

B校是黄河岸边的一所县级高中，长期以来，优质的教育质量给学校在当地带来了良好的社会信誉。随着素质教育的深入推进、课程改革的广泛实施，学校逐渐失去了高考优势。特别是在普通高中多样化建设的背景下，校领导意识到了单纯追求高升学率的弊端与问题，意欲以校本课程建设来形成新的办学特色。于是，学校组建了“校本课程研制与开发小组”，进行了将近一个月的封闭式课程开发，几位小组成员都是学校教学与科研的骨干力量，他们结合《普通高中课程方案》，努力挖掘当地自然、人文资源，从历史、文化、民俗、物产、社会资源等八大领域构建了77门以“黄河长久远”为主题的校本课程，开发了各种校本教材（其实未经专业审定）100多本（套），并且由学校出资印刷后迅速分发给各年级学生。由于该校校本课程建设“动作快、力度大、效果好”，当地甚至专门召开了普通高中校本课程建设研讨会来推介其经验。

显然，B校集中攻关、印制的校本教材既不能完全承载校本课程的价值，也不具有校本教材的合制度性存在方式。对学生来说，这些教材只能只能看作课外读物，成套的、成批次的校本教材并没有发挥其应有的课程价值。

首先，以泰勒原理来考察，因为社会资源往往是学校打造特色课程、形成学校特色的主要依据，B校在教育目标的选择上过多地考察了社会资源，而对学生资源、学科资源无暇兼顾；另外，该校没有按泰勒所主张的从教育哲学与学校心理学领域进行深度研究与筛选，而仅仅将目标指向学校的特色，如此一来，从价值定位上已偏离了校本课程的原意。台湾学者黄政杰曾指出：“完整的课程概念，包含了学科（教材）、经验、目标、计划等内涵，虽然课程设计者的工作范围不必每次都包括这么广大，但应谨防受到狭隘课程观的主宰。”[①] 当狭隘甚至功利的课程观主宰校本课程建设者的思维时，极容易出现突击编教材的行为异变现象，无《课程纲要》，无“实施计划”，无“课程评价”等一系列要素，而单独设计校本教材的问题在当前中小学里广泛存在。学校应该具有完整、合制度化的课程观。

其实，考察校本课程的价值宜从学生的视角来进行。课程应是对学生“生命存在活动的一种预期”，这就为课程打上了鲜明的价值烙印。一切课程都不可缺少对学生的考量，这是一种综合学生发展需要和发展可能的目标性考量。课程还应当是学生“有获得性的生命存在活动”，这种生命存在活动既包括每一个学生个体的整体生命，又包括学生群体的生命，隐含着课程建设与实施的多元、多样化思考。对校本课程，至少要由代表学校的校本课程开发专业教师、校本课程执教教师以及学生三方面来定位才能确立其价值，并且，其价值要落实于校本的实践而不是结构体系是否完整。

三、课程内容异变为课程资源

C县有丰富的民俗文化资源，其民间剪纸艺术因独具地方特色而声名远播。这个县的小学、初中、高中，都开设了以剪纸艺术为核心内容的校本课程，其中高中以选修模块来呈现。这些学校的课程建设过程是符合课程规范的，从其《课程纲要》来看，具备了充分的基础性论证与计划性，呈现出来的均是严格课程规范下的有课程实践价值的课程。然而，其课程目标与内容都选有层次性的欠缺。如小学阶段有这样的目标与内容设置：“学生学会简单的剪纸方法，使用剪纸工具和材料，尝试制作过程，体验剪纸学习的乐趣，促进学生的艺术感知与欣赏能力、艺术表现与创作能力以及动手制作能力的发展，让他们获得基本的美术素养，得到全面发展”；初中阶段有这样的目标与内容设置：“学生学会简单的剪纸方法，使用剪纸工具和材料，尝试制作过程，体验剪纸学习的乐趣，促进学生的艺术感知与欣赏能力、艺术表现与创作能力以及动手制作能力的发展，让他们形成基本的美术素养，获得全面发展”；高中阶段有这样的目标与内容设置：“学生学会简单的剪纸方

① 黄政杰.《课程设计》[M].台北：台湾东华书局，1991：76.

法，使用剪纸工具、材料，尝试制作过程，体验剪纸学习的乐趣、方法，促进学生的艺术感知与欣赏能力、艺术表现与创作能力以及动手制作能力的发展，让他们形成基本的美术素养，获得全面发展”。进一步深入课程实施现场来看，从小学到高中，学生挥动剪刀，几乎在做着没有本质上甚至难度上区别的事情。

不可否认，对实践能力的培养可以贯穿于小学到初中乃至高中，同样的实践活动在不同年龄阶段发挥着不同的作用，这应是值得肯定的教学行为。问题是，针对不同年龄、不同学校的学生，课程的性质定位、目标定位，包括难度、深度、广度、效度等理应体现出层次，甚至可以是螺旋上升的。

校本课程的内容设置以及教学实施取决于课程性质以及课程目标，应该充分思考学生的学习需求、发展可能等，之后再进行理性建构。然而，许多学校却像C县的学校一样，将教学资源直接取来作为课程内容应用，满足的是单纯的教学需求而非课程需求，缺少对学校需要与学生学习特点的判断，继而失去了对教学资源选择后的加工、处理、归类等课程化的过程。黄甫全教授曾从课程实质上进行过这样的定义：“课程是一种预期教育结果的重新结构化序列。”① 没有这种“重新结构化、序列化”的过程，取来的教学资源就不能够有针对性地对学生产生课程影响。当然，这种“重新结构化序列”也包含着课程的实施与评价过程，唯有如此才有可能达到所谓的“任何学科都可以用理智上忠实的形式教给任何年龄阶段的任何儿童”。（布鲁纳）这就是说，开发校本课程需要就同一种教学资源进行难度、水平等内容与实施上的校本化重构。

四、课程评价异变为学习评价

D校是一所高中，非常重视对学生的责任教育，在充分的论证下，该校编写了《与责任同行》的配套读本，作为教材使用。从2006年到2012年，笔者多次深度探访这所学校并两次拿到《与责任同行》的教材，其内容都未

① 黄甫全.《阶梯形课程引论》(第1版)[M].贵阳：贵州人民出版社，1996：27.

发生改变。2006 年学生手中的教材和 2012 年学生手中的教材中都有这样一段话："1976 年 8 月 28 日，我国唐山市及其周围地区遭受了一场大地震，这是新中国成立以来我国遭受的最大的一场地震，共造成……" 显然，教材中把 7 月 28 日写成 8 月 28 日的错误 7 年来未曾改动；而且，2008 年的汶川地震早已成为当前学生最新最深的痛，作为责任教育的教材，《与责任同行》是否应当改动一下呢?

D 校还开发了另外一大批校本课程教材，如《语文校本课程》《数学校本课程（文科)》《数学校本课程（理科)》《物理校本课程》《历史校本课程》等，打开一看，书中完全是各学科的训练题及过往的高考试题，显然，极端的应试倾向促成了这种本不应存在的校本课程。

两种现象呈现的校本课程的问题分别是过程取向的一成不变与价值取向的学科训练，从表面上看两者是互不相关的问题，而实质上它们都是课程评价缺失引起的异变。

一般认为，课程评价要通过评价学生的学习效果来进行，然而，在评价过程中，对课程的评价却大都成了对学生学习效果的评价，期望以此来评价学生学得如何，依此进行形成性评价及更有针对性的教学改进，忽略了课程评价的第一要素——对课程产品或课程材料，包括课程实施本身的评价。以学生的学习效果来评价课程，对课程进行评价、改进的缺失，成为当前中小学校本课程表面繁荣而内在功能与价值完全异化的主因。因为，如果我们确定的课程目标是学生必须通过学习这门课程达成的，是先验的、不变的，并且在课程内容、课程实施等方面努力引领学生达成这些目标，而并不对课程目标、课程内容及课程实施过程进行评价，那么，我们得出的结论将会指向于学生，指向于学生的学业水平甚至学生成绩，而不是课程本身的改进空间与可能。这样造成的课程先验并固化的问题，使校本课程成为一个封闭的、绝对正确的系统，如此一来，也就难怪当前我国中小学校本课程建设领域极度"繁盛"现象的出现了。

五、校本课程开发专业性的异变

如果坚持个体不能完全代表一般，那我们可以从更宽泛的视角来分析校本课程开发过程中的一些问题。基于实证的调研明显地显示了另一种课程开发异变的因果逻辑，这就是对校本课程开发有了足够的认识，但是对校本课程本身的理解却不足。20 世纪 70 年代以来，从课程开发（curriculum development）向课程理解（understanding curriculum）理论的过渡与提升已经给课程指明了新的发展、完善路径，单纯的课程开发论已经受到广泛质疑，那么现实是怎样的呢?

1. 第一次调研

山东省组织的对全省 17 个地级市 51 所中小学（小学、初中、高中各 17 所）的发展现状调研，虽然并不只是针对校本课程建设，但是我们也能够从中发现一些现象和问题。

从校长的课程领导力来看，调研结果显示：

对“您认为，您校最成功的办学领域是什么?”一题，排在前面的答案依次是“教师素质提升”“评价机制完善”“学校品德教育”“课堂教学改革”，17 位校长中只有一位选择了“课程建设创新”。对这个问题的回答可以从一定程度上反映出校长的教育价值观，相应的结果清晰地反映出：对“学校课程建设工作在学校发展中的重要地位”认识不足，是校长群体在课程改革大背景下对教育教学理解中的一个比较突出的问题。对“您校开发与开设校本课程的最根本的目的”的回答中，我们看到，排在前两位的是“促进学生个性发展”和“提升学校的形象”，可一个调查结果却令我们感到不安：高达 73.1%的教师回答学校的校本课程开发最初都是由学校领导提出的，忽视了对学生需求和兴趣的调查。在被调查的 51 所学校中，课程开发数量在 1～4 门的达 43.52%，5～10 门的达 39.51%，且每门课程都单独包含一个主题，没有开设的仅占 0.62%。从数据中可以看到，对校本课程的开发与实施，学校层面做了相当多的工作，但是在访谈和查阅相关材料的过程中我们发现，学校对校本课程的结构缺乏细致的规划和深入的思考，对校本课程的功能还没有一个完整的认识，没有形成完善的课程开发策略。就学校对社区（村街）、家长等社会资源的利用情况来看，问卷结果显示，66.7%的校长经常召集家长会，宣传学校发展情况，而聘请有专长的家长参与校本课程开发的只占 11.1%，可见校长对课程资源的忽视。

从教师对课程的理解来看，调研结果显示：

对“当前制约本校课程建设的最主要的原因”，60.2%的教师认为是教师教学负担重，20.7%的教师认为是教师的专业能力和课程素养跟不上。对“制约您校校本教研活动成效的最主要的因素”，56.7%的教师认为是校本教研中缺少专业引领，26.7%的教师认为是缺少过程跟进指导。对“日常教学采用最多的课程资源整合方式”，43.5%的教师选择拓展，25.3%的教师选择活化，选择重构和替换的只占19.1%和2.5%，由此可以看出，目前我们的教师群体对课程的驾驭能力不强，教师的课程素养和专业水平有待提高。

2. 第二次调研

对在山东省高中校长培训班上进行的关于普通高中多样化建设的调研信息统计如下：

对“您认为，特色高中的标志是什么?”，28.53%的校长选择“开设出了一些独特的课程”，可见，课程育人的理念并不为很多校长所追求。对“您认为，您校最成功的办学领域是什么?”，在“管理制度创新”“教师队伍建设”“课堂教学改革”“教学质量保障”“评价机制完善”“学校品德教育”“学校文化营造”“教育科研成果”“课程建设创新”等选项中，只有5.08%的校长选择了“课程建设创新”。这也进一步呈现了高中学校校本课程开发的地位与现状。对“您校校本课程实施的主要形式”，学校“以研究性学习的方式”呈现的占44.41%，“以实践活动体验的方式”呈现的占38.53%，“以学科拓展的方式”呈现的占45.59%，“以文本教材的方式”呈现的占26.67%，“以教师第二课程的方式”呈现的占25.59%。对“您校校本课程开发建设的主体”（多项选择），2.05%的校长选择“依靠校外专家主持开发”，15.59%的校长选择“专家指导下的骨干教师主持开发”，46.18%的校长选择“骨干教师自主开发”，60.29%的校长选择“骨干教师主持下的教研组全体参与开发”。可见，教师自主的比例在增大，专业介入不足，而实际上，“骨干教师主持下的教研组全体参与开发”也是学校意志的体现。对“学校开设校本选修课程的教师占教师总数的比例是多少”，9.41%的校长选择少于5%，19.41%的校长选择5%～10%，19.41%的校长选择11%～20%，16.47%的校长选择21%～30%，8.82%的校长选择31%～40%，8.53%的校长选择41%～50%，10.29%的校长选择51%～60%，6.53%的校长选择超过60%。对“学校开设的校本选修课程有多少门?”，35.29%的校长选择少于10门，44.71%的校长选择11～30门，11.47%的校长选择

31～50 门，5.29%的校长选择 50 门以上。其实，对教师参与课程开发的比例和学校校本课程开发的数量并没有理论与政策上的绝对规定，然而，比例的分散也说明标准不唯一，校长们基本上是跟着感觉走；而大多数数据集中于调查者预设的中间地带，也说明接受调查时，校长在没有充分回忆并计算的情况之下作出了中庸的选择，这体现的其实不仅仅是现状，也是校长的课程理解。

校长和教师不一定要站在理论的最前沿，况且众多的理论观点也在争论之中，然而，有没有理论思维、有没有理论归属感却是影响校本课程开发的重要内在因素。

六、中小学校本课程开发的若干模式

综观课程改革以来诸多校本课程开发的典型案例，能够体现自己独特的过程思维并具有"理解与改进"价值的案例并不少见。从笔者的视角来判断，这些案例呈现的校本课程模式大致分为五个类型，它们都有着典型的历史价值，从不同的角度体现了校本课程开发的基本方向。

（一）获得性的课程整合模式

有些校本课程的开发过程是由一个学校到一个区域扩展的。山东省潍坊市的几所小学就影响到了一个区域，最终形成了区域联动的校本课程开发机制，并且从课程整合的视角入手，将校本课程的开发带到了一个高端的平台上来。

其中，临朐县海尔希望小学的改革是典型代表。

课程的实施往往是从执行国家课程入手的，这是学校、教师的行为路径和走向。然而，在教学现场，教师往往是先建构自己基于实践的课程目标，然后才开始选择课程内容，之后进入教学的实施状态，在这一过程中，对课程的实践是自下而上、由内而外的。在课程的实施层面就包含着对课程的重建，而整合是核心要素。海尔希望小学就把握住了这一课程与教学的节点。

1. 必要性的探究

在课程的实施过程中，海尔希望小学的韩相福校长发现有以下几个问题：

一是各学科间，尤其是山东省地方课程中的“安全教育”“环境教育”与国家课程中的“综合实践活动”“科学”“品德与社会”在体验性、实践性内容方面存在大量重叠现象，增加了学生的学习负担。

二是生活本来是综合的，但由于学科本位思想，原本完整系统的知识被人为分割，整体育人效果差。2011 年版的课程标准强调努力实现学科课程的生活化，各学科基于学生生活，以学生生活为载体设计了大量生活化的活动，对这种载体进行整合，无疑会提高教学的效率。

三是综合实践活动课程内容空泛，不系统，随意性强，难以落实。综合实践活动课程只有像学科课程那样具有连续性、有力量，在教育上才是有意义的；学科课程只有像综合实践活动课程那样具有探究性、生活化、个性化，才有助于学生的个性发展。

四是小学教师任教科目过多，难以落实课程设计的先进理念。如，以三年级为例，国家课程、地方课程达 14 门（语、数、英、音、体、美、科学、品社、安全教育、环境教育、传统教育、健康、信息技术、综合实践活动），教师还人均教 1 门必修学校课程和 1 门选修学校课程，人均任教 8 门课，无法实现任课专职化，造成许多课程流于形式。

五是课程整合应当是实施层面的整合，是国家课程、地方课程校本化、师本化的过程。不是为整合而整合，不是将三类课程在形式上整合为一门新的课程，而是在实施中进行实践性重整。

所有这些，都让韩校长意识到，对致力于课程改革的学校来说，课程整合意义重大，势在必行。

2. 课程主题资源包的开发

对国家课程中的“综合实践活动”“科学”“品德与社会”以及地方课程中的“安全教育”“环境教育”等学科内容，学校进行了目标分析与比较、内容梳理与重组、主题选择与确定、活动设计与建构等，形成了实施中的操作系统——课程主题学生活动资源包。教师在课程的二次开发中获得了成长。

一是目标分析与比较。

韩校长要求，课程的整合要有一条底线，那就是确保整合前的所有课程目标都能实现。教师们对各学科目标进行了全面、系统的分析整理，把重合的目标进行了合并，将相近的目标进行了融合，形成了主题课程目标框架，为接下来的课程内容的整合找到了明确的方向。

二是主题选择与确定。

参考整合前的主题，充分考虑学生身边的生活资源及课程对本校的适应性和对学生的适应性，整合形成了能涵盖各学科目标的十个主题，拉近了课程与学生的距离。

三是内容梳理与重组。

教材是经过审议的，凝聚了很多专家和优秀中小学教师的智慧，是已经经过精心筛选了的课程资源，也是课程整合最主要的内容。学校组织教师通研了教材。（在一次教材通研会上，有教师提出了他的担忧：改变了教材，考试怎么办？老师们对教材有一种天生的敬畏感，不敢动。学校马上对这个问题进行了专题研讨，形成了“考的是标准，不是考教材”的观念，达成了“重视教材、吃透教材、不唯教材、整合教材、超越教材”的共识。）

在此基础上，学校组织教师科学编排教材，充分考虑学科各部分内容之间的内在逻辑关系，使学生的心理顺序与学科的逻辑顺序统一起来。

他们还把课程主题资源包划分为科学探究、亲近自然、了解社会、认识自我和动手操作五大板块。

四是活动组织与建构。

老师们把一个主题活动划分为三个阶段：在活动准备阶段，设计了我的问题、参考主题、确定主题、制订方案等环节；在活动过程阶段，设计了调查统计、参观访问、撰写记录、组内交流等环节；在活动总结阶段，设计了汇报与展示、体验与感受、反思与评价、设计与创新、探索与研究等环节。通过这些构思，最终形成了课程实施中的《课程主题资源包》。

目标整合（底线——确保所有课程目标都能实现）：《身边的植物》目标框架

<table>
<tr><th rowspan="2">活动主题</th><th colspan="4">整合前</th><th colspan="3">整合后</th></tr>
<tr><th colspan="2">来源</th><th>目标</th><th>课时</th><th>目标</th><th>内容及方式</th><th>课时</th></tr>
<tr><td rowspan="4">身边的植物</td><td colspan="2">综合实践活动</td><td>培养与保持探究自然、了解周围事物奥秘的好奇心与求知欲；珍爱并善待周围环境中的自然事物。</td><td>2 课时</td><td rowspan="4">知识与能力：
1. 认识身边常见的植物，知道它们的名称和特点；了解小草、树木等身边的常见植物在改善环境方面的作用及它们的生存现状、保护方法；掌握用不同标准给植物分类和使用吹风机、温度计等工具探究草坪作用的方法。
2. 培养学生的合作意识，观察能力，动手实践能力，猜想、验证能力，搜集信息和处理信息以及与人交往的能力。
过程与方法：
在探寻身边植物的实践活动过程中，通过合作交流、查阅资料、实地观察、调查统计、参观访问等方法，了解和认识身边常见的植物，学会用不同的标准对植物进行分类，并会使用吹风机、温度计等工具。
情感态度与价值观：
体验合作探究的乐趣；培养学生热爱植物、保护植物和关爱周围环境的良好情感，并让他们树立尊重生命、关爱生命的意识。</td><td rowspan="4">通过观察、采访调查、实地考察、查阅资料等形式了解身边常见植物的种类，探究植物对改善环境的作用，增强自觉保护植物的意识。</td><td rowspan="4">6 课时</td></tr>
<tr><td>科学</td><td>2. 我们周围的动植物</td><td>1. 能用各种感官感知身边常见的动植物。
2. 能提出有关动植物的问题，认识到人与自然应该和谐相处。
3. 知道生活中常见的动植物的名称和特点，认识到周围的动植物是多种多样的；初步学习用不同的标准对动植物进行分类。</td><td>2 课时</td></tr>
<tr><td rowspan="2">环境教育</td><td>5. 小草的微笑</td><td>1. 树立尊重生命、关爱生命的意识。
2. 知道小草有净化空气、防止沙尘暴、防止水土流失等方面的作用。
3. 会使用吹风机、温度计等工具探究草坪的作用。</td><td>1 课时</td></tr>
<tr><td>8. 小树的“哭”声</td><td>1. 认识到肆意砍伐树木对环境的危害及对我们生活的影响，提高学生爱护树木、保护环境的意识。
2. 知道保护树木的方法，认识我们周围常见的树木；知道自然环境为人类提供居住的空间和生活的资源。
3. 积极宣传爱护树木、保护家乡的环保知识；培养学生进行调查、收集资料的能力。</td><td>1 课时</td></tr>
</table>

三年级上学期主题课程的主题及分工

板块	序号	活动主题
亲近自然	1	身边的植物
	2	我们周围的空气
认识自我	3	我的成长故事
	4	珍爱生命，健康成长
走进社会	5	文明规范伴我行
	6	为我们生活服务的人
科学探究	7	科学在我身边
	8	水的科学
	9	天气与生活
动手操作	10	让我们的教室更美丽
	……	……

学校用“探究方法”作为课程内容组织的要素，下表中是三年级上学期探究方法的分布，老师们把这些探究方法编成儿歌，让学生在轻松快乐中掌握。

三年级上学期主题课程探究方法分布

序号	活动主题	探究方法	儿歌
1	身边的植物	观察、调查统计	观察儿歌
2	我们周围的空气	实验	实验儿歌
3	我的成长故事	采访、调查统计	采访儿歌
4	珍爱生命，健康成长	调查统计	安全儿歌
5	文明规范伴我行	采访、调查统计	调查儿歌
6	为我们生活服务的人	采访、调查统计	服务儿歌
7	科学在我身边	实验、参观访问	参观访问儿歌
8	水的科学	实验、查阅资料	查阅资料儿歌
9	天气与生活	实验、查阅资料	
10	让我们的教室更美丽		制作儿歌

我们认为，海尔希望小学在实践层次上的课程整合，体现了他们对三级课程管理模式下学校课程价值空间的把握。从学校层面上来说，无论是课程整合还是课程增删，只要是基于对国家课程体系的完善并立足于学生的整体发展，就值得我们肯定和借鉴。

（二）历史沉淀的归纳模式

山东省诸城一中的课程改革往往先人一步，带给了我们最朴素、最珍贵的素质教育发展经验："专注课程、专心育人"。

"专注课程"，这是诸城一中的"归根"之选，也是他们对"改革创新"给出的最好回答：把握住教育的根本，便可以不用标新立异，不用随波逐流，按着自己的路子走下去，这样就能自然地寻找到学校改革创新的根本路径。诸城一中领先于全国的课程改革经验、素质教育理念的创新经验恰恰是他们回到根本不折腾的自然结果。

"专心育人"，其实笔者久久不敢写下这四个字，在一个公正公平的体系尚未完全建立并成熟起来的情况下，能够专心育人无疑是因为对教育使命、社会伦理、民族大义、国家命运有着深刻理解与担当。然而，作为一所培养了六万多名学子，现有六千多名在校生的高中名校，诸城一中的这一选择又实属必然。

诸城一中的校本课程始终坚守从探索中求取智慧的理念，透过诸城一中系列化课程的开设和实践，我们能够寻找到诸城一中给出的关于校本课程建设的一个理性路径，那就是"归纳"。

从哲学视角来看，弗兰西斯·培根向我们呈现的"归纳法"被认为是一种最接近科学的方法，它是从个别的、特殊的事实性知识或者事物中获得一般规律的方法。我们看到，诸城一中的"专家学者进校园计划""高中生农业意识的培养"都是个性化的项目或者课题，经过十余年的深度探究与持续实践，他们最终形成了类似于校园"百家讲坛"的课程和"现代农业教育"的课程体系，取得了具有理论价值的创新性教育成果。

皮亚杰说："新结构的连续加工制成是在其发生过程和历史过程中被揭示出来的。"① 笔者甚至认为，皮亚杰的这一建构主义观点恰恰是在论证诸城

① ［瑞士］皮亚杰著，王宪钿等译，胡世襄等校．《发生认识论原理》［M］．北京：商务印书馆，2011：115.

一中的改革创新过程。诸城一中不是没有预设，他们预设了学生的发展需要，然后从自己可以做的事情切入，最终以十年之功，成就了深入学校文化层面的学校课程体系。这样，预设与创新融合在了一起。

笔者不完全反对“演绎”，正如某些学校所做的那样，先是成立一个课程开发领导班子，然后确立一个大致方向，接着开始组织学校甚至校外的“精兵强将”来编写课程，很快，具有地域特色、时代特色、历史特色等的一批批“校本教材”便走下流水线，整整齐齐、规规矩矩、装帧精美、内含丰富的“校本教材”就出现了。虽然这些“教材”不具备校本课程的特征和价值，但是学校毕竟在行动中，只要去积极实践并自我完善和改进，也是具有教育的“善”的意义的。

诸城一中的校本课程建设历程，则是一个“无为而为”的过程，它起源于最质朴的想法，经历了最真实的过程，产生了最有价值的课程。

2011 年 6 月，李宪阳校长给山东省教育厅的汇报中说：“我们的现代农业教育课程才刚刚起步，没有多少值得宣传的。”事实却是，“农村重点高中培养学生农业意识的研究”项目已坚持了 10 年。这是一种内敛的境界，也是真正的教育者自省风格与品性的显现。这与有些学校才挂起牌子还没有启动研究便开始宣传有着多么大的差别！这也许是诸城一中之所以取得如此办学质量的原因所在吧。

诸城一中建立在归纳意识下的校本课程建设策略给我们提供了普通高中多样化发展背景下的校本课程建设的范型，共有七个方面。

第一，学校应创造有价值的课程等，以供学生选择。从诸城一中的现代农业教育课程来看，它一开始对学生并没有巨大的吸引力，如果单纯靠学生的选择来判断课程价值，我们将看不到这门课的存在基础。但是，当学校将这门课开展起来，并通过丰富多彩的内容体系来进行完善之后，它对学生就有了吸引力。因此，学校课程开发应该从价值入手，维持学生的选择。

第二，课程建设是一个综合体，融于学校的办学理念与历史文化中。从某种意义上来说，创新更需要丰厚的传统作为基础。诸城一中的课程是有很深厚的创新意蕴的，它们建立在学校十年甚至几十年的历史传承上，也与学校的办学宗旨、办学理念、育人方向紧密结合。从一件件正确的事情上坚持下去，自然能够产生不同一般、超越自我的创新成果。

第三，课程评价在高中课程建设中有决定性的作用。能不能发挥课程的育人功能，关键在于课程本身是否适合并适切于学生的发展，这就需要对课程本身进行直接而积极的评价，以不断改进课程。许多学校开发课程似乎处于一种一劳永逸的状态，编制好了就万事大吉，事实上，需要对这些课程不断进行反思、改进。诸城一中长期以来的课程建设就是在不断地超越自我。

第四，校本课程是做出来的，而不是编织出来的。诸城一中的课程都是先有教育目标，也就是培养什么样的人的最初想法，然后针对这种想法组织教学内容、设计教学行为，最后才总结、归纳为课程。这是真实的课程建设过程，有别于组织一个领导班子，一起"闭门造课程"的行为。

第五，课程是有难度设置的，特别是要保证高中课程的难度设置。校本课程，包括高中必修部分的校本课程往往是一些活动性、研究型、实践性的课程，这是对的。但是，如果不能把握高中学生的学习实际，很容易把课程设计浅了、设计泛化了。在高中，如果我们的研究性学习还停留在教科书体系之内，其价值显然会大打折扣。诸城一中的"百家讲坛"等将学生推向前台，对学生来说挑战是巨大的，但是收获也是巨大的。

第六，最值得注意的一点，校本课程的功能应该是综合的。不可否认，高中关注学生的学习成绩是必然的，但这并不意味着只教学、只磨炼考试科目就能取得好成绩，有时候恰恰相反，因为没有兴趣、习惯、方法的学习是不可能取得好成绩的，"从知识到知识这条路是走不通的"。借助校本课程拓展学生的视野，提高学生的精神境界，培养学生积极的思维能力，健全学生的人格，这都有利于学生的学习，所以，校本课程本身也是对学科学习的促进，这从诸城一中的现代农业教育课以及身心两健课中都可以看到。

第七，从课程管理上来看，教师具有课程整合、课程建设的决定权。在诸城一中，我们看到了教师的课程决定权，看到了教师作为课程开发主体的地位。从国际学术机构关于教学质量的分析报告中我们看到，凡是办学自主权高的学校，其教学质量也高。其意义就在于，学校自主、教师自主的课程才是最适合学生学习的，才是最适合学生发展的。这是诸城一中按照自然规律建设课程、按照自然规律专心育人的珍贵经验。

（三）学生价值期待的演绎创生模式

课程开发不是单极的，归纳体现了一种科学思维，而"演绎"也可以承载理想与专业诉求。在这一点上，潍坊市潍州路小学王秀芹校长从默会经典中进行的探索显然具有特殊的价值和意义。

王秀芹校长主要从学生的角度来选择经典，那些适合学生的就进入了学校的浸润课程。这是一位校长的智慧，也是一位校长的情怀。经典是存在的，但并不一定能够产生经典的作用，人的精神世界需要精神的丈量与把握，作为校长、作为教师，需要用一种更合理的方式让经典进入学生的精神领域。显然，潍州路小学的浸润课程正在努力着。

案例一：

上学路上，一名二年级的小学生拉着妈妈的手站在校园门口，静静地，一句话也不说，足足有十分钟之久。学校的值勤教师走上前去问："请问这位家长，您有事吗？如果有需要请告诉我们。"家长不好意思地笑了："你看这孩子，一定要拉着我让我听听学校里放的曲子，说是学校精心播放的名曲。我一听还挺熟悉的，孩子告诉我是《蓝色多瑙河》，现在我也知道了……"孩子看着妈妈，脸上流露出自豪的神情，还带着些许炫耀。

案例二：

每个周一的下午，潍州路小学的校园里总是静悄悄的。同学们都在读书。读的什么书？读的是校本课程中推荐的名著、名诗、名言，校园里弥漫着一种"儒、雅"的气氛。课间，两名同学边走边交流："今天你读的什么书？""哦，我读的是《安娜·卡列尼娜》，你呢？""我刚读完了《安娜·卡列尼娜》，今天我读的是《基督山伯爵》，你对《安娜·卡列尼娜》怎么看？……"

案例三：

学生刚刚观看完《背起爸爸去上学》，影片以甘肃省庆阳师范学校学生李勇的事迹为原型，生动地讲述了山区孩子石娃在困境中刻苦学习，考上师范学校后，毅然背起爸爸进省城，边上学边照顾病弱的爸爸的感人事迹。影片通过主人公的艺术形象有力地体现了民族精神和民族文化，为青少年树立了敬老爱老、顽强拼搏的榜样，是一部思想性、艺术性与观赏性相统一的作品。

五年级最调皮的三个男生在带队回班级时安静地走在队伍中，眼角似乎还残留着观看过程中留下的泪痕，每一个同学都在思考着，电影内容与现实的强烈对比，给每一个同学都留下了思考的空间，也许只有他们自己才真正知道自己在想什么……

走进潍州路小学，每周一首名曲、一首名歌伴随着学生一日学习的开始，伴随着学生一日学习的闲暇，伴随着学生的一日生活。

走进潍州路小学，名画赏析在校园的角角落落，墙壁文化、走廊文化，处处浸润着经典，浸润着美，浸润着学生内在的情感诉求。

走进潍州路小学，便走进了名人世界、名著世界、诗词世界，中华经典、世界经典文化影响孩子的一生，思品课、语文课更多了经典的内涵。

走进潍州路小学，礼仪相伴，阳光心灵在学生最爱的礼仪活动中塑造，谁不爱美？谁不愿自己成为美的化身与美的使者？

……

我们来撷取其中的精彩片段：

1. 经典电影，小学生的真心所爱

王萍老师介绍了她们班的电影课，在学校三年规划的引领下，她们班根据高年级学生的身心发展特点，制订了经典电影班级课程的实施策略：

一是组织常规看电影，把学生的看片活动常规化。从故事片、纪录片和动画片等众多电影题材中，为六年级学生筛选出最好的电影，列出推荐观看目录和内容梗概，然后让学生投票选出本学期最想看的电影，在每月最后一周利用两节综合实践活动课的时间观看。上学期，她们班组织观看了《辛亥革命》《人狗奇缘》《查理和巧克力工厂》《卑鄙的我》和《冰海沉船》五部电影。

二是学科电影整合。围绕学科知识，广泛搜集、整理能够提供支持和帮助的相关电影，并进行分学科整合，以改革传统的以教师为中心的教学结构，创建新型的以学生为主体的教学模式，推进学科教学改革，实现学科教学的内容、手段、方法的整体改革。

三是用文字交流观影感受。每一次的电影课上，孩子们都聚精会神地观看、认真地思索，他们十分乐意写下情真意切的观影感受。第二天进行的交流，孩子们一方面可以结合三读赏析法来评析观后感，提高写作能力，另一方面也可以在相互交流中提高艺术鉴赏能力与审美能力。

2. 经典名著，读出与众不同的我

五年级四班的郭延妮对经典阅读有这样的体验：

……我还读了《大学》《孟子》《中庸》《易经》《弟子规》……其中，我最喜欢的是《论语》。《论语》是中国儒家的宝典，记载着两千五百多年前的孔子和他弟子的言行。书里几乎没有长篇大论的故事，多是短小精悍又含义深刻的语句。这部书，从哪里读起都行，这就是《论语》的妙处。古人云："半部《论语》治天下。"从《论语》中摘录的"四海之内皆兄弟也"，就悬挂在联合国总部里，可见《论语》的地位有多高，是不可不读了。《论语》告诉了我"知之为知之，不知为不知，是知也"，所以要实事求是，不要不懂装懂；"君子成人之美，不成人之恶"，所以帮助别人也要有分寸；"君子谋道不谋食，忧道不忧贫"，所以，要时刻谋求真理……每一句话都使我受益匪浅。虽然时代变了，其中有一些话在现在看来有些过分，但基本是可以相通的。所以，我认为，这部《论语》是我最好的良师益友，是我看过的最好看的书。

家长这样看待、评点郭延妮的经典阅读：她从小身体不好，病情严重时只能天天躺在床上。看到孩子每天孤零零无所事事地躺着，我心里很着急，不知道该怎样教育她，孩子自己也很消沉。上学后，她在老师的指导下接触了《三字经》《弟子规》《论语》等国学经典，她利用在病床上的时间和在校早读的时间诵读国学经典，无论是学习上还是生活上，她都有了很大进步，她比原来坚强了很多，遇到困难时，她不再自己默默哭泣，而是自己找点开心的事情做。骨折了的时候，她曾对我说："孟子曰，'故天将降大任于斯人也，必先苦其心志，劳其筋骨，饿其体肤，空乏其身……'她说只要想起这样的话，就会认为自己是有用的人，就不会自暴自弃，就会勇于承担一切困难和艰辛。国学经典不但教孩子学会了坚强，更教孩子学会了平和地对待世界，尊重自然、尊重生命、学会感恩。她从没有抱怨过这个对她可能并不太公平的世界，也从来不埋怨家人，也不为自己的身体而痛哭流涕，更没有以摔摔打打来发泄不满。在她脸上看到的更多的是快乐和笑容。是国学经典教会她如何面对困难和病痛的折磨，教会她懂得爱，懂得回报。

3. 经典乐曲、经典歌曲、经典名画、名人名言，综合课程应然而生

经典进入了学校课程，也逐渐走进了师生的生命深处，学生获得了应有的发展，教师的创造力也被激发了出来，一门门具有综合价值的课程渐次出现。

何桂清 2010 年开始尝试开发综合实践课程——茶艺，虽然之前对茶艺知之甚少，但她以此为契机，收集相关资料，不断学习尝试。慢慢的，她对茶文化有了更多的了解。在课程开发中，她思考的是：这门课的教学目标是

什么，具体的教学内容有哪些，如何呈现这些内容，教学效果如何评价等。与此同时，她广泛征求同事及领导的意见和建议，修改课程设计，然后进行了组织和实施。

首先，师生用一个月的时间一起学习茶艺知识。他们到茶坊采访，学习泡茶知识，现场观看泡茶过程，等等，师生大开眼界。然后，师生再用一个月的时间完成对茶知识的整理和归类。具体归类如下：茶树的种类、产地，茶具的种类和式样，茶叶的名称和用途，泡茶的方法，敬茶的礼仪，饮茶的方法等。接着，师生进行茶艺展示。展示的方法是丰富多彩的，有手抄报展，有知识竞赛，有泡茶方法现场展，有图片展，还有茶艺历史展。

经过半年的实践，何老师认为，校本课程就在我们身边，它并不神秘，也不是高不可攀。她消除了对开发校本课程影响学科教学的担心，因为校本课程调动了学生的学习自主性，提高了学生的综合素养，师生实现了发展的双赢。

师生的发展是潜移默化的，在课程领域，循着“默会”的智慧，潍州路小学以浸润和熏染来改变课程冰冷的说教，探索出了独具特点的课程实践之路。

（四）选择与改进的条件利用模式

“半亩方塘”是潍坊市早春园小学的校本课程，其特点是对现有教材进行选择和运用，这不失为一种有效的方式。

从2009年上半年起，他们开始酝酿与语文教材同步的诵背读本，经过半年多的策划、研究、整合，他们已经开发出了一整套配合学生诵背的具有主题学习特点的课程。对诵背读本的开发是基于这样一些问题提出的：

潍坊市的“主题学习”研究已经取得了阶段性进展。在此背景下，2007年以来，早春园小学在立足实际、深入研究的基础上，结合语文教学的实际情况，逐渐确定了语文教学的总体思路：首先依据年段特色改革语文教学，通过“三段贯通”，促使“语文主题学习整体着陆”，增加学生的课内、课外阅读量；其次，整合南北教材，汇集成册，依据学生生理发展特点，抓住他们记忆的黄金时机，强化诵读积累。因此他们形成了语文教学的基本要求：直奔训练重点，课堂精讲精练，还学生读书的时间和空间。正是在这种思路的引领下，近三年来，他们的语文教学改革取得了较大的突破，形成了不同学段的教学模式：低年级“大量识字模式”、中年级“一篇带多篇，拓展阅读模式”、高年级“学案引领，单元整体推进模式”，极大地扩充了课堂容量，学生的语文素养得到了全面提升。

随着研究的深化与推进，他们达到了《潍坊市小学语文课堂教学改革方案》中提出的目标：低年级识字达到2000个，课内统一阅读量达到20万字；中年级实现课内外结合辐射阅读，学生每学期课内统一阅读量达到50万字；高年级在课内完成了8本书的学习任务，每学期课内阅读量达到80万字。虽然学生的阅读量在增加，然而，调查发现，80.5%的学生背诵的篇目不足，90%的教师能够指导学生阅读，却苦于找不到应该背诵的内容提供给学生。

目前，潍坊市各小学三至六年级普遍采用苏教版语文教材。毋庸讳言，苏教版教材除了一、二年级的大量识字可圈可点之外，随着年级的递增，教材底蕴浅白、内容含量少（全书只有7个单元，而且文章的篇幅普遍短小）的缺陷就越来越明显，智慧含量高、内涵深刻、文笔优美的经典内容在各年级教材中普遍缺失，因而学生很难从文本中获得惊奇感和收获满足感。如果课堂上单纯学习苏教版教材，那么，经过小学六年的语文学习，学生除了最终学会2000多个汉字，却没有其他收获。潍坊地区正大力推行的“主题学习”实验虽弥补了苏教版教材量少、面窄的缺陷，开阔了学生的视野，但囿于推行理念的定位，主题学习丛书提供给学生的阅读内容多，积累背诵的内容少。虽然新大纲和新课标要求增加经典诗文教学的分量，并列出了课外必须诵读的优秀诗文的推荐篇目，但从内容上来看，它侧重于古典文学，而缺少现当代优秀文学作品。

由此，早春园小学产生了一个大胆的想法：汇集各地主流出版社的教材，把各版本中要求背诵的内容集中成册，汇编成书，在课堂上与教材同步使用。

这是他们推出语文诵背系列读本的现实需求。

教材是课程改革和教学改革的承载体，每一套教材都不是偶然的即兴之作，而产生于当时特定的时代背景，决定于当时的政治经济状况和教育发展水平。作为文选型的教材，语文教材的特点很大程度上体现在选文的特点上，而选文的特点，直接体现着编者的审美品味和价值取向，不同地区因编者的差异，教材体现出不同的风格和趋向。如，人民教育出版社的教材大气、平易而经典，所选课文大都是现当代儿童文学作家的作品，语言典范生动，蕴含着丰富的人文内涵，既便于儿童学习语言，又能使儿童在思想上得到启迪，在情感上受到熏陶，语文学习的过程同时又是人文积淀的过程，追求以语文点燃精神，以精神立人；上海教育出版社的教材开放而富有活力，内容丰富而富有文化内涵（每个单元中都附有经典诗文背诵内容），呈现形式灵活而富有亲和力，目标清晰而富有整体性；北京师范大学出版社的教材以《语文课程标准（实验稿）》为依据编写，他们充分发挥北京师范大学的学术研究力量，把师范大学与基础教育、高校学术研究与中小学教学实践紧密地联系起来，“兴趣先导，学会学习，整体推进，文化积累”是这套实验教科书总的指导思想；华东师范大学版的教材主题简练鲜明（每个单元都提炼、标注出主题），内容清新，所选文本语言表达酣畅淋漓，富有激情，但对于对应学段的大多数学生来说，文字又稍显艰涩陡峭……每个版本的教材虽然风格各异，但内容都是各地专家从浩瀚的书海中精挑细选出来的，自非一般读本可比。小学的诵背教材必须抛弃那些内容浮浅的文章，代之以古今中外的各种深刻优美、具有深厚人文精神的经典作品。自然，各地不同版本的教材是最好的选择。

语文是人文学科，人文学科的特点是有整体性、混沌性，讲究积累、涵泳、感悟，中国传统的阅读教育的最基本最有效的方法就是背诵。对语汇材料的积累、对整体文句的感悟，背诵所起的作用比抽象的理解所起的作用更大。背诵，是化别人的语言为自己的血肉，那文句，那意境，萦绕心头，如发于己心，如出于己口，愈积累愈丰富，愈丰富愈自然贯通，逐渐就积淀成一种内在的知识和情感。中国几千年来的文人学者都是从背诵经典开始学习，为今后取得卓越的成就奠定了基础。

另外，经典文本诵背工作的开展，也是大面积提高学生成绩的需要。因为成绩的好坏往往不只取决于学生的努力程度，还取决于他的理解能力的高低。要提升儿童的理解能力，诵背教育是最好的教育方式。多读好书可以拓展儿童的视野，让他们取别人的精华为己所用。书读多了，知识面就广了，知识面一广，理解能力、逻辑分析能力自然就强了。儿童喜欢幻想，读书还可以激发他们的创造能力。由此，儿童在各种信息的刺激下，理解能力、逻辑分析能力、想象能力、创造能力都能得到极大的提升。

社会的竞争就是人才的竞争，人才的竞争就是知识的竞争，而知识的基础竞争就是语文的竞争，语文的竞争就是识字、阅读的竞争，识字、阅读的竞争，就是人生起跑线上的竞争。它的人生奠基作用，从小学到初中到高中，越是往后越能得到体现。

基于此，早春园小学整合了人教版、苏教版、北师大版、上海教育版教材中需要诵背的篇章，汇编成套，配合教材同步使用，以期快速、高效地提升学生的语文素养。

选择和利用是一种常见的校本课程开发模式，一些学校将《弟子规》《笠翁对韵》《论语》《道德经》《千字文》《唐诗三百首》《安徒生童话全集》等简单加工或者直接作为校本教材，也是这一模式的体现，是符合学校校本课程建设的需要的。

目之所及，是山东省部分地区和学校校本课程建设的一些范例，它们很好地诠释了校本课程的价值。其中不乏将国家课程、地方课程以及学校课程一体化的尝试和实践。在国内一些课程自主权较大的学校，校本课程已经成为一个学校课程的概念，即，融所有课程为一个体系，综合发挥学校课程的育人功能。

第二章

课程理解与课程改进视角的建构

不可否认，泰勒以目标为中心构建的线性易操作的课程研制结构正在被广泛应用，有学者对其进行了改进，形成了具有阶段性、系统性的课程研制过程结构模式，可以分解罗列为如下 20 个步骤：（1）在总体上将学生需要具体化；（2）将社会需要具体化；（3）形成并撰写一个有关教育哲学和宗旨的陈述；（4）将具体学校的学生需要具体化；（5）将特定社区的需要具体化；（6）将科目主题的需要具体化；（7）将一个学校的课程目的具体化；（8）将一个学校的课程目标具体化；（9）选择与目标恰切的内容和学习经验；（10）构建课程组织的结构框架和基本原则；（11）需要对课程规划阶段的各项工作进行评估，并对课程方案进行修改完善；（12）组织和实施课程；（13）将教学目的具体化；（14）将教学目标具体化；（15）选择教学策略；（16）开始选择评价策略；（17）实施教学策略；（18）进行评价策略的最终选择；（19）评价教学并修改教学成分；（20）评价课程并修改课程成分。[①]

这一模式充分呈现了学校课程研制与改进的整个过程，整合了一个课程研制的一般结构和一个教学的一般结构，既是一般课程研制与教学的基本模式，也可以作为校本课程开发的一般模式，其中既有对泰勒原理的基本沿袭，又有后现代主义课程观开放、严密的特性，具有专业操作价值。特别是课程改进的介入，能够较好地解决当前校本课程开发过程中专业化不足、方向性异变、实践操作异变等问题。

这一模式阶段性、系统性的研制结构超越了线性课程研制的封闭取向，呈现了一个极为漫长的实践结构流程。在学校校本课程开发的专业性亟待提升的前提下，单纯给出这样的专业化操作流程，不能从根本上改变校本课程开发中课程领导、课程价值、课程内容等的变异，也就是难以提升课程开发者的课程理解力；而漫长复杂的行为结构模式虽能够给专业课程研制者极为

① 黄甫全.《课程与教学论》[M]. 北京：高等教育出版社，2002：184～185.

精确的指导，却让处在教学现场、工作头绪纷繁的校长、教师产生畏难情绪，而且，某一环节上的断裂自然会导致整个校本课程研制过程的异变。

一、理解与改进的样本课程开发模型

提升校本课程开发者的课程理解力，破解中小学校本课程开发专业性不强的问题，需要纳入整个课程开发的流程中考虑；对校本课程开发流程，宜在专业领域、理论视野中寻找更具有实践意义、更具有发展提升作用、更具有课程与人双赢效果的模型。基于现实分析与对国内外课程研制的诸多模型的分析，基于我国中小学校本课程开发的实际，我们提出了“理解与改进的校本课程开发模型”（参见下图）。

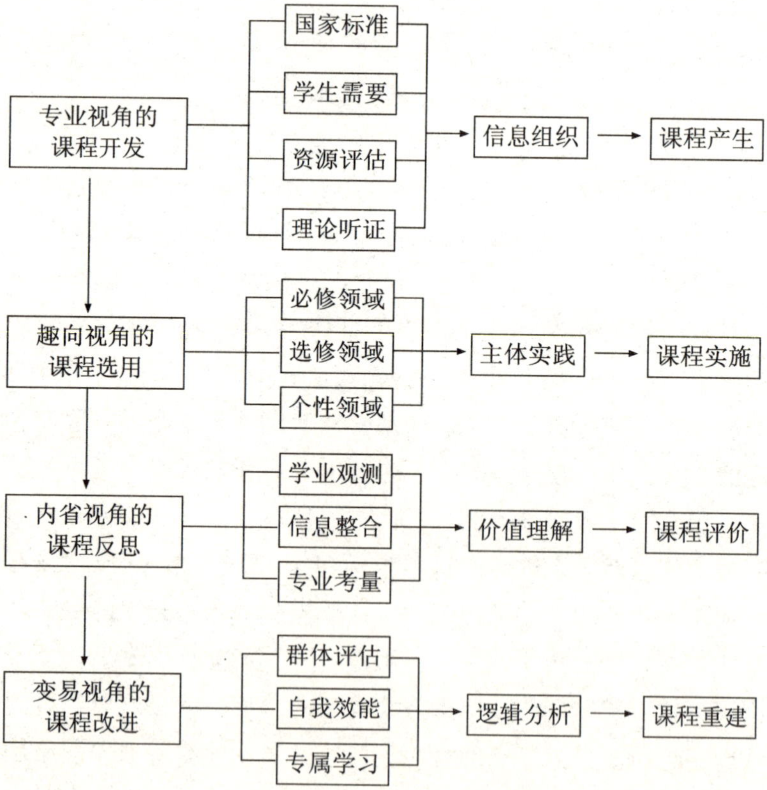

理解与改进的校本课程开发模型

这是一个四维开放的课程理解与开发模型：一是融课程开发和理论学习于一体，实现人与课程的共同成长；二是融课程开发和课程改进于一体，实现课程的开放性与发展性，并促进课程开发和实施者的改进；三是融三级课程管理下的三类课程的价值为一体，实现课程的价值归属；四是融模块开发和系统开发于一体，最大限度地实现学校校本课程开发的简约化。

这是一个开放递进的校本课程开发与改进模型，在行为取向上经过专业视角的课程开发、趣向视角的课程选用、内省视角的课程反思、变易视角的课程改进而实现课程生成、课程实施、课程评价和课程重建。纵向上四个模块递进并循环为一个完整的整体，运用于学校校本课程的开发与不断改进；横向上，四个模块也可以单独构成课程生成、课程实施、课程改进、课程重建的基本指导模型。作为一个理论迁移与行为解释的基本框架，这一模型以简约化的呈现方式事实性地切入校本课程开发的全过程，并有效地矫正了当前校本课程开发的诸多异变问题。

二、系统开放的纵向结构促成课程理解与课程开发的双向改进

校本课程的开发是学校层次上的开发，校本课程的开发与改进必然依附于人的发展。理解与改进的校本课程开发模型以专业视角的课程开发、趣向视角的课程选用、内省视角的课程反思和变易视角的课程改进四个维度的开发模块构成一个开放的系统，系统内的结构也是循环开放的，不断关注着校本课程与课程开发者的双向、持续的改进与提升。

专业视角的课程开发将“信息组织”作为专业要素来关注，这有别于目标指向的课程开发结构。信息是一个丰富的概念，有学者将其放到承载知识和效能的层次上来分析，并赋予其经济学等领域的解释，认为“从数据到利润的跨越和转变”中间有信息和知识的支撑，并将流程定位于“数据（赋予背景）→信息（提炼规律）→知识（指导实践）→价值效用、利润”①。如果数据代表原始背景，而知识则隐含着确实经验的意蕴，信息则成为具有组织

① 涂子沛．《大数据》[M]．桂林：广西师范大学出版社，2012：303．

与加工效能的要素，有重要的支撑作用。校本课程开发以信息组织为核心切入，是基于对各种理论信息、资源信息、实践信息的综合关注，是超越课程知识与课程经验而存在的。在此，有两个基本前提隐含在信息组织内而具有新的价值意义，即课程目标与课程论证。单纯目标指向的校本课程开发以先验性目标来评价课程经验，不可避免地进入自我肯定的循环中，无法获取辩证的结果，以信息组织为核心，则将国家课程纲要、课程标准等“国家意志”与学生需要等“价值目的”结合起来，在资源评估、理论听证的介入下，目的、目标会逐渐丰富、完满而严密。这就使得校本课程在开发之始便有了理性和辩证的介入，为自省和改进创造了可能，避免了课程专权与课程功利等异变问题的产生。

趣向视角的课程选用凸显了“主体实践”的趣向诉求。学生始终是校本课程价值指向的主体，而校长、教师则在校本课程的安排、组织、实施中具有决定性的作用。主体实践是校本课程生命价值的回归，校本课程不是成堆的教材，不是一成不变的讲义，也不是搁置闲弃的教学计划，而是存在于学校内部的人的主体实践中。校本课程必须因人才有意义，现实中满足于编制出一套套“校本教材”即告成功的行为恰恰忽略了人的要义。那么，主体实践如何实现呢？这是一个“趣”与“向”综合的命题。选择性是中小学校本课程开发中需要重点关注的原则，只有丰富多样的课程才能满足学生的选择需求。从课程的开发视角来看，选择性是一种最多元的丰富的提供；从学生的视角来看，选择性则多来源于兴趣，即学生对课程本身的兴趣往往决定着其选择课程的倾向。丰富的课程提供和兴趣所向便构成了校本课程选择性的实现基础，但选择不能成为评判校本课程的唯一标准。有些校本课程在开发伊始不一定对学生具有吸引力，然而基于其教育价值，这样的校本课程也应当坚持开发出来。比如社会实践类课程中的“走进社区”课程，学生往往因各种现实的困难因素而不愿选择，但学校也应当逐渐将其建立并完善起来，供学生慢慢地接近，慢慢地趋向。这便是“向”的视角，是学校教育的指向使然，是对学生的价值引导过程，可以解决为适应学生选择而造成的课程价值泛化的问题。可以将这一类课程界定为“个性领域”，即便只有一个学生选择，也应当站在这一个学生由点及面的发展层次上来组织实施课程，对校本课程的个性领域的充分关注即是对人的充分关注。

内省视角的课程反思是一个“价值理解”的过程，旨在通过各种方式获取课程评价的信息，在课程实施中进行并服务于课程改进及课程重建，这一过程往往被学校忽略。当前热衷于以量取胜的校本课程开发现状也助长了这种非理性行为的发展。这一模型的突破之处即在于价值理解的实现，这主要借助于课程开发与实施者在课程实施过程中的内省、反思。在课程开发中可以向前看、向外看，纵览各种信息以构建预设的课程结构，而在课程实施中，校长、教师甚至学生都需要内省课程的实践效果，反思课程存在与改进的价值空间，对课程价值作一个准确的判断。这既是一种课程理解，又是一种道德关注，唯有充分进行了内省的课程才能更好地为学生的发展提供支撑，唯有进行了价值理解的课程才不会单纯地沦为学校创办教育特色的工具。价值理解的过程进一步承载了课程开发与实施者的课程研究，在专属学校的校本课程开发与实施中获得课程研究力，则是课程价值为校长、教师的成长提供的又一路径。

变易视角的课程改进标志着课程的逻辑再造，甚至可以带来课程重建的现实需求。在纵向的课程产生、课程实施、课程评价和课程重建结构中，学校可以止步于任何一个模块而实践自己对整个校本课程的理解。只有在实施中才能使校本课程有效作用于学生，而改进与重建显然是为了实施效果的提升甚至变革，达至课程重建的状态，则意味着课程的超越，也意味着课程开发与实施者的自我超越。这是一个变易的理论视角，我们常常对某种事物有出于自然状态的看法，而且想当然地认为别人或者大多数人也有这种看法，于是便封闭、固化自己的思维和行为。变易理论则告诉我们，我们可以和更多的人交换经验和看法，这样便能够获得更为丰富、多元甚至相对立的信息。把这些信息进行加工处理，会使我们跳出自我意识而生成一个综合意识，如此便能够改进与完善自我对事物的判断，并为进一步的行为提供一个更具综合性的判断。将变易理论运用于课程评价中，即吸收更多的评价信息并进行逻辑分析，据此提出课程改进框架。在这一过程中，课程开发者将基于发展诉求进行理论与实践的专属学习，以提升课程理解水平，从而实现校本课程与课程开发者的双向发展与重建。

三、模块独立的横向模型构成校本课程开发的理性与程序

横向结构将给出课程产生、课程实施、课程评价、课程重建的要素和流程，继而回答在学校教育实践中校本课程开发的理性与程序问题。

1. 课程是怎样产生的？

这是校本课程建设者最关注的问题。如果说“课程承载学校教育的目的”，课程的产生过程就是一个围绕目标的建构过程，而先验性的目标已经被证实异化了校本课程的建设过程，那么，如何来看待这个目标就显得尤为重要了。

“理解与改进的校本课程开发模型”主张的理解与评价的目标构建，目标是上位的、导向性的，受制于现实的需要，这就是理想和理性的结合。基于目标理解的课程开发过程不是一个流程，而是课程开发者专业视角的自我完善与专业关注过程，是课程开发者将自我放进课程里面去，在此基础上通过充分关注国家标准、学生需要以及进行资源评估、理论听证来建设和逐步凸显课程。校本课程是逐步产生出来的，而不是一蹴而就编织出来的，这是过程性的基本前提。

从理想的角度来看，课程开发要思考国家标准和学生需要。用通俗的话来说就是，校本课程的开发者要具有国家的课程意志和学生的主体意识。

国家的课程意志集中体现在国家课程纲要和各学科的课程标准中，是国家育人目标的具体化。作为校本课程的建设者，回到国家意志来看待校本课程，就是要回到国家课程纲要和各学科的课程标准上来，回到如何更好地呈现国家课程纲要和课程标准的基本思路，并以“理解”作为第一要义，由此进行落实、拓展乃至突破。只有充分理解、把握各个学段的育人目标与各个学科的课程标准，才能够使开发出的校本课程避免目标的异化，也避免校本课程与国家课程、地方课程的重复。学生的主体意识，即对学生需要的分析与把握，学生需要是一个多元视角的考查诉求。学生的个体需可以用来作为校本课程可选择性的理论基础。校本课程要目中有人，这个人是个体的人，要让生命个体的需要回到设计者的视野中来。学生的群体需要也是确立校本课程目标的一个理论基础，不同学段、不同学校、不同地域的学生各有其不

同的需要，关注一个群体的需要是校本课程普适性的出发点。学生的背景需要可以理解为一所学校所能够关注到的学生的特殊生活背景以及特别的发展诉求。

至此，目标似乎已经确立，然而，校本课程的建立毕竟是一个创生的过程，对课程的背景分析和资源评估是诊断目标可行性的现实基础，是对预期的学习结果与现实的课程条件的统一性评估。所以，我们所主张的资源评估既是对可供利用的校本课程资源的分析与评估，也是对课程目标的分析与评估。我们往往忽视了资源对于课程目标的导向和评价作用，仅仅将其作为资源来利用，使得课程目标与资源没有浑然天成的关系，资源评估下的课程创生过程则避免了先验性目标的空泛或者资源决定论的盲目。再一个实践视角就是理论听证，对校本课程的开发论证贯穿于整个过程之中，在各个不同阶段都需要组织不同层次、不同群体参与的校本课程理论听证，以保证整个开发过程的理性与科学。

基于此，校本课程的产生过程便成为一个多元的信息组织过程。信息化的校本课程创生过程是基于专业视角和专属领域的，以国家标准、学生需要、资源评估和理论听证为核心要素和基本过程构建起来的课程开发视角是学校校长和教师能够控制、能够组织的专业视角，没有专家的身份诉求却涵盖着课程建设者的专业行为。

专业视角的信息组织过程完成，即意味着课程的产生，此时产生的课程既可以存在于理念的层面，也可以呈现具体的形态，但没有完整意义上的教材。它可以是一个方向，也可以是一个课程实施资源包，甚至体现为师生共同完成的一项活动设计，其前提是有着专业课程的视角而不仅仅是泛化的活动。最终呈现出来的首先是《课程纲要》，即每一门校本课程都要以《课程纲要》的形式将前期的设计论证呈现出来，包含初步拟定的课程实施、课程评价、课程重建的规划。

2. 课程是怎样实施的？

校本课程的实施不是对教材内容的传递，因为从课程产生来看，我们似乎没有将课程定为某一特定的形态。校本课程需不需要教材当然是视实际需求而定的，然而教材的概念却是要慎用的，教材的审定和审批都有特定的程序，学校是很难获得正规意义上的教材编写权利的，所以，校本课程的实施不是教材的执行，而是师生共同完成的一段基于教育目标的生命实践活动。

在校本课程的视域之内，课程实施过程也是课程开发的一部分。这意味着校本课程本身的动态开放、不断完善，也意味着校本课程是学生参与使用、参与创造的。校本课程的实施重点在于趣向的实现，趣向不仅仅是“趣”，也包含着“志”，即志趣、旨趣、意旨。顺应学生志趣、旨趣、意旨的可选择性课程必然是一个体系、一个系统，是多元的，能够为学生个体、群体提供必然的选择空间，由此也决定着校本课程开发的方向不是单一的，不是由校长或某一位教师决定的。

校本课程的选择性实施分三个层面，一是必修领域，二是选修领域，三是个性领域，在这三个领域内，校本课程归于学生的主体实践。

（1）关于必修领域。这是供所有学生使用的课程，是一所学校围绕自己的核心价值观所设置的具有普遍适用意义的校本课程，既可以是全校的必修课程，也可以是某一个班级的必修课程。如，某校将“百里远足”作为一门校本课程，要求所有学生必须在“百里远足”这一天参与其中（有特殊情况的除外），完成徒步一百余里的远足，目的在于让学生强身健体、磨炼意志、增进集体观念等。这一课程不是国家、地方课程体系里的内容，是学校开发的校本课程，又是对每一个学生都适用的，所以称其为校本必修课程是合理的，也是有意义的。虽然有些学生并不喜欢这样的课程，但是从学生的身心发展来考察，其价值是显而易见的。所以，必修课程带有一定的强制实施的因素，这并不与学生的趣向选择相矛盾。当然，校本必修课程不同于全校学生对一项课程内容的长期学习，它是有着多样的可满足学生发展需要的必修领域的。特别是在一些城市学校，在班额普遍巨大的现实条件下，学校总是希望能够通过发挥教师的能动性，开发出具有班级特色的“班本课程”，这事实上就是班级内的校本必修课程，在适用性和组织性方面都具有一定的优势，值得呵护、完善、实施。

（2）关于选修领域。这是学校校本课程的主要形态，是学校开发的若干供学生选择性使用的课程。选修课程突出选择性，满足学生多样化发展的需要，这是校本课程的核心价值和存在意义的体现。选修是一个多层次的概念，包含多样化的可供学生选择的课程，如某校从经典诵读、科技创新、艺术体验、乡土实践、趣味学科等角度设计了五大类一百多门课程，由学生自己选择参与，学校采用联排大课堂的形式，打破班级甚至年级的界限授课，这便是最基本的选择性。另外，综合干预下的选择性也是可行的，如，某校每个月设计一项主题课程活动，虽然主题固定下来了，但是每个班级、每个学生都可以按照自己选择的方式、内容参与进来，这也是一种有效的选择。

(3) 关于个性领域。这是针对某一类有特殊需要的学生群体甚至某一位学生开发的课程。在当前班级授课的学校教育体系下，能够根据某一位学生的需要设计课程是很困难的，在技术路线上还没有更好的办法，但有些学校已经开始了探索。如，一位高中生对电脑黑客问题有很大的兴趣，然而高中学习的压力以及设备、时间上的困难让这位学生压抑着自己的爱好，校长知道后，不仅让这位学生给全年级学生做了一场关于电脑黑客的讲座，还为他辟出专门的研究室，配备机器设备，订阅相关杂志，并由学校的一位计算机教师与其合作研究这一问题。最终，由“电脑黑客”到“数字时代”，针对一名学生的校本课程就开发出来了。在这一过程中，学校付出的代价是很大的，但学生的发展却有了个性化的空间，取得的效果是不可估量的。针对一些特殊学生的个性化课程也有深远的意义，如，重庆开县的一些小学留守儿童群体大，有些学生甚至两年多见不到在外地打工的父母，于是学校克服困难开发了视频对话课程、教师妈妈课程、教师爸爸课程等，对学生的身心发展起到了促进作用。

3. 课程是怎样评价的？

由此将进入一个常常被校本课程开发者忽略的领域。一般意义上的课程评价指的是对学生学习的评价，这在国家课程管理层面有着充分的体现，2011年版的义务教育阶段课程标准将课程评价基本定位于对学生的学习与发展的评价。如《品德与社会课程标准》对评价的实施和反馈提出了四点建议：“评价要真实、可信、公正、客观；评价要注重知行统一；评语既要简要、精炼，又要注意差异性、针对性；评价结果要及时反馈给学生。”这代表了新课程发展性评价的基本要求。《普通高中课程方案（实验）》也将建立发展性评价制度作为评价核心：“实行学生学业成绩与成长记录相结合的综合评价方式。学校应根据目标多元、方式多样、注重过程的评价原则，综合运用观察、交流、测验、实际操作、作品展示、自评与互评等多种方式，为学生建立综合、动态的成长记录手册，全面反映学生的成长历程。教育行政部门要对高中教育质量进行监测。”这是对学生学习质量的综合确认。

然而，在校本课程领域内，我们仅仅考量学生的学习质量或者说学业水平可以吗？国家课程、地方课程在课程定位、教材审定等方面有诸多程序，而且要根据时代的发展以及各种观测指标不断修订，事实上，在课程与教材等领域仍存在着许多问题。校本课程的产生过程相对直接、简单，而且更具体更有针对性，面临的实际问题也更为复杂，对课程本身的评价显然是更需要的。这就是理解与改进的校本课程开发模型对校本课程开发者提出的思维和行为路径。

内省视角的课程反思提供了一个双向的评价过程，包括学生的学业观测、课程评价信息的整合、对课程的专业考量。

学校根据校本课程的目标、内容设计具有发展性的学业观测体系，以此来评价学生的学习效果，这是评价的第一步，这能够为对课程本身的评价、改进提供信息。

更重要的是信息整合，即多方获取关于课程价值和意义的信息，来组织对校本课程的综合评价。在开发的合作写作课程中，一位教师对课程的评价和改进有这样的设计："一是在教学实施中改进，在合作写作的过程中及时发现问题，并采取相应措施；二是在信息反馈过程中改进，针对课程实施中出现的问题，如学生的积极性不高，或时间长了出现应付现象等，改善课程内容和评价设计；三是体现合作写作课程的开放性，在与教师团队合作的过程中针对问题及时修订。"这便是一个针对课程本身的评价信息整合设计，由此可以获得对课程的重新理解和反思。

开发校本课程并不仅仅是学校的事情，涉及学生发展的课程设计肯定需要更多层次的专业考量，课程实施到一定程度时，邀请专业团队对课程进行专业考量，既能够拓展课程价值、开放课程内容体系，又能够纠正一些课程设计者自己忽视的问题。当然，专业团队的构成应当是多元的，不能是部分专家的一言堂。

4. 课程是怎样重建的？

有了充分的课程反思，课程改进与重建才有了可能，而课程改进的过程是变易理论的综合着陆。从显性层面来看课程改进，它改进的是校本课程，而从内在的变易视角来看，则隐含着学生发展的促进、课程开发者的提高、学校课程价值的增值。课程重建将校本课程的过程观凸显了出来，校本课程不仅仅是一个外显的结果，而且是课程开发与实施者、课程使用者参与的一个综合改进的过程，过程教育观在这里凸显无疑。

从课程改进到课程重建是一个变易的过程，变易的依据来自于对课程的群体评估、课程开发者的自我效能判断以及课程开发者基于自我评价后的专属学习。这是一个由人参与并以人为主体的课程分析逻辑。

群体评估的结论是由课程评价环节得来的，其基础是用从多元、多样、不间断的课程实施与评估中获取的信息来进行课程重建的第一轮逻辑分析，切入点在于整合评价信息以获得课程改进的若干思维路向，使校本课程开发获得一个开放的信息流：从结果与效果、信度与效度等多个领域获取评价信息，从目标到内容、难度到适应性等多个视角获取课程改进资料，从学生选择、学生反馈等多个角度来发现课程的意义。所以说，群体评估的群体不仅指评价是多元的，也隐喻着评价信息的综合性。

自我效能是课程开发者的自我审视，校本课程的开发与实施往往是一体的，没有截然分开的开发者与实施者，从这样的认识层面来看，课程开发的元认知水平也决定着课程开发乃至校本课程的水平。自我效能只有在实践反思中才能够获得，它是全身心参与校本课程开发与实施之后获得的直接感悟，没有投入和反思，就没有深刻的认识和深度的思维，也就谈不上自我效能。

专属学习是课程重建对重建者的基本专业诉求，从课程与教学论的发展来看，教师的课程角色定位并不明确，大多将教师在课程实施中的创生性特质定位为教师的课程身份，这是不完善的。教师虽然不是专业的课程研究者，却是校本课程建设与实施的主体力量和实际力量，教师的课程角色意味着教师的课程研究力。由于有了充分的参与和反思，又以充分的元认知来定位自我效能，教师就能够发现自己的改进空间，从而主动地研究课程，对于需要学习的课程与教学理论，包括学生发展的相关理论、相关学科的知识等，都有了发自内心的趋近。如此一来，基于内在需求，教师与课程一起成长的目标才能够成为现实。

四、在改变着的课程开发范型

2012年3月21日，宋燕老师开始了“剪纸探微”课程的建设，她对课程目标做了这样的规划：

剪纸课程的分目标从学习制作单色剪纸、染色剪纸、套色剪纸三个方面来设定。

1. 单色剪纸学习领域

单色剪纸，就是用一种色纸来剪做作品，又细分为：

(1) 折剪类，即将纸折叠后再剪，放开后可得到一种图案或字形。

(2) 迭剪类，即将数张纸重叠在一起，钉牢后再依稿剪之，一次可得到数张作品。

通过学习制作单色剪纸，让学生对剪纸的基本元素、基本方法有所了解，并能掌握技巧熟练操作，培养学生的动手动脑能力，增强学生的民族自豪感。

2. 染色剪纸学习领域

染色剪纸，即用易于浸渍的白纸或浅色纸剪成各种形象，再逐次染成所需的颜色，或先将纸染色，再剪成形象。

通过学习制作染色剪纸，让学生在熟练掌握单色剪纸的基础上学习调色技巧和涂色技巧，以便给剪出的宣纸纹样上色，完成染色剪纸作品。

3. 套色剪纸学习领域

套色剪纸，即用制作单色剪纸的方法剪出主版和次版的形象，再将次版贴裱在主版需要的部位上，或将画稿所需的各色色纸重叠在一起钉牢，再沿稿线依次剪成，择取一张为主版贴裱在衬底上，再将其余的部分添贴在主版之上。

通过学习制作套色剪纸，锻炼学生双手的灵活性和协调性，提高学生的动手能力，培养学生做事耐心和细心的好习惯，同时也让学生了解民俗风情、熟悉生活。

到 2013 年 2 月 4 日，宋燕老师的“剪纸探微”课程在目标上已经有了发展并逐渐成熟：

剪纸教学课程的分目标从了解不同年代、不同地域的剪纸文化特色，学习制作单色剪纸、染色剪纸、套色剪纸四个方面来设定。

1. 按照剪纸的历史发展顺序、地域了解剪纸的文化特色

按照历史顺序，探索唐代剪纸、宋代剪纸、明清剪纸、民国剪纸的文化特色；按照地域不同，探索潍坊高密剪纸、河北蔚县剪纸等地区的剪纸文化特色。通过了解不同时期、不同地域的剪纸文化，加深学生对剪纸文化的理解，对民族传统文化的热爱，增强民族自豪感。

2. 单色剪纸学习领域

单色剪纸，就是用一种色纸来剪做作品。又细分为：

（1）折剪类，即将纸折叠后剪做，放开后可得到一种图案或字形。

（2）迭剪类，即将数张纸重叠在一起，钉牢后依稿剪之，一次可得数张作品。

通过学习单色剪纸，让学生对剪纸的基本元素、基本方法有所了解，并能掌握技巧，熟练操作，以培养学生的动手动脑能力，增强学生的民族自豪感。

3. 染色剪纸学习领域

染色剪纸，即用易于浸渍的白纸或浅色纸剪成各种形象，再逐次染成所需的颜色，或先将纸染色，再剪成形象。

通过学习制作染色剪纸，让学生在熟练掌握单色剪纸的基础上学习调色技巧和涂色技巧，以便给剪出的纸样上色，完成染色剪纸作品。

4. 套色剪纸学习领域

套色剪纸，即用制作单色剪纸的方法剪成主版和次版的形象，再将次版贴裱在主版需要的部位上，或将画稿所需的各色色纸重叠在一起钉牢，再沿稿线依次剪成，择取一张为主版贴裱在衬底上，再将其余的部分添贴在主版之上。

通过学习制作套色剪纸，锻炼学生双手的灵活性和协调性，提高学生的动手能力，培养学生做事耐心和细心的好习惯，同时让学生了解民俗风情、熟悉生活。

目标的发展见证着宋老师不断实现的自我超越，这也是一个改进模型所呈现出来的校本课程开发的现实发展。我们可以进一步透过“剪纸探微”课程的内容发展来观照其改进与重建的基本过程。

一、2012 年 3 月 21 日的课程内容（第三部分）

（一）内容说明

各学习领域分别由目标、学习活动建议和评价要点三部分组成。目标是课程总目标跟分目标的具体化，学习活动建议针对目标提出一些更为具体的、可操作的学习内容和学习方式。

1. 单色剪纸学习领域说明

单色剪纸，就是用一种色纸来剪做作品。要求学生从剪纸的基本形（圆形、月牙形、锯齿形、三角形、正方形）开始练起，直到剪出单个人物、动物、植物的纹样，然后再添加装饰物，完成一幅幅单色剪纸作品，这样由易到难，便于学生理解、掌握。剪出的作品要紧密联系生活，以激发学生的学习兴趣。

2. 染色剪纸学习领域说明

染色剪纸，即用易于浸渍的白纸或浅色纸剪成各种形象，再逐次染成所需的颜色，或先将纸染色，再剪成形象。要求学生有一定的色彩知识，能够较熟练地调出想要的颜色，而且上色时要均匀、细心、耐心，最后染出的作品要有色彩变化、浓淡变化、虚实变化等。

3. 套色剪纸学习领域说明

套色剪纸，即用制作单色剪纸的方法剪成主版和次版的形象，再将次版贴裱在主版需要的部位上，或将画稿所需的各色色纸重叠在一起钉牢，再沿稿线依次剪成，择取一张为主版贴裱在衬底上，再将其余的部分添贴在主版之上。这种剪纸的基础还是单色剪纸，要求学生有较强的色彩搭配能力及动手制作能力，能够运用粘贴方法完成套色剪纸作品。

（二）课程内容

1. 第一学段（3～4 年级）

单色剪纸学习领域

①目标

用欣赏剪纸短片来激发学生的学习兴趣，然后结合语文、品德、科学等学科以及联系生活实际，创编剪纸纹样。

②学习活动建议

根据自己所学的剪纸知识，对教室及校园进行美化、装饰，让我们的生活环境更加美丽。

③评价要点

通过上网查阅剪纸纹样的资料来丰富单色剪纸的作品。大胆地说明自己的创作意图，对他人的作品进行评述。在剪纸前做好各种准备，并在结束时收拾整理。

2. 第二学段（5～6 年级）

（1）染色剪纸学习领域

①目标

在熟练掌握剪纸技巧的基础上学习调色及涂色的知识及技巧，结合生活实际完成染色剪纸作品。

②学习活动建议

根据自己所学的剪纸知识，对教室及校园进行美化、装饰，让我们的生活环境更加美丽。

③评价要点

通过上网查阅剪纸纹样的资料来丰富单色剪纸的作品。在此基础上做好调色及涂色工作，大胆地说明自己的创作意图，对他人的作品进行评述。在剪纸前做好各种准备，并在结束时收拾整理。

（2）套色剪纸学习领域

①目标

主要是让学生练习粘贴以及色彩的搭配组合；通过动手制作来培养学生的动手能力。

②学习活动建议

根据自己所学的剪纸知识，对教室及校园进行美化、装饰，让我们的生活环境更加美丽。

③评价要点

通过上网查阅剪纸纹样的资料来丰富单色剪纸的作品。大胆地说明自己的创作意图，对他人的作品进行评述。在剪纸前做好各种准备，并在结束时收拾整理。

二、2012年10月8日的课程内容（第三部分）

（一）内容说明

各学习领域分别由目标、学习活动建议和评价要点三部分组成。目标是课程总目标跟分目标的具体化，学习活动建议针对目标提出一些更为具体的、可操作的学习内容和学习方式。

1. 剪纸文化学习领域说明

让学生分小组按照历史发展顺序、不同地域搜集、探究剪纸文化，以小组为单位在全班进行交流、汇报，让全体学生对不同历史时期、不同地域的剪纸文化加深理解，为后期创作作品做好铺垫。

2. 单色剪纸学习领域说明

单色剪纸，就是用一种色纸来剪做作品。要求学生根据自己研究的每个历史时期盛行的剪纸纹样，从剪纸的基本形（圆形、月牙形、锯齿形、三角形、正方形）开始练起，直到剪出单个人物、动物、植物的纹样，然后再添加装饰物，完成一幅幅单色剪纸作品，这样由易到难，便于学生理解、掌握。剪出的作品应紧密联系生活，以激发学生的学习兴趣。

3. 染色剪纸学习领域说明

染色剪纸，即用易于浸渍的白纸或浅色纸剪成各种形象，再逐次染成所需的颜色，或先将纸染色，再剪成形象。学生要按照小组分工，根据所研究朝代及地域的剪纸纹样进行染色剪纸练习，要求学生有一定的色彩知识，能够较熟练地调出想要的颜色，而且上色时要均匀、细心、耐心，最后染出的作品要有色彩变化、浓淡变化、虚实变化等。

4. 套色剪纸学习领域说明

套色剪纸，即用制作单色剪纸的方法剪成主版和次版的形象，再将次版裱在主版需要的部位上，或将画稿所需的各色色纸重叠在一起钉牢，再沿稿线依次剪成，择取一张为主版贴裱在衬底上，再将其余的部分添贴在主版之上。这种剪纸的基础还是单色剪纸，要求学生有较强的色彩搭配能力及动手制作能力，能够运用粘贴的方法完成套色剪纸作品。

（二）课程内容

1. 第一学段（3～4 年级）

单色剪纸学习领域

①目标

用欣赏剪纸短片来激发学生的学习兴趣，然后结合语文、品德、科学等学科以及联系生活实际创编剪纸纹样。

②学习活动建议

根据自己所学的剪纸知识，对教室及校园进行美化、装饰，让我们的生活环境更加美丽。

③评价要点

通过上网查阅剪纸纹样的资料来丰富单色剪纸的作品。大胆地说明自己的创作意图，对他人的作品进行评述。在剪纸前做好各种准备，并在结束时收拾整理。

2. 第二学段（5～6 年级）

(1) 剪纸文化学习领域

①目标

让学生分小组了解不同历史时期、不同地域的剪纸文化，分别在班级内以及全校交流、汇报，让更多的学生更全面地了解剪纸文化，然后针对每个历史时期的剪纸文化特点，找出适合的纹样进行单色、染色、套色剪纸的练习。这一学习领域能够让学生积累剪纸知识，让他们对剪纸文化产生兴趣，还有助于他们增强团队合作意识。

②学习活动建议

按照不同历史时期分为唐代剪纸、宋代剪纸、明清剪纸、民间剪纸，让学生分组查阅不同时期的剪纸文化；按照不同地域分为潍坊高密剪纸、河北蔚县剪纸等，让学生分组查阅不同地区的剪纸文化。

③评价要点

让学生通过上网查阅有关剪纸文化的资料来加深对剪纸的理解。可以每组选派一名代表来向全班汇报调查结果，让全体同学进行评价，然后大家相互交换资料，共同学习，共同掌握。

（2）染色剪纸学习领域

①目标

在熟练掌握剪纸技巧的基础上学习调色及涂色的知识及技巧，结合生活实际完成染色剪纸作品。

②学习活动建议

根据自己所学剪纸知识，对教室及校园进行美化、装饰，让我们生活的环境更加美丽。

③评价要点

通过上网查阅剪纸纹样的资料来丰富单色剪纸的作品。在此基础上做好调色及涂色工作，大胆地说明自己的创作意图，对他人的作品进行评述。在剪纸前做好各种准备，并在结束时收拾整理。

（3）套色剪纸学习领域

①目标

主要是让学生练习粘贴以及色彩的搭配组合；通过动手制作来培养学生的动手能力。

②学习活动建议

根据所学的剪纸知识，对教室及校园进行美化、装饰，让我们的生活环境更加美丽。

③评价要点

通过上网查阅剪纸纹样的资料来丰富单色剪纸的作品。大胆地说明自己的创作意图，对他人的作品进行评述。在剪纸前做好各种准备，并在结束时收拾整理。

三、2013年2月4日的课程内容（第三部分）

（一）内容说明

各学习领域分别由目标、学习活动建议和评价要点三部分组成。目标是课程总目标跟分目标的具体化，学习活动建议针对目标提出一些更为具体的、可操作的学习内容和学习方式。

1. 剪纸文化学习领域说明

让学生分小组按照历史发展顺序、不同地域去搜集、探究剪纸文化，以小组为单位在全班交流、汇报，从而使全体学生对不同历史时期、不同地域的剪纸文化加深理解，为后期创作作品做好铺垫。

2. 单色剪纸学习领域说明

单色剪纸，就是用一种色纸来剪做作品。要求学生根据自己研究的历史时期盛行的剪纸纹样，从剪纸的基本形（圆形、月牙形、锯齿形、三角形、正方形）开始练起，直到剪出单个人物、动物、植物的纹样，然后再添加装饰物，完成一幅幅单色剪纸作品，这样由易到难，便于学生理解、掌握。剪出的作品应紧密联系生活，以激发学生的学习兴趣。

3. 染色剪纸学习领域说明

染色剪纸，即用易于浸渍的白纸或浅色纸剪成各种形象，再逐次染成所需的颜色，或先将纸染色，再剪成形象。这个学习领域也要按照小组分工，根据所研究历史时期及地域的剪纸纹样特点进行染色剪纸练习，要求学生有一定的色彩知识，能够较熟练地调出想要的颜色，而且上色时要均匀、细心、耐心，最后染出的作品要有色彩变化、浓淡变化、虚实变化等。

4. 套色剪纸学习领域说明

套色剪纸，即用制作单色剪纸的方法剪成主版和次版的形象，再将次版贴裱在主版需要的部位上，或将画稿所需的各色色纸重叠在一起钉牢，再沿稿线依次剪成，择取一张为主版贴裱在衬底上，再将其余的部分添贴在主版之上。这种剪纸的基础还是单色剪纸，要求学生有较强的色彩搭配能力及动手制作能力，能够运用粘贴的方法完成套色剪纸作品。

（二）课程内容

1. 第一学段（3～4 年级）

单色剪纸学习领域

①目标

用欣赏剪纸短片来激发学生的学习兴趣，然后结合语文、品德、科学等学科以及联系生活实际创编剪纸纹样。

②学习活动建议

根据自己所学剪纸知识，对教室及校园进行美化、装饰，让我们的生活环境更加美丽。

③评价要点

通过上网查阅剪纸纹样的资料来丰富单色剪纸的作品。大胆地发表自己的创作意图，对他人的作品进行评述。在剪纸前做好各种准备，并在结束时收拾整理。

2. 第二学段（5～6 年级）

（1）剪纸文化学习领域

①目标

让学生以小组为单位，通过上网、到书店查阅书籍等了解不同历史时期、不同地域的剪纸文化，在班级以及全校交流、汇报，让更多学生更全面地了解剪纸文化，然后针对每个历史时期剪纸文化的特点，找出合适的纹样进行单色、染色、套色剪纸的练习。这一学习领域能够让学生喜欢剪纸，积累剪纸知识，增强团队合作意识。

②学习活动建议

按照不同历史时期分为唐代剪纸、宋代剪纸、明清剪纸、民间剪纸，让学生分组了解不同时期的剪纸文化；按照不同地域分为潍坊高密剪纸、河北蔚县剪纸等，让学生分组了解不同地区的剪纸文化。

③评价要点

让学生通过上网查阅有关剪纸文化的资料加深对剪纸的理解。可以每组选派一名代表来向全班汇报查阅结果，让全体同学进行评价，然后大家相互交换资料，共同学习，共同掌握。

(2) 染色剪纸学习领域

①目标

在熟练掌握剪纸技巧的基础上学习调色及涂色的知识及技巧，结合生活实际完成染色剪纸作品。

②学习活动建议

根据所学的剪纸知识，对教室及校园进行美化、装饰，让我们的生活环境更加美丽。

③评价要点

通过上网查阅剪纸纹样的资料来丰富单色剪纸的作品。在此基础上做好调色及涂色工作，大胆地说明自己的创作意图，对他人的作品进行评述。在剪纸前做好各种准备，并在结束时收拾整理。

(3) 套色剪纸学习领域

①目标

这一学习领域主要是让学生练习粘贴以及色彩的搭配组合，并通过动手制作来培养学生的动手制作能力。

②学习活动建议

根据所学的剪纸知识，对教室和校园进行美化、装饰，让我们的生活环境更加美丽。

③评价要点

通过上网查阅剪纸纹样的资料来丰富单色剪纸的作品。大胆地说明自己的创作意图，对他人的作品进行评述。在剪纸前做好各种准备，并在结束时收拾整理。

目标的具体化与内容的拓展展示了宋燕老师对于课程的理解与驾驭力。在这一改进过程中，师生在共同创生课程、实践课程、评价课程乃至重构课程中发展，清晰地呈现着以“人”为本的课程理念与改进范型的价值和意义。

第三章

第二课程：创生一个新的空间

“理解与改进的校本课程开发模型”是一个开放的系统，既有对学校整体校本课程系统建设的引领，又能够帮助教师从“我”出发，建立自己的第二课程。第二课程是一个全新的概念，有教师“1+1”课程以及学科拓展类课程的性质，它在实践中不断地发展演变，虽然我们还不能对第二课程的概念给出一个标准的答案，但是，教师们在实践中产生的第二课程概念，让我们发现了真正的价值所在。

一、在开发教师第二课程中成长

我第一次听说教师第二课程是在李秀伟老师工作室的报告会上，当时我把它理解为了校本课程。我们都参与了第二课程的开发与实践，对教师第二课程及其对促进教师成长的意义有了自己的理解。

（一）教师第二课程的内涵

对教师第二课程，可以从两个方面来理解。

创生视角的教师第二课程是指广大教师、教育管理者结合自身工作的需要，以提高工作质量、实现教育理想为前提，以学科课程标准、相关教育法规和政策为依据，将课程内容重组（或将自己从事的工作课程化）形成的具有个性特点的课程。

转化视角的教师第二课程是指教师根据自己教学、学生发展的需要，以新的课程标准为依据，对国家课程、地方课程进行深入分析与研究，然后进行再加工、再创造，自主组织课程内容，使国家课程、地方课程转化为师本化课程。它可以使国家课程、地方课程得到更好的落实，并能发挥教师的特长，使教师教得愉快，学生学得轻松。

（二）开发教师第二课程，促进教师专业成长

1. 开发教师第二课程，可以提高教师的课程能力

开发教师第二课程，要求教师自己撰写“课程标准”，确定课程目标、课程内容、课程实施建议、课程评价方法，然后负责课程实施、课程评估，而不仅仅是实施课程，因而必然有助于教师课程能力（包括制订课程目标的能力、确定课程内容的能力、实施课程的能力、评估课程的能力）的全面提高。在这个过程中，教师实现了从课程执行者到课程开发者的转变，课程能力得到了提高。

2. 开发教师第二课程，可以提高教师的研究能力

教师开发第二课程的过程就是参与科研的过程，教师在其中主动担当研究者的角色，对于研究能力的提高非常有益。在开发第二课程的过程中，教师要通读所教学段的所有课本，要熟知课标，同时要阅读大量课程开发理论类图书，搜集与自己所教课程相关的材料，然后对这些内容进行筛选，找出适合自己与学生的内容进行整合、实践，反复修改，最后确定课程内容。简而言之，教师不仅要研究学校、学生、自己（教师），还要研究课程制度、课程理论、课程开发方法等；不仅要研究问题的解决，还要研究交往、协调的方法等。

教师第二课程的开发应注重开展行动研究，即在实施课程的时候，教师要不断反思，经常问问自己：（1）这样做可行吗？（2）还可以怎样做？（3）我该如何修改？在这种不断反思中逐步提高研究能力。

3. 开发教师第二课程，可以提高教师工作的专业化程度

对普通教师来说，学科教学使他们只看到整体课程的一个方面，很少能对课程有一个总体的把握。但是，教师只有站在整个课程结构的高度，才能对所教学科有一个全面的、整体的认识，也只有站在整个课程发展与改革的高度，才能提高自己驾驭课程的能力，从而对所教学科有一个符合学生实际的安排。此外，教师第二课程强调以学生为本，在进行教学设计时教师应更好地研究学情，使教学效果处于最佳状态。

对于将工作课程化的教学管理人员来说，他们的工作不再局限于完成各种各样的工作任务，而是要站在有利于学校发展、教师发展、学生发展的角

度，全面考虑该如何统筹安排工作，从而提高工作效率。

教师第二课程的开发与实践对于我及工作室同仁们的成长起到了非常重要的促进作用：我们阅读了大量的书籍，积累了丰富的素材，这不单对于开发第二课程有益，对于我们的教育教学实践也有极大的促进作用；我们深入研究了课程标准，这对我们日后更好地开展教学工作起到了良好的推进作用；通过编写教师第二课程纲要，我们的写作水平得到了提高，同时总结概括能力也进一步增强。通过实践教师第二课程，我们的工作变得更加丰富多彩，因为这是我们自己的事业。

（李蕾）

二、我和我的第二课程

近一年来，作为其中一员，我在李秀伟工作室进行着开发教师第二课程的研究和实践。一开始我真的是懵懂无措，不知该如何下手，后来思路逐渐清晰，想借助自己带领的社团开发自己的历史社团课程，但由于工作单位的调整，一切又要从头开始。开学后的两个多月中，我一直在思考自己的第二课程应该从哪里开始，又该走向何方，认真思索后，我突然感到峰回路转：完全可以沿着原来的方向继续进行研究，只要在研究方法和策略以及组织形式上进行调整就可以了。于是，我决定进行初中历史活动课的研究和实践。经过一个多学期的研究和实践，我对教师第二课程有了新的认识。

（一）教师第二课程的内涵

我所理解的教师第二课程，就是在学校现场发生的，以国家及地方制定的课程标准的基本精神为指导，依据教师特点和学科特点，学生的性质、特点和条件，以及可利用和开发的资源，由教师个人自愿、自主、独立开展的，旨在满足本校学生学习需求的课程开发活动。教师第二课程的开发是课程理论和课程实践不断发展、丰富和完善的过程。在社会生活日趋多元化和变化发展日益迅速的时代，以国家课程为主体的课程的局限性越来越明显。从总体上看，国家对各级各类学校的培养目标和培养规格都有统一的规定，而这只能是最基本的原则性要求，不能也不可能顾及各校的具体情况和特殊性。学校要真正地办出自己的特色，就不得不在课程上下工夫。教师第二课程开发不仅能构建学校特色，更能凸显教师个人特色，延伸自己的学科教学。同时，教师第二课程还是国家课程的重要补充。与国家课程注重基础性和统一性的特点相比较，教师第二课程能充分尊重广大师生以及学校教育环境的独特性和差异性，更好地贯彻国家的教育方针，更有效地促进学生个体和社会的健康发展。

（二）教师第二课程开发的目的

第一，确保国家课程的有效实施。教师第二课程以校为本、以师为本、以生为本，但从根本上说，它必须符合国家的宏观课程政策和课程标准，要与国家的教育方针、教育目标特别是人才培养目标相一致。因此，教师第二课程可以是对国家课程的改造与创新，也可以是教师在国家课程所确定的课程门类以外，新开发、开设独具特色的课程。无论哪一种，都要求教师树立课程意识，了解、熟悉国家课程政策和课程标准，因此，教师第二课程是国家课程和地方课程实施的催化剂和助推器。

第二，照顾学生的个别差异，满足学生多样化的需要。如前所述，国家课程注重的是普适性，很难考虑学生的个别差异，无法照顾不同学生的不同需要，即使地方课程也难以考虑不同学生的不同需要。教师第二课程则是以教师为开发单位和实施单位的，可以更好地了解学生的不同需要，考虑学生的个别差异。比如，同一个年级的学生，可能由于个人兴趣、家庭背景的不同，有些人对某一内容不太喜欢，有些人则特别喜欢，基于此，教师除了按照国家课程标准开设课程以外，还可以另外开设一些学生特别感兴趣的课程，既满足学生的需要，也照顾学生的个别差异。

第三，促进教师专业能力的持续提高。教师具有一定的课程开发能力，不仅有利于国家课程、地方课程的有效实施，也有利于教师自身专业能力的发展。教育的发展要求学校成为一个不断改革，促进其成员持续发展、充满生机和活力的组织。教师第二课程的开发，要求教师成为课程与教学的领导者，教师要在一定的教育理论与课程、教学理论的指导下，在掌握国家课程政策和课程标准的前提下，在充分了解学生的发展特点和现实需要的基础上参与课程改革。这对促进教师的专业发展具有十分重要的意义，是教师实现持续性专业发展的有效途径。

（三）教师第二课程开发的意义

1. 促进学生的个性发展

作为培养人的活动，教育是要使每个人的个性得到充分而自由健康的发展，从而使每个人都具有高度的自主性、独立性和创造性。教师第二课程关注每一个学生的不同需求，努力给学生一个自由发展的空间，具体体现在课程设置及课程内容的多样性、可选择性和丰富性上。

以人为本。传统的课程强调学科知识，忽略了学生作为一个活生生的人的真实体验。教师第二课程的开发注重学生的生活体验和学习经验，课程实施中强调学生发展的主体性和主动性，关注每一个学生发展的差异性，让每一个学生都成为与众不同的主体，满足每一个学生不同的发展需要。

给学生留下空间。个性的发展需要一定的自由空间。作为教师第二课程开发的主体之一，学生有课程决策的权利。课程开发是一个动态的、不断完善的过程，课程内容和结构都在师生互动中完成。尊重学生的兴趣与经验，让学生根据自己的需要进行选择，为学生的个性发展留下了一个空间。

差异性教育。国家课程强调人才规格的整齐划一，忽略了学生之间的个体差异，教师第二课程开发为学生提供了个性张扬的现实条件。每一个学生都可以对自己要学的内容作系统安排，根据自己的发展需要形成具有独特性的个别化课程。教师作为课程的组织者与指导者，要研究学生的需要和发展的可能性，注重个别指导，尽可能满足学生的不同需要，从学生的经验出发，提供差异性课程，做到因材施教。

课程以学生为中心。教师第二课程开发是从学生的需要出发的，是为了学生的发展而进行的。学生实际需要什么，成人不一定清楚，而教师第二课程的开发主体之一就是学生，因而教师第二课程更能够从学生的需要出发，精选学生终身学习所必备的基础知识与技能，促进学生的发展。

2. 促进教师的专业发展

国家课程开发模式下，教师处于权力结构的最底层，需要按照规定的时间和进度，完成规定的教学内容，这无疑扼杀了教师的创造潜能。教师第二课程赋予了教师课程决策权，教师成为课程编制者、实施者和评价者。

提高教师的参与意识和能力。执行者的角色使教师习惯于服从上级的指令，不需要参与课程的决策，也不知道该怎么参与。教师第二课程开发可以使教师形成参与课程决策的意识，行使课程决策的权利，并在参与过程中提高参与的能力。

提高教师的课程意识和课程开发能力。教师第二课程开发可以帮助教师认识到自己所教科目与学校整体教育目标和前景的关系，以及与其他学科之间的关系，从而形成整体的、结构的课程观。传统上，教师并不负责教材的改编或重组，长期处于具体教学设计者的地位，并没有选择学习主题、设计教学内容的能力。教师第二课程开发无疑可以让教师在专家的帮助和指导之下获得这种能力。

提高教师的研究意识和能力。教师第二课程开发要求教师研究自己的学生，研究教学内容，研究和思考学校发展的远景和文化的创生。在开发第二课程的过程中，教师以课堂师生互动的自然情景为研究对象，进行行动研究。在这一过程中，教师们的研究意识和能力会大大提高。

（林亚妮）

三、我的“初中数学学科之美”

“初中数学学科之美”课程的基本出发点是促进学生全面、持续、和谐地发展。美是人类创造性实践活动的产物，是人类本质力量的感性显现。我们通常所说的美，以自然美、社会美以及在此基础上产生的艺术美、科学美的形式存在。数学学科之美是自然美的客观反映，是科学美的核心。简言之，数学学科之美就是数学中奇妙的、有规律的、让人愉悦的美的东西。

（一）课程设计

1. 初中数学课程应突出体现基础性、普及性和发展性，使数学教育面向全体学生，实现：人人学有价值的数学；人人都能获得必需的数学；不同的人在数学上得到不同的发展；人人对数学产生浓厚的兴趣。

2. 数学是人们生活、劳动和学习中必不可少的工具，能够帮助人们处理数据，进行计算、推理和证明。而数学学科之美主要是通过教学使学生感受数学知识的内在美，诸如数字美、符号美、构图美等，培养和提高学生的审美能力，培养学生对数学知识美的热爱，让他们“内化”、迁移为对数学知识的热爱和追求，从而开发他们的智力，达到育人的目的。

3. 数学的学习内容应当是现实的、有意义的、富有挑战性的，这些内容要有利于学生主动地进行观察、实验、猜测、验证、推理与交流等数学活动。内容的呈现应采用不同的方式，以满足多样化的学习需求。有效的数学学习活动不能单纯地依赖模仿与记忆，动手实践、自主探索与合作交流等也是学生学习数学的重要方式。由于所处的文化环境、家庭背景和自身思维方式不同，学生的数学学习活动应当是一个生动活泼的、主动的和富有个性的过程。

4. 数学教学活动必须建立在学生的认知发展水平和已有的知识经验基础之上。教师应激发学生的学习积极性，给学生提供充分进行数学活动的机会，帮助他们在自主探索和合作交流的过程中真正理解和掌握基本的数学知识和技能、数学思想和方法，获得广泛的数学活动经验。学生是数学学习的主人，教师是数学学习的组织者、引导者与合作者。

5. 现代信息技术的发展对数学教育的价值、目标、内容以及学与教的方式产生了重大的影响。数学课程的设计与实施应重视运用现代信息技术，特别要充分考虑计算器、计算机对数学学习内容和方式的影响，大力开发并向学生提供更为丰富的学习资源，把现代信息技术作为学生学习数学和解决问题的强有力工具，致力于改变学生的学习方式，使学生乐意并有更多的精力投入现实的、探索性的探究数学之美的活动中去。

（二）课程目标

教育部颁发的《基础教育课程改革纲要（试行）》明确提出：新课程要全面贯彻党的教育方针，全面推进素质教育，要使学生具有科学素养、人文素养和审美情趣。在《数学课程标准》中，特别强调义务教育阶段的数学课程要突出基础性、普及性和发展性的特点，真正体现知识、能力、态度的有机整合，把关注知识生成的人文背景、关注知识运用的社会价值提到重要的地位，把情感、态度和价值观作为教学目标的重要内容。以上事实表明：新一轮数学课改的终极目标是为了学生的全面发展，是引导学生追求真、善、美。

（三）课程内容

1. 让学生感受数学的内容美

美是数学教材中固有的，数学教师应当善于用美的眼光审视教学内容，去挖掘、整理、显示出教材中的数学美，让学生充分感受到数学也是一个五彩缤纷的美的世界，从而对数学学习产生浓厚的兴趣。

（1）数学中的图形美

数学涉及许多几何图形，它们的线条或刚硬或圆润，感观上或洒脱或细致。我们可以根据几何图形的特性，如对称、平移、旋转、黄金分割等，或利用图形本身的美感，让学生学会去欣赏，感受图形蕴藏的美，积累这种美感，并产生创造美的欲望。

（2）数学中的简捷美

数学是世界上唯一的通用语言，它是最精炼的语言。数学总是用简捷的符号、公式、结论来揭示隐藏在复杂现象背后的深刻规律或本质。数学符号是数学文字的主要形式，它是构成数学语言的基本成分。0、1、2、3、4、5、6、7、8、9，这十个符号是全世界普遍采用的，它们表示了全部的数，书写、运算都十分方便；欧拉公式“V－E＋F＝2”以其简捷的形式揭示了任何多面体的顶点数、棱数以及面数之间的复杂关系；sin、cos、tan 是三角运算符号，lim 是极限运算符号：这些都深刻地体现了数学的符号美和简捷美。数学语言有其独特的价值，构成了科学语言的基础。越来越多的科学门类用数学语言表述自己，这不仅因为数学语言的简捷，而且因为数学语言的精确及其思想的普遍性与深刻性。

（3）数学中的和谐美

数学学科在定义、性质、定理、公式以及思想、方法等方面都存在着必然的联系，它所表现出来的和谐性是一种实实在在的美。例如，“等腰三角形三线合一”的性质，等腰三角形的三线（顶角的角平分线、底边上的中线、底边上的高线），知其一可说明另二。学生掌握了它们之间的区别与联系，感到了学习的乐趣，掌握这一定理也就容易多了。

（4）数学中的逻辑美

逻辑美在数学中可以说无处不在。特别是几何证明题，从根据题意画出图形，到将数学语言翻译成符号语言，进而写出已知、求证，乃至最后完成证明，无不体现着逻辑美。

2. 让学生体会教学过程中的数学美

教师可以通过设计美观、整洁、规范的板书来陶冶学生爱美、欣赏美的情操，从而充分调动学生学习数学的积极性，实现提高数学教学质量的目的。此外，教师还可以用多媒体将数学美展现在学生眼前，使教学的内容生动化、形象化、动态化，从而提高课堂教学效果。

3. 让学生品尝数学题及解题过程中的数学美

有些数学题本身就内涵了新颖、奇异或形态美，而解题中有化归、变换、数形结合、分解与组合、类比等数学思想之美；题目的一题多解，激励着学生给出问题的最佳解答，让学生体会到创造的乐趣。所以，教师应为学生精心选择题目，明确解题的审美要求，启发学生思维，引导学生反复探索，发现解题途径，直到完成具有创美特征的解答。

4. 让学生享受生活中的数学美

数学源于实践，和生活紧密相连。通过对大自然的认识，可以使学生产生探索数学的激情，令学生在感知审美对象的基础上引起情感反应，产生积极联想，从而迸发出创造性思维的火花。

数学总是美的，数学是美的科学，追求数学美是数学发展的动力之一，也是学生学习数学的动力。教师应在教学中充分挖掘和展示数学的美，激发学生的爱美本性，让学生在美的意境中受到感染和熏陶，并用美的眼光去学习数学，探索数学，创造数学美。

（裴志星　李华强）

四、我有了我的第二课程

“秋天到，秋天到，
田里庄稼长得好。
棉花朵朵白，
大豆粒粒饱，
高粱涨红了脸，
稻子笑弯了腰……”

至今，我脑海里依旧浮现着儿时那个秋天的早晨朗诵儿歌的情景：不大的校园里，高大的杨树迎着太阳伸展着枝叶，村落里的炊烟不时地飘荡到校园，风里流动着秋天收获的声音……我和小伙伴们坐在简陋的平房教室里，高声地朗诵着这首儿歌……经过岁月的沉淀，学习的那些定律、概念早已忘却，唯有那个早晨的这首儿歌让我记忆犹新。因为，我记住的不只是这首儿歌的内容，还有那个早晨和小伙伴们一起高声诵读儿歌的快乐、单纯以及对诗歌最早的留恋。

于是，诗歌成为我和学生的最爱。我愿意让我的学生与诗歌为伴，从小就走进诗歌的王国，用听赏、吟诵、阅读、创作诗歌为人生铺垫诗意的童年。

（一）课程开发的意义

1. 诗教源远流长

中国是一个有着悠久诗教历史的国家，诗歌的节奏始终激荡在我们民族的血脉中。纵观中华民族五千年的文明史，诗教的思想一脉相承。诗歌教育源远流长，任重而道远，必将由昨天走向今天，走向未来。

2. 儿童天生是诗人

心理学研究表明：儿童爱幻想，求知欲和好奇心旺盛，记忆力强，正处于学习的最佳时期，对语言的天然敏感决定了他们对语言文化接受的迅速性。诗以其短小活泼、朗朗上口，以其稚拙的意趣、丰富的想象吸引着孩子们，自然地和儿童与生俱来的天性相契合。少年若天成，孩子都是感觉和幻想的天才。学生形象思维的发展远胜于抽象思维，特别是低年级的学生，是以直观形象的形式进行思维的。正因为如此，他们虽然只运用只言片语表达自己的想法，却不乏童真、童稚和童趣，这样的语言犹如沙砾中的珠贝，采集出来都是富有灵性的小诗。儿童诗让学生的心灵更加充实，让学生的情感生活更加丰富，让学生的想象天地更加广阔。

3. 儿童诗是语文学习的有益补充

语文教学中，除了教材，教师完全可以引导并组织学生学习更多更有意义的东西，丰富学生的语言积累，提高学生的语文素养。在浩瀚的儿童文学海洋中，我们发现儿童诗清新活泼，质朴纯真，朗朗上口，散发着清新的气息。一首优秀的儿童诗，集美感的内容和优美的形式于一体，能拨动孩子的心弦，引起他们浓厚的阅读兴趣，陶冶他们的性情，提高他们的审美情趣。

4. 儿童诗是校本课程开发的载体

《基础教育课程纲要（试行）》提出：“学校在执行国家课程和地方课程的同时，应视当地社会经济发展的具体情况，结合本校的传统优势、学生兴趣和需要，开发或选用适合本校的课程，即校本课程。”我们开发的“儿童诗”第二课程旨在提高学生的人文素养，促进学生的和谐发展，不但符合课程改革发展的方向，也有利于学校特色的形成。

（二）课程目标

1. 总体目标

通过第二课程的开发与实施，提升学生的语文素养，促进学生的和谐发展，培养学生的创造能力，完善学生的个性特长，增强学生的人生底蕴；提高教师的课堂教学能力和教育科研能力，促进教师的专业成长。

通过第二课程的开发与实施，确立“儿童诗”校本课程的课程目标，编写“儿童诗”校本教材，总结儿童诗的教学方法和模式流程，探索实施“儿童诗”第二课程的途径和策略，促进学生的全面和谐发展和教师的专业成长。

2. 学段目标

按照初级阶段（1～2 年级）、中级阶段（3～4 年级）、高级阶段（5～6 年级）三个年级阶段制订教学目标，体现层次性和学段性。

（三）概念界定

儿童诗，是指一种节奏、声韵充满美感，文字流畅自然，内容生动活泼，适合儿童念唱或朗诵的诗作。

儿童诗教学研究，是指探索儿童诗的教学模式和方法，编写适合学生诵读的“儿童诗”校本教材，和学生一起读儿童诗、诵儿童诗、赏儿童诗、写儿童诗，从而激发学生学习儿童诗的兴趣，并指导学生写出清新灵动的儿童诗，不断丰厚学生的人文素养。

（四）课程内容

按照学段不同，我们把课程内容分为三部分：

1. 初级阶段：四季篇（100首）。

2. 中级阶段：动物篇、植物篇、景物篇、人物篇（共100首）。

3. 高级阶段：抒情诗、叙事诗、童话诗、散文诗（共100首）。

(五) 课程实施

1. 儿童诗基础知识

(1) 儿童诗的特点

在朗读儿童诗时，教师结合诗歌内容及时指导学生了解儿童诗的特点，如格式自由、巧用修辞、想象丰富、构思巧妙、语言精粹、意境优美等。

(2) 儿童诗的分类

在类别的划分上，儿童诗与一般诗歌大体相同，可以从不同的角度进行分类。从表现手段的运用方面，可将儿童诗分为抒情诗和叙事诗；由于儿童诗的涵盖面比较广，常常以诗的外壳包容儿童文学的其他样式和内容，因此，又可把儿童诗分为童话诗、散文诗。

2. 儿童诗朗读教学

朗读，是一种贯穿在儿童诗教学全过程的教学方法。小学阶段的朗读要求为“正确、流利、有感情地朗读课文”。在教学实践中，我们的侧重点是激发兴趣，营造氛围，训练扎实的基本功，让学生真正达到朗读要求，读出感情，读出韵味。

3. 儿童诗诵读教学

引导学生诵读，是指指导学生朗朗上口地诵读，或低唱慢吟地诵读，同时让学生在诵读中积累语言，理解感悟，培养语感。在诵读过程中，教师要帮助学生激活思维，学习诗歌表现的不同技巧，为模仿创作打下坚实的基础。

4. 儿童诗美读教学

在掌握朗读方法的基础上，我们创设朗读情境，提供广阔的想象空间，再引领学生展开想象，调动各种感官，细细品味诗歌优美生动的词句，从而感悟诗歌的意蕴，领略诗歌的意境，让学生的理解更深刻，表达更充分，情感更充沛。我们倾注了更多的人文关怀，用诗的神韵去滋润学生的心田，引领学生拥抱诗歌，和诗人进行心灵对话。

5. 儿童诗创作

在了解基础知识和朗读、诵读、美读的基础上，我们对学生进行了句式训练、修辞训练、片段训练、仿写训练，逐渐落实从句、段到篇、章的仿写。同时，教师运用多种形式鼓励学生尝试实践，使学生诗情激荡，诗思飞扬。

（六）课程评价

1. 读、写儿童诗星级评价办法

根据《语文课程标准》制订《儿童诗朗读评价标准》《儿童诗诵读评价标准》《儿童诗美读评价标准》《儿童诗仿写评价标准》，依据评价标准进行评价，从而激励学生朗读、诵读、美读、创作儿童诗，培养学生的读写能力，提高学生的诗文素养。

2. 自评、互评、他评评价办法

（1）自评

教师制订《儿童诗自评表》，让学生根据儿童诗的内容进行自我评价。运用自评手段，让学生养成自我评价、自我反思、自我提高的习惯。

（2）互评

互评主要是小组评价，包括组长对组员的评价、组员与组员之间的评价等。互评，让学生与学生之间互相学习，取长补短，共同进步。

（3）他评

他评包括教师评价和家长评价。教师和家长一起参与儿童诗的读写活动，能进一步发挥指导作用，把儿童诗的学习落到实处，共同提高，共同进步。

（张君燕）

五、第二个缤纷的世界

广义的课程是指学校为实现培养目标而选择的教育内容及其进程的总和，包括学校老师所教授的各门学科和有目的、有计划的教育活动。狭义的课程是指某一门学科。

那么，或许可以这样理解教师第二课程：它是课程的补充，它的出现将会为教师自己任教的学科锦上添花。开发教师第二课程，我的初衷是让孩子们爱上阅读。低年级学生活泼好动，为了提高他们的阅读兴趣，使他们养成良好的阅读习惯，我从精彩有趣的故事入手，一步一步地将他们引领进了阅读之门。

（一）第二课程开发要尊重学生的年龄特点和教师自身的特长

随着年龄的增长，学生对知识的需求也会出现变化，这时候教师应该适当调整课程结构，以适应相同学科中不同阶段的学生。比如，我的故事课堂初步打算是在低年级以绘本故事为课程载体，到中年级改为童话故事，高年级可以涉猎历史故事、哲理故事等。再就是教师自身的素质。教师是课堂的组织者和引导者，教师自身的课程理念、素质直接关系到第二课程的进展，因此，教师应该根据自己的特长来确定第二课程开发的方向。除此之外，教师应该勤于学习，丰富自己的理论知识，多阅读有关第二课程的书籍，如此才能够保证课程的顺利实施。

（二）第二课程开发要保证与自己任教学科的相关性与相通性

第二课程的目标应该是对第一课程教学目标的深化和拓展，是教师所任教学科的延伸和升华。以语文课为例，学生在课堂上学到了字、词、句、段、篇、章，学到了比喻、拟人等修辞手法，学习到了语文的工具性，但是对于语文本身所蕴含的丰富的人文知识无法尽情吸收。故事课堂便可以弥补这个缺憾，孩子们可以单纯地读故事，体会故事中人性的美好和善恶，不用纠结于识字读词，不用为背诵课文而发愁。在这种教学模式的浸润下，孩子们在阅读故事中自然而然地丰富了想象力，提高了审美观念，积累了丰富的词汇，甚至学会了创编故事。所以，第二课程的开发应该发挥填补教师任教学科空白的作用。

总之，第二课程的开发对于一线教师提出了更高的要求，它要求教师不能只做一个安分守己的老师，更应该在研究中打磨自己、锻炼自己，让自己离研究型教师更近些。让第二课程成为学生的第二个缤纷的世界。

（张廷娟）

六、我对教师第二课程的理解

教师第二课程，是教师在学校办学理念、办学宗旨的指导下，根据学校的实际情况和自身的专业特长、志趣、专业风格以及个人经验编制的系统的教学材料和教学内容，或者是教师以自己的课程理念为指导，基于自己对学生的了解，独立开发或对他人的课程进行转化、改造、拓展而得来的课程。它由教师和学生自己开发，自己管理，自己实施，无论在内容上还是在时间安排上，都有很强的灵活性，能很好地满足不同学生的不同要求，弥补国家课程、地方课程和校本课程的不足。

教师第二课程的开发，实质上就是寻找一切可以进入课程、能够与教育教学活动联系起来的资源。它立足于充分发挥教师自身的优势，将每一位教师视为具有研究潜力的创新人员，充分信任教师，实现教师的自我构建。在教学工作中，教师不断地发现问题，并致力于解决问题。在此过程中，教师会阅读大量的书籍、报刊等，不断更新知识结构，扩展视野，并不断进行思考。问题的解决反过来又会增强教师的自信心和研究能力，促使教师为解决不断出现的新问题而继续研究、学习。在这循环往复的研究、学习、再研究、再学习的过程中，教师的专业知识不断丰富，研究能力不断提高。同时，不断成功的喜悦，又成为教师不断进取，维持饱满工作热情的动力。

教师第二课程开发的程度和水平，开发的效果和意义，更多的依赖教师的智慧和创意。在教师第二课程的开发过程中，教师要去认识教育教学的目标、内容，认识课程资源的种类、分布，认识开发课程资源与实现课程目标的关系，设计开发的程序和方式，估计开发所产生的效果等。这些思维过程本身就是对教育和教学重新认识的过程，使教师从对资源的无意识状态向全面认识和积极开发转变。教师将不再只是课本的被动讲授者、课程目标的被动执行者，而成为课程目标和标准的制订者、课程计划的实施者，必将主动、积极地参与课程的全过程，包括计划、实施、检查、评价等各个环节，实现工作方式的根本转变。

教师第二课程的形式有很多，可以是学科课程的加工重组、领域拓展，相关学科的整合，学校教育价值的演绎，也可以是个体倾向的引领和校内外教育资源的迁移，甚至可以是学校工作的课程化。

教师第二课程主要由各种各样的、内容丰富多彩的活动组成，是以探究和体验为主要学习方法的综合性课程。在实施策略和实践途径上，教师第二课程可以是学科课堂的一部分，可以渗透在每一节课中，也可以分布在每一节课中。通过这样的实践活动，为学生提供一个自主、合作的学习机会和空间，使其将知识学习、实践体验、态度养成、能力培养等统一起来，最终形成综合能力。所以，实施教师第二课程的原则是趣味性、实践性、可选择性，孩子可以选择自己喜欢的方式进行第二课程的学习。

总之，教师第二课程在内容上丰富多彩，在形式上灵活多样，在操作时间上因地制宜，拓宽了学生的学习领域，开阔了学生的视野，丰富了学生的生活，使学生在有限的学习时间内，在掌握有关知识和技能的同时，学会学习，学会生活，学会创造，为人生的后继发展奠定坚实的基础。

（庄明华）

七、教师第二课程之浅见

我理解的教师第二课程，是以学科课程标准为基础，从基础学科延伸出来，以培育学生的主体意识、完善学生的认知结构、提高学生的自我规划和自主选择能力为宗旨，着眼于培养、激发和发展学生的兴趣爱好，开发学生的潜能，促进学生个性发展和学校办学特色形成的课程，它体现不同的基础要求，具有一定的开放性。

（一）课程定位

教师第二课程是在建设与实施选修课程和活动课程中逐步发展形成的一种功能型课程，是为满足学生个性发展需要和社会多样化人才需求而设置的课程，是基础教育课程的重要组成部分。教师第二课程的基本理念体现在五个方面：

1. 促进学生全面而有个性的发展。

2. 为学生提供丰富多样的课程资源。

3. 促进学生自主选择性学习能力的形成。

4. 着力开发与建设校本课程。

5. 建立促进学生个性发展的课程评价体系。

（二）课程意义

1. 教师第二课程扩大了课程范围，关注学生学习的广域性

在基础课程内容的基础上，教师第二课程拓宽了课程范围：更注重提供与先进文化、科技进步、社会发展以及社会实践相适应的课程内容；更注重拓宽学生的视野，使学生广泛接触科学、技术、社会与人文等多方面的知识；更注重密切课程内容与学生生活的联系，满足学生的不同需求。

2. 教师第二课程以学生发展为本，关注学生的体验与成长

学校教育不是游离于社会现实的知识积累，不是封闭围墙中的自我发展。学校教育的一项重要使命，就是帮助学生融入社会，在社会实践性的主体活动中，发展他们自主而不依赖于环境的民主的性格结构，在生活中不断探索发现并解决各种课题的意识，在社会生活中进行决策与解决问题的能力，自我调整、充实并发展文化结构的生存素养。

教师第二课程的宗旨是促进学生个性的充分发展，它可以设置丰富多彩的学习内容，以满足不同地区和不同层次学生的发展需要，使每一个学生都在原有基础上有不同程度的提高与发展，并逐步形成健康的个性和良好的品质。

3. 教师第二课程使学生逐步形成多元学习能力，从而认识与完善自我

以往，学生学习的课程由学校统一安排，课程的设置较少考虑学生的兴趣爱好。教师第二课程的开设给了学生较充分的自主选择和参与的权利，使学生无负担、轻松愉悦地参与到学习过程中，提高了学生学习的积极性和主动性，引导学生逐步形成自主选择和多元学习的能力，学生也能在不断的行动、反思和自我完善中获得主体性的发展。

（三）课程目标

1. 努力追求学生学习方式的多元，使学生的学习不再是一味的接受，同时为学生对自己感兴趣的基础课程内容开展拓展型的学习提供时间和空间。

2. 努力让学生在学习过程中逐渐形成亲近自然、融入社会、认识自我的

意识，以及关注自己的生活和关注自己周围的社会的态度，从而最大限度地激发他们的好奇心和探求欲，发展他们的学科意识。

3. 努力让学生在亲历多种学习过程中获得积极良好的情感体验，并在这种积极的体验中发展初步的解决问题的能力。

4. 努力培养学生的团队精神与合作意识，并逐步发展学生与他人交往和分享经验的能力。

5. 努力发展学生在多种学习活动中的社会实践能力，使他们进一步理解社会的意义和自我的价值。

（赵楠）

八、语文老师的第二课程

课程是指遵照教育目的，由学校有计划、有组织地编制的教育内容。课程与教学的根本区别在于：课程决定教育的方向和内容，规定教什么；教学是教育的过程或手段，它决定怎样教。现在，不管是哪一种版本的语文课本，都是由一篇篇课文连缀而成的，教师都要在讲读课文的过程中，适当添加识字、写字等语文知识，以及听、说、读、写等语文要素。在这样一种课程形态中，原本应该并重的听、说、读、写，变成了“以读为主，听、说、写为辅”的主从关系，“听”“说”“写”须依据“读”来取舍，或者说依据“读”来添加。而所谓的阅读课，并不是学生自己阅读，大多是在听教师讲解课文，这样的语文课程形态我们已经习以为常了。

任教 28 年来，我一直承担小学高年级的语文教学工作。从去年开始，我负责教授四年级的语文课。面对中年级的学生，我发现他们在阅读中存在自觉阅读的兴趣不浓、阅读习惯尚未形成、对科学阅读方法掌握不够、阅读能力有待提高、缺乏良好的阅读条件等问题，同时，适合这个年龄段学生读的好书不多，这使我感到束手无策。小学中年级语文阅读教学有其显著的特点，它既是对低年级阅读目标的巩固和深化，又是实现高年级阅读目标的铺垫和过渡。因此，“瞻前顾后，正确引导，把握理解文本，培养学生的阅读能力”是中年级阅读教学的一个新的思路和突出特点。新课程标准明确指出小学中年级的阅读目标是：“具有独立阅读的能力，注重情感体验，有较丰富的积累，形成良好的语感。学会运用多种阅读方法；能初步理解、鉴赏文学作品，受到高尚情操与趣味的熏陶，发展个性，丰富自己的精神世界。”根据这一目标，我认为中年级的阅读教学必须明确三个侧重点：读书能力、理解能力和课外拓展积累。因此，激发学生的阅读动机，使学生在头脑中将阅读与乐趣相联系，是当务之急。

以教材为扩散点，充实阅读内容，借助丰富的文化精品滋润学生的心灵。教师要将文本的内容、计划、目的、学习时间及将要进行的主要活动通盘考虑，全面规划。一是建构教学主题。主题阅读课堂教学要把原来分散的知识以及人文内涵整合成一个“集成体”，由个及类，由类及理，个性与共性组成立体的主题，要抓住“共振点”，即那些连接学生精神世界和现实生活的“触发点”，也就是主题。教师需要根据学生的年龄特点、不同文本的特点，努力挖掘文本所蕴涵的主题。二是整合相关素材。教师既要当主题教学的“设计师”，又要当主题教学的“建筑师”。因此，落实主题教学的内容和环节是非常重要的。教师必须善于将语文教材零碎甚至单一的内容和形式重新整理，并花费大量时间收集相关资源，花心思、下工夫创意教学流程。例如，在教学李白的《独坐敬亭山》时，我进行了相应的拓展：让学生通读《早发白帝城》《赠汪伦》《将进酒》《望庐山瀑布》《静夜思》《蜀道难》《黄鹤楼送孟浩然之广陵》《梦游天姥吟留别》。通过诵读，学生会初步感悟到李白的诗雄奇飘逸，风格雄奇奔放，俊逸清新，富有浪漫主义精神，达到了内容与艺术的完美统一。在教学中，我又将同一主题、同一朝代、同一写山写水写景等的文章重新整合在一起，循序渐进地推进阅读，学生获得了精神营养，积累了写作的素材。

（郑素云）

九、撩起教师第二课程的面纱

（一）对教师第二课程概念的认识

因为理论知识的缺乏，对这个话题，我实有雾里看花之感，似乎心里有所得，下笔时却又感觉抓不着了。近几日，乱翻各种资料才知道，对于什么是课程，竟也是“仁者见仁，智者见智”。那么，以自己的浅薄无知，竟要给教师第二课程下个定义，感觉真是好自不量力啊！

当然，无知者才无畏。我所认为的教师第二课程，是指教师借助自身的优势，对国家课程和地方课程等相关课程进行的拓展、补充或深化。

之所以这样认为，是基于这样的认识：

首先，教师不能随意更改课程表上安排好的课程，这是基于省级课程设定的要求安排的。不定时的督导检查，也是在提醒教师，必须依据课程表上的课程设置上课，不得随意更改。

其次，教师要想开发自己的第二课程，只有立足自己固有的课堂，在此基础上借助自身的优势，将既有的课程进行拓展、补充或深化，才有实践的机会。要不，课程安排上不可能再另外开辟课堂。

当然，既有的课程安排上也确实有可作为之处。

1999 年，《中共中央国务院关于深化教育改革全面推进素质教育的决定》正式提出："建立新的基础教育课程体系，试行国家课程、地方课程和校本课程。"这即三级课程的管理体系。削减国家课程的比重，增加地方课程与校本课程，目的在于利用地方与学校独特的教育资源，使课程亲近、贴近于学生的生长环境与日常生活。

毋须讳言，国家课程是为公民接受基础教育后所应达到的共同素质开发的课程。这决定了国家课程走的是大众路线，考虑的是基本面上的内容，对于教育相对发达地区的学生来说，内容便显得浅显而单薄。地方课程是由省一级教育行政部门或其授权的教育部门依据当地的政治、经济、文化等的发展需要而开发的课程，它所反映的是基础教育的地域特点，它所做的是弥补国家课程的空缺。由此，从因地制宜、因材施教的角度来看，它们和每一个老师所面对的每一个学生的需求是有一定距离的。

在教学实践过程中，教师因着自身固有的修养和素质，立足于所教班级学生的实际需求，针对以上两种教材的不足而进行的对教材资源的开发、筛选和使用，我将其称之为教师第二课程。

教师第二课程有这样的特点：立足国家课程标准的要求；是对现行课程实施的补充。

（二）对教师第二课程意义的认识

虽然现在推行的是国家课程、地方课程和校本课程三级课程管理体系，但课程结构单一，学科体系相对封闭，难以反映现代科技、社会发展的新内容，脱离学生经验和社会实际的事实是现实存在的，课程评价过于强调学业成绩和甄别、选拔的功能，课程管理强调统一，课程难以适应学生多样化发展的需求也是事实，而且，“不论是地方课程还是校本课程，都是在教学过程开始之前就制定与编写好的。即是说，这两种课程同国家课程一样都是一条预先铺设的‘文化跑道’”（吴康宁《再议课程》）。

新课程改革的核心理念，就是“为了每位学生的发展”。其包含三层含义：1. 以人（学生）的发展为本；2. 倡导全人教育；3. 追求学生的个性化发展。而教师的个性化、特色化才能造就学生的个性化、特色化。

山东省教育科学研究所的张斌博士在《基于课程标准的教学》的讲座中谈到：“课程标准要求教师具有课程意识……”所谓课程意识，简单地说，就是教什么的意识，是教师对课程系统的基本认识，是对课程设计与实施的基本反映。教师第二课程的开发，是教师在教学实践过程中，基于现实需求，为进一步提高自己的教育教学质量，为进一步促进学生的发展而开发的。所以，教师第二课程更关注学生的发展，更体现了“以学生为本”的新课标理念，有助于促进学生向更深更高的层次发展。

我曾随李秀伟工作室参加了在临朐举行的山东省普通中小学“1751”改革创新工程现场研讨会。我记得张志勇厅长在发言中说：“只要强调了统一，强调了规范，就是扼杀了个性的教育。”教师第二课程的开发，因为是教师自己的开发，所以更能体现教师个人的风格和素质，更能让教师找到教学的自信和感觉，教学也才能呈现出“百花齐放、百家争鸣”之态势，也才有助于教师的成长。

长期以来，我们只有教学意识（怎么教的意识），考虑的是怎样把规定好的内容比较好地教给学生。我们的教师习惯于教教材，几十年如一日，磨光了教师的灵气，磨光了教师的激情，造成了教师的职业倦怠感，教师只是一教书匠而已。记得山东省基础教育课程开发中心的齐健主任说过：“把每天的教育教学工作看作一种创新性的工作，就能感受到工作的快乐。”教师第二课程的开发，最大限度地彰显了教师的创造性，激发起了教师探究的热情和提升自己的激情，有助于克服教师的职业倦怠感。

齐健主任还曾经说过：“一个学校走向高的境界，必须个性化。”只有教师的个性化，才能造就学校的个性化，只有学校的个性化，才能创造出学校独有的教学特色，才能促进学校的长远发展。

马尔库塞说："思想不能改变现实，但思想可以改变人，而人是可以改变现实的。"教师第二课程开发的意义，还在于提示人们，课程设计绝不只是少数专家和个别权威机构的事，而应该是一个民主的、开放的和科学的决策过程，是所有利益群体特别是广大中小学教师等集思广益、共同建设的过程。教师，作为教育的实践者、研究者，不能仅仅满足于忠实圆满地教授规定的内容，而要主动地、合理地、创造性地丰富和调整教学内容，将课程与教学联系起来。也就是说，教师要具有第二课程开发意识。

（般芝华）

第四章

写出自己的课程标准

山东省潍坊市奎文区实验小学的徐文艳老师主持建设的童话课程确立了“唱响童话教育，演绎快乐童年”的主题，并以完整的规划和深入的实施，让这门教师第二课程一步步成为学校的校本课程，对学生、教师、学校起到了综合的促进与发展作用。

一、前言

（一）课程开发意图

1. 关于语文

作为小学语文教师，我们有责任和义务让语文课承载应该承载的教育使命，努力结合学校和学生实际，开发开放而多元的语文课程资源，形成有自己特色的第二课程，让自己的语文课堂厚重睿智，给学生打开一扇扇文学、文明、文化、梦想的窗口，使他们眼前呈现一片辽阔绚丽的世界，提高审美情趣，充实精神营养，完善人格塑造，最终将这些文化精华转化为学生自己的人生火炬，使他们也成为人类文明之火的传播者、创造者。

2. 关于阅读

据有关权威数据显示，最近 6 年来，我国国民图书阅读量持续走低。我国国民年人均阅读图书 4.5 本（人均图书消费 1.75 本），而韩国 11 本，法国 20 本，日本 40 本，最多的是犹太人 64 本。犹太人仅占人口的 0.3%，却获得了 20%的诺贝尔奖！可见丰厚的阅读土壤给犹太人带来的巨大收益！

中国是世界人口大国，国民的图书阅读量却是如此之低，这与文明古国和文化大国的身份很不相称，的确引人深思。

“一个不读书的民族，是没有希望的民族。”综合国力的竞争归根结底是人才的竞争，而人才的培养来自教育，来自知识的熏陶，也就是说——来自阅读。可见，阅读对于国家和民族有着何其重要的影响。

3. 关于课程

课程是实施人才培养，实现教育目标的载体。学生的创新精神和实践能力是通过课程的实施以及课程资源的开发和利用来培养的。自新一轮课程改革实施的那天起，人们就已经开始意识到，要想把素质教育推向深入，把着力点放在培养学生的创新精神和实践能力上，教科书不应该也不可能成为唯一的课程资源，必须从学校的实际出发，构建符合素质教育要求的课程体系，形成国家课程、地方课程、校本课程和师本课程有机结合、互相补充的课程格局。

4. 关于习作

（1）《语文课程标准》中的描述

《语文课程标准》在实施建议中明确指出："激发学生展开想象和幻想，鼓励写想象中的事物。""为学生的自主写作提供有利条件和广阔空间，减少对学生写作的束缚，鼓励自由表达和有创意的表达。"

（2）发达国家的作文教学

一些发达国家都重视想象作文。在美国，中小学进行作文训练时，语文老师命题一般只写明写作对象，指出一个写作范围，学生的写作自由度很大，尽可以发挥自己的想象力。同时，美国中小学的作文教学有对学生写书编书的要求，具体做法是：第一步，写故事；第二步，根据故事画连环画；第三步，设计；第四步，贴上自己的照片，写一篇自我介绍。让学生身兼作家、画家、出版家于一身，目的也是培养学生的想象力。

（3）我国小学作文教学现状

我国目前的小学作文教学质量仍不尽如人意。平时的语文作文教学中，我们不难发现学生写作时总是缺乏创作素材，"假大空"现象严重，表达无的放矢，行文不流畅，写作缺乏想象力，没有灵感，视野不够开阔，思路狭窄，大部分学生几乎没有创意。

5. 关于童话

（1）源于学生的问话。在主题学习实验理念的引领下，老师们感觉课本与主题学习丛书已不能满足孩子们的阅读需求了。有的学生向老师提出了这样的要求："能否让我们学完课本和主题丛书后读自己喜欢的童话书啊？"

（2）依据调查结果。借鉴前期我校进行的“中小学生阅读规律的调查与研究”的结果，我们发现学生对童话这一文学体裁的喜欢度特别高。如下图所示：

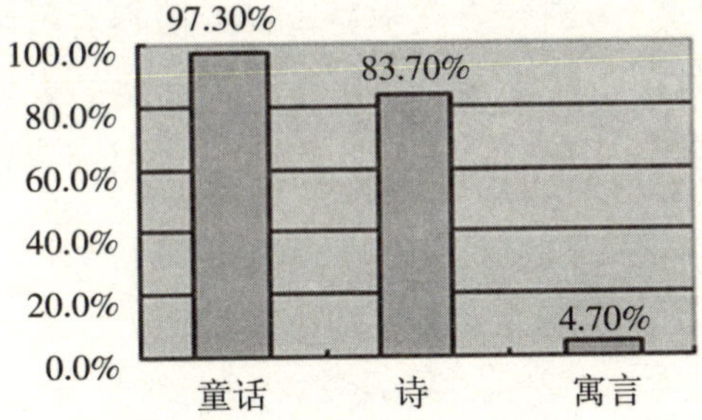

低年级阅读文体统计图

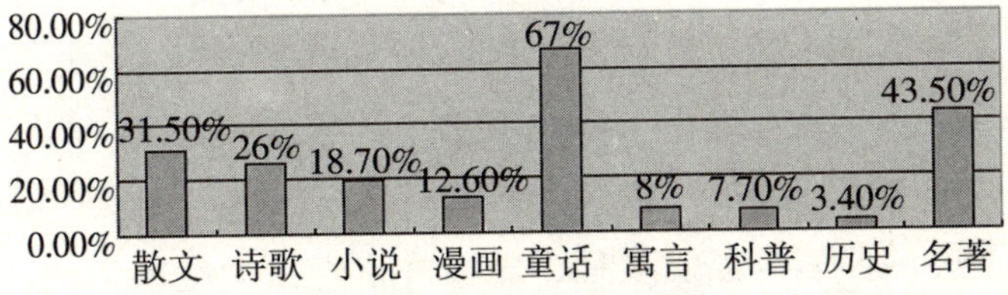

中高年级阅读文体统计图

（3）童话以其独特的价值大量出现在语文教材中。梳理国家教材中的童话资源，我们发现：苏教版与人教版 1～4 年级的教材中有 81 篇童话。其中，人教版 1～4 年级的教材中有 50 篇童话，苏教版 1～4 年级的教材中有 31 篇童话。

（4）归根结底，童话这一文学体裁就是为儿童创作的。童话的基本特征——幻想，符合儿童的天性。童话的表现手法——拟人，符合儿童的思维。童话以贴近儿童生活实际的题材为内容，以接近儿童口吻的语言来叙述。童话这一儿童文学体裁对儿童最具吸引力，儿童的成长离不开童话，因此我开发了童话课程。

（二）课程性质与地位

童话的美妙、神奇和幻想，为儿童带来无限的惊喜和愉悦，满足了儿童的好奇心，童话对于儿童的心灵发展非常重要；童话作为儿童精神生命中主要的文学样式，对儿童想象力的培养、思维能力的提高和审美能力的升华有着特殊的作用；童话是儿童成长中重要的阅读文本，这种优秀的儿童文学作品，既是儿童学习语言的最好范本，也是儿童学习成为“人”的最好参照。

因此，我的第二课程——童话课程是对国家课程的有益补充和丰富，是更好地培养学生的阅读习惯、语文素养、审美情趣、民族精神、爱国情感、创新精神和实践能力，使其成为社会化甚至国际化的人的重要内容。因此，这也决定了它在学生学习中的重要地位。

（三）课程基本理念

1. 努力建设开放而有活力的童话课程体系

童话课程丰富多彩——现代的、古代的、中国的、外国的、常人体的、拟人体的、超人体的等，应依据学生的心理特点、年龄特点等，开发和选择与学生相适应的童话课程，形成稳定而灵活的实施机制，促进学生发展。

2. 积极倡导在大量的学习实践中实施童话课程

《语文课程标准》强调：“语文课程是实践性课程，应着重培育学生的语文实践能力，应该让学生多读多写，日积月累，在大量的语文实践中体会、把握运用语言的规律。”童话课程也恰恰需要以童话为载体，通过多种途径，如读童话、讲童话、演童话、画童话、写童话，引导孩子畅游童话世界，汲取知识营养，陶冶情操，打开智慧之门，帮助孩子全面健康快乐地成长。

3. 力求在提高学生语文素养的同时，提高审美情趣，充实精神营养，完善人格塑造

《语文课程标准》明确指出：“语文课程还应通过优秀文化的熏陶感染，促进学生和谐发展，使他们提高思想道德修养和审美情趣，逐步形成良好的个性和健全的人格。”开放而有活力的童话课程中蕴含着丰厚的优秀文化，恰恰具备“塑造人”这一功能目标。

（四）课程设计思路

首先，以教科书中出现的童话篇目为例，课内教给学生阅读方法，然后引领学生进行主题童话诵读，将好的童话作品引进课堂，让师生有童话可读，并在不断的实践探索中逐步形成不同年级的童话课程。

其次，结合学生年龄、心理、能力等特点，分年级定位课程目标，确定

课程内容，并随时将好的童话课程纳入其中。

再次，年级目标从读、讲、演、画、写等方面提出要求，并确定年级重点能力目标点，各年级相互联系，螺旋上升，最终达成总目标。

二、童话课程育人目标

（一）总目标

建构以“思”为中枢，以“读”为基础，以“讲、演、画、写”为目标的六字能力体系。读是输入，思是内部运作中枢，外化为讲、演、画、写就是输出。语文的学习实质就是输入与输出，最终达到以下目标。

1. 以童话为切入点培养读书兴趣，使大部分学生爱上读书。

2. 通过读童话类课程，发展学生的思维，激发学生的想象力和创造潜能。

3. 通过童话创编，培养学生的写作兴趣，提高学生的写作能力。

4. 通过童话剧展演等活动，增强学生的表现欲望，让更多的学生得到锻炼，并使学生找到自信，体验到成功与快乐。

5. 通过读、讲、演、画、写等童话活动，提升学生的语文素养及综合素养。

6. 充分发掘童话的育人功能，帮助学生健康快乐地成长。

（二）年段目标

1. 低年级段（一、二年级）

（1）喜欢阅读童话，感受童话故事带来的乐趣，培养读书兴趣，同时养成爱护图书的习惯。

（2）阅读浅显的童话，对感兴趣的人物和事件有自己的感受和想法并乐于与人交流。

（3）初步感受语言的优美，能讲、演、画简单的童话故事。

2. 中年级段（三、四年级）

（1）通过童话课程，发展学生的思维，激发学生的想象力。

(2) 创编童话故事，培养写作兴趣，提高写作能力。

(3) 通过读、讲、演、画、写等方式提升学生的综合素养。

(4) 以童话阅读为切入点，逐步拓展阅读量，使大部分学生爱上读书。

3. 高年级段（五、六年级）

(1) 课内外用默读方式阅读，并有一定速度，能快速浏览作品，根据需要择取有价值的信息。

(2) 能通过连环画、童话展演、童话连载、剧本创作等多种方式，提升学生的综合素养。

(3) 在大量阅读古代、现代、国内、国外的童话名篇的基础上，大量阅读文学类、史学类、科普类书籍，使学生真正爱上读书，在书的陪伴下健康成长。

(4) 在不同文体的阅读中逐步提高文学鉴赏能力，领悟其中的内涵与表达方法。

三、课程实施建议

（一）多措并举——打造童话课堂育人体系

要脚踏实地地围绕童话课程，采取多种举措，打造童话课堂。

一是要确保有童话可读。针对教科书中出现的童话篇目，引领学生进行主题童话诵读，将好的童话作品引进课堂，让师生有童话可读，并在不断的实践探索中逐步形成自己的不同年段的童话课程。可根据学生实际，确定各阶段班本童话课程：可以是中外经典童话，如《安徒生童话》《叶圣陶童话》；可以是现代名人童话，如《严文井童话》《杨红樱童话》《商晓娜童话》；可以是科普类童话等。如果条件允许，还可聘请全国知名童话作家到校为学生作讲座。

二是要构建童话育人模式。围绕主题童话诵读，重点构建“读一读、写一写、演一演、画一画”的童话育人四部曲，即读童话、写童话、演童话、画童话，做到读写结合、读演结合、读画结合，实现润物无声的育人教育。

三是要加强研究，提升育人实效。确定固定的时间进行童话育人研究，探索童话育人的基本流程和方法，形成针对不同年段学生的童话育人课堂教学的基本模式，通过课堂教学提高学生读童话的兴趣，让学生掌握读童话的方法，并引申到课外，提升育人实效。

四是要学科整合，实现多维育人。进行学科融合，吸纳除语文外的其他学科的老师参与研究。如，品生品社学科将童话故事纳入课堂，通过读童话故事让学生明白道理；美术学科通过读童话，画童话，提高学生的学习兴趣和综合素养；科学学科通过将科学实验与科学道理进行童话创编或表演，形成科普童话等。

（二）活动促发展——搭建童话育人成长平台

要以“童话育人”的目标为活动主线，创建育人活动菜单，如童话现场创编比赛、童话节、童话剧展演比赛、童话绘画比赛等。还可以为学生编辑童话文学期刊和绘画刊板，为学生搭建成长平台。

（三）各年级段体现“六字能力体系”

“思”为中枢，“读”为基础，各年级段应在“读、思”的基础上各有侧重。低年级段的重点是在“读、思”的基础上与“讲、演、画”结合，中年级段的重点是与“演、画、写”结合，高年级段的重点也是与“演、画、写”结合，但这里的能力目标要求相对中年级均有所提高，如，“写”方面，高年级包括写科普童话、科幻童话、童话连载、童话剧本，“画”方面，到了高年级就可以画图文并茂的童话连环画。

（四）童话切入，广泛阅读

童话课程总目标的第一条就是：以童话为切入点培养读书兴趣，使大部分学生爱上读书。所以，在引领学生进行童话阅读的同时，教师要鼓励学生广泛阅读。尤其是到了小学高年级，教材中的童话明显减少，决不能只是一味地要求学生只读童话，而应鼓励学生广泛阅读科普书籍、史学书籍、文学书籍等。有了广泛的阅读，他们在创作的过程中才能思维活跃、开阔，富有内涵、特色，洋溢个性活力。

（五）形成“童话阅读”常规制度

读书习惯决定着读书的质量。为此，我根据学生的实际情况，形成了合理的童话阅读制度，进一步加大读书的计划性，从课内到课外，引导学生读童话、读书。

日读。以学生个人读书为主，要求学生每天拿出 10～20 分钟、30 分钟、40 分钟时间（低中高）进行阅读，日积月累，积少成多。

周读。以小组为单位，小组长带领，利用童话课交流童话阅读的收获。对每周的读书进行展评，同时制订下一周的童话阅读活动目标。

月读。举行班级童话阅读成果展评活动，分口头和书面两种。如，“读童话，讲童话”交流会、童话剧表演比赛、“童话故事创编”比赛、童话绘画比赛等。以班级为单位，制订下一个月的童话阅读计划。

期末读。对本学期的童话阅读进行总结，对优秀小组和个人进行表彰，并在全班家长会上做汇报。

假期读。从班级和个人两个层面开展活动，制订活动计划，学生根据自己的假期计划，每天抽出 1～2 小时来读童话，画童话，写童话。还可以根据班级推荐的“假期童话阅读自助套餐”，参加任一活动的评选，如最佳创意奖、最佳绘画奖、最佳导演奖、最佳编剧奖等。利用返校期间，学校组织童话阅读汇报。开学初，评选优秀小组、童话之星、童话之家等。

良好的童话阅读常规制度，帮助学生养成了良好的读书习惯，使童话阅读由量的积累达到了质的飞跃，保证了童话阅读的高质高效，提高了学生的人文素养。

四、评价建议

（一）建立评价机制，深化童话课程实施

评价问题是读书学习过程中不可回避的内容。要想提高读书的实效性，必须建立有效的评价机制。根据学生的年龄特点，不同年级采用不同的评价形式。在童话阅读的教学实践中，高年级实行了“童话成长树评价法”；中

年级实行了“自主发展——小目标评价法”；低年级可以跟中年级一样实施“小目标评价法”，还可以实施其他的如“成长园评价法”等。这样能以不同的方式促进学生的自主发展。

（二）不同年级不同评价法推介

1. 高年级“童话成长树评价法”

学期伊始，指导孩子们在纸上随意画出一棵树干，然后根据童话阅读情况随时往树干上添加树叶。每积满 10 片树叶，就可以在自己的童话成果树上画一个自己喜爱的水果或者是小动物。到学期结束，看谁的成果树最枝繁叶茂、硕果累累。枝繁叶茂、硕果累累的前十名同学就是本学期的童话之星。那么如何检测学生们的阅读情况呢？

首先建立童话阅读卡，要求学生每天针对自己的童话阅读情况如实地填写。阅读内容一栏要求学生把当天所看图书的名称以及所看的页数填写出来。阅读时间根据学生及家长的意见规定为 40 分钟左右。学生每天针对自己的阅读收获、阅读态度、阅读时间，以及与家长的交流情况作一个简单的自我评价，并在自我评价一栏中填写出来。而家长评价一栏中要填写的是：家长与孩子的读书交流情况，所观察到的孩子的阅读态度、阅读时间，以及对孩子在读书方面的期望、对教师的建议。教师每周根据学生的童话创编本（要求学生每周写一篇原创童话作品——每周一作，可以连载，展示童话创编本）以及课外阅读卡的填写情况，从阅读内容、阅读态度、阅读效率、与家长的交流情况等方面对学生的阅读作一个评价，并在上周反馈一栏中填写。学生再根据上周反馈中的评价，在这一栏中画出相应的树叶（等级为 A，可得一片树叶；等级为 A＋，可得两片树叶；等级为 A＋加真棒，可得三片树叶），并把这一结果及时拿给家长看。这样就使得每位家长能及时地了解到自己孩子的阅读情况在班级中所处的位置，以便更好地督促孩子阅读。最后，学生还要把本周所得的树叶画到自己的童话成果树上。

童话成长树评价能大大激发学生的阅读兴趣与激情，班里始终会有一种无形的力量督促着孩子们去多读书，读好书。而且，当往树上添树叶时，学生脸上洋溢着兴奋、高兴、自豪。看到此情景，教师也会掩饰不住内心的欣慰和喜悦。成长树评价由我校季慧玲老师最先使用，紧接着便在全校各班的读书评价中得到普遍运用。

2. 中年级实行“自主发展评价法”，开展“实现小目标——童话阅读评价”

“自主发展评价法”的实质是教师统筹规划，从学生的实际出发，自主选择发展目标，确定童话阅读内容，自主进行童话阅读达标评价。在具体的实施过程中，学生是在教师和家长的引导下，在全班同学的监督下，围绕读书目标，自主开展读书活动。具体实施过程为：（1）确定小目标。帮助学生分析读书学习现状，寻找薄弱环节，确定读书学习的目标，开展读书达标活动。（2）实现小目标。学生在课内外开展读书达标活动，教师和家长共同指导。（3）考评小目标。学生通过每周、每月的自评、组评、班级评和家长评、老师评，考察小目标的达标情况，填入评价记录。（4）表彰达标。小组每月向班级推荐达标成绩显著和进步较大的学生，在班内进行表彰，发放证书，刊登光荣榜，向家长发放“喜报”等。（5）确定和实践新的读书学习小目标。学生实现小目标后，再通过自我分析，确定新的小目标，填表上报班级，进行新的达标实践和考评活动。最后，教师组织全班同学对个人和班级的读书达标情况进行评价。评价分三个层次，一是学生自评（一周一次），二是小组互评（一月一次），三是班级总评（一学期一次）。家长和教师都要参加这三个层次的评价，进行指导并提出意见。达标评价记录表存入学生的成长档案。

随着自主发展评价机制的建立，在班里实行“一卡、一本、一会”制。“一卡”即读书情况记录卡，包括读书的内容、时间、自评、他评等内容；“一本”即童话创编本，学生也可以随时记录美文佳句、阅读体验等；“一会”即童话阅读交流会，班级定期举行童话阅读交流会，展示成绩，确立读书新目标。

小目标评价法实施建议：

（1）评价周期可视学生年龄特点和实施过程确定，可以周评，可以月评，还可以两周一评。

（2）组长的选择非常重要。要选认真负责的组长，时刻关注小组成员的表现；要选公平公正的组长，需要随时做好记录，给予客观评价，需要依据小目标的达成度画星，还要用简单的语言评价小组成员，以表扬激励为主，多发现同学的优点，多看到同学的进步，对同学的不足之处，可以给予合理化的建议，帮助同学健康发展。

（3）要与家长沟通，取得理解与支持。

（三）形成性评价与终结性评价相结合

前面的“小目标评价法”“童话成长树评价法”就是很好的形成性评价，可以依据学生在形成性评价中的表现，再加上每位学生的标志性成果（发表文章、童话之星、童话标兵、最佳绘画奖、最佳创意奖、最佳编剧奖等），还有童话课程期末时的分项评价，进行童话课程的综合评价。

期末学业成绩综合评价表

学科	学业测评							等级
童话课程	形成性评价 30%	分项终结性测评，可整合评定或选择一项或几项评定 40%					标志性成果 30%	
		读 8%	讲 8%	演 8%	写 8%	画 8%		

童话课程小目标评价（第　周　　月　日至　月　日）

年级　　班　姓名

		内容	选择	自我评价						
				一	二	三	四	五	六	日
小小目标引我成长	约法三章	自己管住自己	○	☆	☆	☆	☆	☆	☆	☆
		抓住机会锻炼自己	○	☆	☆	☆	☆	☆	☆	☆
		每天都有新收获	○	☆	☆	☆	☆	☆	☆	☆
	可选择目标	每天能读 30 分钟的课外书，包括童话	○	☆	☆	☆	☆	☆	☆	☆
		本周内完成一篇童话原创作品	○	☆	☆	☆	☆	☆	☆	☆
		争取向《丑小鸭》“童话心语”栏目投稿选中	○	☆	☆	☆	☆	☆	☆	☆
		争取本月当一次童话剧导演	○	☆	☆	☆	☆	☆	☆	☆
			○	☆	☆	☆	☆	☆	☆	☆
	自我确定目标		○	☆	☆	☆	☆	☆	☆	☆
			○	☆	☆	☆	☆	☆	☆	☆
			○	☆	☆	☆	☆	☆	☆	☆
本周（月）自我评价		☆☆☆☆☆☆☆☆☆☆								
本周（月）小组评价		☆☆☆☆☆☆☆☆☆☆								

自我评析	家长评析	教师评析

五、五年级《创编童话》教学案例及模式初探

（一）案例描述

1. 片段一：创设情境，营造氛围，激发学生兴趣

（学生课前已经准备好自己要扮演的动物的头饰，如狮子、小青蛙、梅花鹿、猴子等）

师：各位参赛选手，大家好！我是这次马戏团才艺选拔赛的主持人，很高兴看到大家这么积极地参加比赛。首先，请大家用自己的方式相互打个招呼吧！

（学生戴头饰模仿动物们的声音互相问好）

师：各位选手，关于比赛的有关事宜，请看大屏幕。

（播放课件，展示马戏团中各种动物的绝活，如山羊走钢丝，狗熊踩球，狮子钻火圈等）

师：各位选手，看到这些选手的精彩表现，你们想到了什么？

（学生自由发言）

（预设 1：选手的本领和才艺真是太精彩了，令人佩服；预设 2：台上一分钟，台下十年功，这样的本领要付出多少汗水呀！）

师：好，今天我们就来比一比，马戏团里谁的本领高，谁的才艺多！

2. 片段二：插上想象的翅膀，鼓励自主表达

师：各位参赛选手，你们都有哪些本领和才艺，能给我们大家介绍一下吗？下面进行比赛的第一环节：说才艺！

（学生积极自由展示、发言）

师：看来每位选手都有自己独特的本领，说得好不如做得好！下面进行比赛的第二环节：才艺展示！请四人分为一小组，在小组内展示一下自己的本领和才艺。

（学生分小组交流，教师巡视指导）

师：俗话说：天外有天，人外有人！强中自有强中手！下面进行比赛的第三环节：每个小组推荐一至两名“小动物”给全班同学作才艺介绍。

（班级集体讨论交流，老师边听边指导学生讲一段话，要求说通顺，说完整，注意表达的顺序。一定要给予学生鼓励，敢于肯定学生的大胆想象，使学生能充满自信地进行表达）

3. 片段三：点燃思维火花，交流合作互补

师：你们的本领都不小，我想你们的本领也不是一日练成的，在练习的过程中，也遇到过困难，是吗？

（学生自由发言）

师：瞧，有一位选手，他在练习本领的过程中，也和大家一样，遇到了困难，让我们去看看吧！

（出示课件，播放童话故事《小野猪学本领》）

（这篇童话故事主要讲在森林里有一只爱学习的小猪，它经常向森林里的不同动物学本领。面对野狼的阻挠和破坏，小野猪并不放弃，勇敢地运用自己学到的本领打败了野狼。文章既写了森林里的美景，又写出了学习本领时要不怕艰难、持之以恒的道理）

师：童话故事中，哪些地方让你印象深刻？

（预设1：森林的景色很美——故事发生的时间、地点和环境；预设2：小野猪、大象、鼹鼠、野狼、老虎——故事中的人物；预设3：不放弃，持之以恒——故事的内涵）

师：当你们在学本领遇到困难、不想坚持下去的时候，你们会想什么办法呢？或者别人遇到困难时，你会怎样来帮助他呢？你们在一起又会说些什么、做些什么呢？

（学生自己思考）

师：想好的同学可以去找你要寻求帮助或要给予帮助的伙伴，把你的想法告诉他，然后一起交流一下解决问题的办法吧！

（学生自己寻求帮助或主动给予他人帮助，展开自主交流）

4. 片段四：以演代讲，引导学生完善细节

师：同学们，不知不觉中，大家已经编出了一个美丽的童话故事，现在，能把你们的童话故事表演一下吗？

（在表演时，教师要注意指导学生细心观察台上表演的同学的神态、动作、语言，然后师生共同评议、补充，这样，学生可以通过生动、形象的语言表达来描述看到的情景，然后师生共同提高、完善）

（二）自我评析及教学模式初探

在这节课中，我将习作教学“老师讲，学生听”的教学模式，改变为引导学生在不同的情境中以体验为写作基点，展开大胆想象，想、说、演，在体验中不知不觉完成童话创编的教学模式。其主要的教学流程是这样的：(1）营造氛围，激发学生兴趣；（2）插上想象的翅膀，鼓励自主表达；(3）点燃思维火花，交流合作互补；(4）以演代讲，引导学生完善细节。在教学过程中，一定要随时给予学生正面的鼓励与及时的指导。这样的设计，会让学生觉得有话想说，有话要说，而且在宽松的环境里敢说，围绕具体的情境线索会说，在表演的过程中也学会了观察细节，完善细节。

这样的童话创编教学模式，能增强学生的自信心，使他们对童话创编产生兴趣，进而对语文中的其他习作产生兴趣，从而更主动地投入学习中，促进学生的进一步发展。

1. 营造氛围，激发学生兴趣

孔子说：“知之者不如好之者，好之者不如乐之者。”心理学家认为，兴趣是直接构成学生学习动机的主要因素。学生创新能力要发展，必须有良好的氛围。为此，在教学中，我通常采取能激发学生兴趣的方法，如戴头饰进入情境。因为不同性格的孩子对不同的动物有着特殊的感情，所以当他们制作头饰的时候就已经融入了自己独特的感情，而动物的表情、神态和动作都是孩子们独特个性的体现。另外，课件的引领、音乐的渲染、老师入情入境和充满情感的教学语言，都为营造民主、平等、和谐的教学氛围作了铺垫，从而激发了学生的创作热情，让所有的学生进入了一种“我要写”的情绪状态。

2. 拓展创新思维空间，引导学生合作交流个性化体验

第一，通过情境的创设，引导学生听别人的想法，说自己的想法。表面上看，这虽然只是两种感觉的碰撞，而实际上听别人的童话和表达自己的童话是两种思想的交流，两种个性化语言、个性化情节的交流。不同性格的孩子在表达同样一件事情的时候可能会用不同的语气和语言。在自主表达的基础上，再引导学生在小组内进行交流合作，从而激活他们创新思维的火花，如学习、吸收、借鉴别人精彩的创意或优美的语言等，使自己的创编更加合理，富有情趣。

第二，我们经常说“情感出于内心，而外显于动作”。童话非常适合孩子进行表演，孩子表演的过程也是对语言进行再创造的过程。通过自己的语言、动作把自己创编的童话故事中的人物的动作、神态表现出来，这样的“游戏”既能让学生体验人物情感，使课堂充满情趣，又能提高学生的观察能力和创新能力。而且，教师在观看表演的时候，可以适时地引导学生将自己创编的童话的细节加以调整和完善。这样，学生将表演后的感受和发现再写下来时，就在第一次想象创编的基础上有了突破。

3. 童话创编的方式，可以引导学生的心理健康发展

许多学生是伴随着童话长大的。童话故事爱憎分明、是非分明，是一股无形而巨大的教育力量，影响着学生的心灵。苏霍姆林斯基就曾在《我把心给了孩子们》中写道：“借助于童话，孩子不仅用智力，而且也用心灵认识世界，能激起学生‘对善良事物的钦佩和对邪恶行为的不可容忍的态度’。”因此，将童话创编与语文习作教学有机结合起来，可以引导学生的心理健康发展。如在教学中，可以围绕预设学生有可能面对的“怎样做一个诚实的人”“同学之间有了矛盾怎么办”“怎样正确处理自己的情绪”“怎样正确对待小组合作”等问题，展开一系列的童话创编活动，来缓解学生的情绪问题、心理矛盾、人际交往问题等，从而达到童话育人的目的。

（案例提供人：王红玉）

六、学生作品

老豆爷爷过生日

二年级二班　西春正

老豆爷爷要过生日了，豆豆家所有的子孙都来为他祝贺。

哈哈，有客人来了，你猜是谁？“祝老豆爷爷生日快乐！”豆浆、酱油、豆油齐声说。老豆听了乐得合不拢嘴，一个劲儿地说：“谢谢，谢谢，欢迎你们，我的好孩子们。”

瞧，又有客人来啦！谁呀？原来是肥皂和油漆。肥皂笑呵呵地说：“我们是用豆油加上别的原料制成的。”

“骨碌碌——骨碌碌——”“轮胎大哥，你上哪儿去呀？”轮胎说：“我来给老豆爷爷过生日呀！我是人造橡胶，是大豆加上酒精制成的。”

正在这时，飞来一顶小红帽。小红帽自我介绍说："我也是豆子做成的。人们把豆子加上酸，纺成线，再织成人造呢绒，染上红色，缝制成了我这个小红帽。"

大家一齐笑了，原来豆豆家族有那么多的用途呀！这一天，老豆爷爷一直在笑，他不停地说："瞧瞧，瞧瞧，我们大豆的用处多大呀！哈哈哈！"

自高自大的唐老鸭

三年级三班　任欣楠

第26届国际风筝会就要开幕了，小明精心准备了一个造型独特的唐老鸭风筝，打算在风筝会上一举夺魁。他很爱惜这个风筝，把希望全寄托在了风筝上。

虽然风筝很感激它的主人，但是它有它的想法，它不想只靠着主人手里的线才能飞上天空，它想在空中自由自在地飞翔。于是，它想出了一个好办法。

风筝会很快到来了，各种各样的风筝在空中飞舞。唐老鸭也飞得很高，它趁小明拉线的时候使劲扭动身体，不一会儿，只听"嘣"的一声，线断了，唐老鸭立刻感到身体轻松了许多，它自由自在地飞向了蓝天。唐老鸭高兴极了，大声喊着："我终于不用每天跟着小主人了，我自由了！"它从空中往下看，人们都像小蚂蚁一样，唐老鸭觉得自己非常高大。

忽然，一阵风吹来，把唐老鸭吹得东倒西歪，它心想："什么风呀！刚离开主人，就被风捉弄。"不过，它一会儿就忘了，又兴奋地开始了它的旅程。它边飞边唱："我要飞得更高！飞得更高！"

这时，一群小鸟飞过来，它们都以为风筝是怪物，就拼命地啄，弄得唐老鸭身上痒痒的，它使劲一甩，大声咒骂道："你们这群笨鸟，难道不知道我就是传说中的风筝大王吗？还不滚开，否则让你们尝尝我的厉害。"小鸟们吓得都跑了。唐老鸭感觉自己很伟大。

正当它得意的时候，一棵高大的树缠住了它的脚，它使劲挣扎，结果越缠越紧，动弹不得。突然，天空乌云密布，紧接着下起了倾盆大雨，它像只落汤鸡一样，浑身又湿又冷，冻得蜷缩成一团。就这样，唐老鸭只好每天挂在树上，风吹日晒，不久就病了。

唐老鸭想起了以前和主人在一起的日子，那时，主人每天都让它在天空中飞翔，飞累了，就把它带回家休息，每天过着逍遥自在的生活。它后悔极了，也为它的自高自大付出了代价。

小猴淘淘

四年级一班　谭笑

小猴自打懂事来就没有见过自己的妈妈，也没有名字。小时候，它就知道在森林里乱窜，爱捉弄别人，还喜欢偷别人的吃的。大家都讨厌它，都叫它“淘气包”。

冬天到了，小猴还没有准备过冬的粮食，它真的很饿，怎么办呢？小猴眼睛一转，转身就跑了出去。它去干什么了呢，原来它又想去偷别人的东西了。外面下雪了，很冷，风一吹，小猴就一哆嗦，突然，一阵阵香味直往它的鼻孔里钻，小猴揉了揉鼻子，眯着眼睛顺着香味往前走。走呀走呀，它看见了一间小树屋，小猴在树屋前徘徊了很久。突然“吱呀”一声门打开了，小猴抬头一看，原来是猩猩老婆婆，以前它经常在猩猩婆婆的地里破坏东西，还被捉住过。小猴害怕了，它想逃，刚想转身却听见婆婆说：“原来是淘气包呀！我当是谁大冬天在我家门口呆着呢！快进来吧，屋里暖和哦！”小猴看着猩猩婆婆，两个眼睛有点热热的，就跟着婆婆进了屋。

婆婆把刚做好的饼给了小猴，小猴抓着热乎乎的饼，好像心里都暖了，闻着香味，小猴吞了吞口水说：“婆婆，我真的可以吃吗？”婆婆摸着小猴的头笑着说：“傻孩子，吃吧。”小猴狼吞虎咽地就把东西吃了，舒服地打了个饱嗝。婆婆招了招手说："淘气包呀！以后可不能淘气了，这样别人会不喜欢的，淘气包要做讨人厌的小孩吗？"淘气包摇了摇头说："不要，我要做婆婆喜欢的小孩。""这才是乖孩子。你知道以前有只猴子可厉害了！它叫孙悟空，它没有父母，但是它会七十二般变化，一个跟头十万八千里，上天入地无所不能。婆婆也不希望你能和它一样，只希望你能幸福快乐地生活。以前你很淘气，给大家添了很多的麻烦，以后你要尽你所能帮助大家，这样大家才会喜欢你，知道吗？"婆婆语重心长地说。

小猴低头着，不知道在想什么，但是，这个冬天将不再寒冷了，小猴在猩猩婆婆家里度过了它生命中最美的一个冬天。

冬去春来，万物复苏，小猴也蹦蹦跳跳的出来活动了。它变了，变得不再淘气了，大家也都开始喜欢他了，大家现在不叫它淘气包了，叫他"淘淘"。小猴淘淘现在很幸福也很快乐。

冬天又来了，但这个冬天小猴有足够的粮食过冬。淘淘想到了婆婆，它来到婆婆家，可是它敲了很久的门也没有人答应，小猴失望了，难过地低下了头，一步一步往回走……

小猴淘淘记着婆婆的话，幸福地过好每一天，帮助那些需要帮助的人，所以，小朋友们要珍惜身边爱你的人哦！

粉笔头历险记

五年级四班　王若桐

第一集：溺水的小白

它，同其他的粉笔一样，住在一个简陋的粉笔盒小屋里，那里面有老有少，有男有女……有一支与众不同的粉笔，叫小白，穿着一身美丽的亮晶晶的闪光衣服。它只不过是粉笔王国里一位普普通通的臣民，却有着不同的遭遇……

在某一所学校的某一间教室里，那只叫小白的粉笔从讲桌上掉了下来，许多同学从它的身上踩过，这不仅使它感到非常痛，也弄脏了它最漂亮的衣服。它生气地说："现在的小孩儿怎么这么缺德啊！"说罢，便站起来，掸掸身上的土。就在这时，风伯伯把它从教室里带走了。它着急地说："哎，风伯伯！你要把我带到哪儿去呀？"风伯伯没有回答它。过了一会儿，小白觉得头好晕，便睡着了。

小白是被疼醒的，风伯伯把它放到了草地上，然后就走了。“哎哟，好疼呀！好疼呀！”它痛得直打滚，一不小心，掉进了池塘里。清澈见底的池水把它那美丽的衣服冲走了，这还不算什么，关键是小白不会游泳。它拼命地挣扎：“救，救救我。我快被淹死了！救命啊……”渐渐地，它失去了知觉，身体也在慢慢融化。就在这时，一群幼鱼到这边来玩，发现了奄奄一息的小白。有一只小鱼说：“头儿，看那！要不咱救救它吧！”“就是啊！就是啊！”另一只小鱼也说。“行！听我分工：露露露和琦琦琦把它扶到荷叶哥哥那儿去；金金金和银银银去找小鱼儿们来帮忙……”鱼儿们的首领井井有条地指挥着。它们把小白交给了荷叶哥哥，又找来许多帮手帮忙。不一会儿，小白就醒了，听说是鱼儿们救了它，它非常感激鱼儿们：“谢谢大家救了我，谢谢！”鱼儿的首领连忙说：“不用谢。我叫琵琵琵，我们只是帮了一点儿小忙，是荷叶哥哥它救了你。”“对对对！是荷叶哥哥救了你！”鱼儿们也争先恐后地说。“哦，谢谢荷叶哥哥救了我。”小白忙说。“不用谢，真的不用谢！”荷叶哥哥谦虚地回答着。

不过，小白终究不能生活在水里，它要找个更适合它的地方，它是否能找到呢？它还会经历怎样的磨难呢？请看下集《另一个世界》……

第二集：另一个世界

小白告别了鱼儿们，踏上了新的旅程，它毫无目的地走着，不知不觉走到了远古王国。

确切地说，小白到了另一个世界，一个没有人知道的世界。它慢慢地走了进去，哇！里面好繁华呀！它还没来得及看看这个繁华的世界，就被一股神秘的力量带走了。

它被两个士兵带到了王宫内，只听见一位士兵大声地命令道：“快！站起来，别磨蹭。”小白晃晃悠悠地站了起来，慢慢地睁开眼睛：水晶的宫殿，洁白的墙壁，美丽的水晶灯，还有……这不正是小白想要的生活嘛！它还没来得及高兴呢，就被带到一个华丽的房间里，走出一个说不出是什么东西的怪物，只听士兵说：“参见国王陛下，我们发现一位入侵者，请国王陛下带去囚禁。”“不用了。”国王摆摆手，懒洋洋地说，不过浑浊的声音中带着坚定和一点气愤，“交给我好了，你们都下去吧！”“是！”士兵们说。

小白好像明白了什么，突然变得不高兴了。“唉，我怎么这么倒霉，非得入狼穴不可。”它自言自语道。半晌，国王发话了：“哎！你为什么要侵略我们国家？”“啊？”小白不明白。接着是一阵沉默。沉默过后，国王又发话了：“你不是来入侵的？”小白摇摇头，它还是不明白。“那你来干吗？”国王的好奇心可真重啊！小白听了后大吃一惊，然后把如何从教室里逃出来，被风伯伯带走，以及鱼儿们救它，最后到这儿来的经历都说了一遍，国王很吃惊，原来在它们国家之外还有这么多东西存在，于是对小白说：“哦，对不起啊！不过你刚才说的真稀奇啊，是真的吗？”“当然喽！”小白骄傲地回答。“有时间你带我去外面玩玩吧！”国王用乞求的目光看着小白。

“好吧！”小白的回答也很痛快。

就这样，国王和小白成了好朋友，小白很快就要开始新的历险了，你们期待吗？

那就请关注第三集《弹弓之故事》……

第三集：弹弓之故事

小白真是说到做到，第二天，它就带着国王出发了。

“看！那是服装店，那里边有很多好看的衣服呢！那个是工具店，里面什么工具都有，还有这个超级市场……”小白像一位导游，滔滔不绝地讲着，国王也听得目瞪口呆，因为它从来没有看到过这么多的好东西。走着走着，它们突然双脚离地，“飞”起来了。国王很惊讶：“哇！你们这儿还有能飞的东西呀！”小白回头一看，呀！这不正是上次把我衣服弄脏的那个男孩子嘛！见多识广的小白马上明白了是怎么回事，赶紧告诉国王：“国王，咱们得逃出去，否则后果不堪设想！”“嗯，知道了。”国王应声答到。它们开始使劲地蹬腿，使劲地挣脱，可还是无济于事。小男孩站起来了，准备往家走。国王着急了，说：“哎呀哎呀！他要把我们带到哪儿去呀？”“可能是家里，也可能是学校。”小白依然保持着沉着冷静。结果，小男孩把它们带到一个大花园里，捡了几根树枝，又拿了几片叶子，“噔噔噔”地就搭好了一个大弓。他弯下腰去捡国王，拿起来看了又看，说：“嗨，这个也太不中使了吧！根本就打不远。”于是把国王扔到地上，接着他又把小白拾了起来：“嗯，这个不错！”他把小白架到弹弓上，挥了挥手，喊道：“瞧我的！我胡汉三又回来了！”随着“嗖”的一声，小白飞出去老远，它闭上了眼睛，心里默默祈祷：落到个好地方，好地方，好地方……

“哎呀！”它终于着地了，结果落进了一个虎穴里。它大叫一声：“惨呐！”

“惨什么？”

谁在说话？小白朝四周看了看，没有人。

到底是谁在说话呢？请继续关注《粉笔头历险记》之第四集——误入虎穴。

第四集：结识蹦蹦虎

“是谁？是谁？报，报上名来！”小白吓得浑身发抖。

“这应该是我的台词吧！你是何人？”

“这是哪儿啊？”

“这是哪儿？这当然是我蹦蹦虎的家喽！”

“蹦蹦虎？家？”

“对呀！这儿是大名鼎鼎的蹦蹦虎的家！你是怎么进来的？”

“进来？噢？难道是飞进来的？”小白自言自语。

“你是小鸟？”

“不不不，我不是。”

“那你怎么会飞？”

“……”

“你，你是怪，怪物吗？”小白听出蹦蹦虎的声音里充满了恐惧。

“我不是怪物！我是一根粉笔，我叫小白！”

“粉笔？”

“对的！”

那个自称蹦蹦虎的东西走了出来，“喂喂！你在哪儿？”他问道。小白清楚地看到那是一只可爱至极的小老虎，便不再害怕。“在这儿！”小白喊道。蹦蹦虎慢慢蹲下来，问小白：“你就是那只粉笔，瞎掰？”“我叫小白，小白的小，小白的白，不是瞎掰！对了！你就是蹦蹦虎？我们能做朋友吗？我第一次来这里，对这儿很不熟悉，你能帮我引路吗？”蹦蹦虎听说自己把小白的名字叫错了，感到非常惭愧，连声说：“没问题！我愿意做你的好朋友。你可以叫我蹦蹦。刚才的事……真的很对不起……”“没关系！我大人不计小人过，宰相肚里能撑船。哈哈！”“不过……”蹦蹦犹豫了。“不过什么？”“因为虽然我和你交了朋友，但是由于我没见过粉笔，我，我知道你一定不坏。可，可我还想找我们青青草原最聪明的，我们都管它叫大侦探喜羊羊，找它鉴定一下。所以……对不起。”

“喜羊羊？”

未完待续……

第五章

回归课程“价值标准”

校本课程也是从目标入手的，在教师第二课程的设计中，准确把握并不断改进目标是首要因素，也是课程价值得以体现的首要因素。在工作室的课程开发中，许多老师也是从设计课程目标开始走向专业化的课程理解与建构的。

一、生活观察课

初中学校开设的国家课程有生物、物理、化学等自然科学课程，在这些课程的国家课程标准中有一个共同的课程总目标：提高全体学生的科学素养。课程的三维目标——“知识与技能”“过程与方法”“情感态度与价值观”要求教师注重学科渗透，关心学科发展，加强 STS（STS＝science（科学）、technology（技术）、society（社会））教育，从生活走向科学，从科学走向社会。现行教科书的内容是教学的基本点，是底线，而不是教学的全部，相当一部分需要教师根据当地情况和学生实际开发各种教学资源，以对教科书作有益的补充，从而更好地树立“用教材去教而不是教教材”的教材处理理念，因此，让校本课程走进课堂成为必然。

我校的初中生大多数家庭条件优越，独生子女占的比例非常大。这些孩子在家过着养尊处优的生活，父母对孩子的关注点也只是落在生活起居和学习成绩上。所以，他们的时间被作业、各种辅导班、电脑游戏、户外活动所占据，对生活中的一些现象基本没有进行过有意的观察，对一些常见的现象也熟视无睹。那些来源于生活的自然科学课程在孩子们的眼里成了“拦路虎”，因为缺乏观察能力，课堂上的演示实验成了看热闹；因为动手能力弱，很多学生面对着实验器材束手无策；因为缺乏分工合作的意识，分组实验成了个别学生的舞台；因为对日常生活观察的缺失，造成了很多学生感性认识的缺失，在学习自然科学学科时，背诵几乎成为他们唯一的学习方法，所以他们难以应付自然学科中的观察、思考、归纳、总结的学习过程，在初中阶段就出现了偏科现象。

对 2011 年山东省组织的中学生创新实验大赛，学校综理组的老师高度重视，在各个班级做了充分的发动，但是结果却不尽如人意，在整个学校只收到了 5 份作品，其中比较好的只有 2 份。在与学生进行交流的时候我们发现，学生虽然了解这个活动的重要性，也很想参加，但不知该从何下手，最终只能放弃。这件事情对老师们的触动很大，学生的学习成绩可能不低，但其他各项能力太低了，尤其是创新意识和创新能力几乎没有。对于学科教学来说，分数很重要，但是对学生来说，各种能力和分数一样重要。特别是从长远来看，能力比分数更重要。

要想提高学生的观察能力、动手能力、基本分析能力，让学生在学习自然学科时可以更从容一些，要想培养学生的创新意识和创新能力，全面提高科学素养，就要让学生带着发现的眼睛、灵巧的双手、智慧的大脑重新走进生活，补上“生活观察”这一课。我们要从学生在学习过程中遇到的困难出发，设计生活观察课程，引导学生对生活中的事物及过程进行有意观察，并对观察到的现象进行初步的分析，从而让学生学会观察、学会思考、学会发现：

1. 以生活中的物体为观察对象，对学生进行基本的物体观察训练，让学生掌握基本的观察方法。

2. 体验常见的生活活动，对学生进行基本的过程观察训练，让学生积累必要的感性认识，并对学生进行统筹方法、实验方法等科学方法的教育。

3. 通过对生活问题的探究，对学生进行科学思维训练以及的分析能力、动手能力以及解决问题的能力。

4. 在观察的过程中，引导学生体会物体和活动设计的过程，对被观察物体和过程设计的优缺点进行分析，培养学生的创新意识和创新能力。

5. 引导学生观察生活中的自然科学现象，培养学生的观察能力、归纳总结能力。

6. 通过比较生活化的课程，培养学生主动观察、主动思考的意识，提高全体学生的科学素养。

（孙晓燕）

二、小学生生活英语

《英语课程标准》明确指出：英语课程要力求合理利用和积极开发课程资源，给学生提供贴近学生实际、贴近生活、贴近时代的，内容健康和丰富的课程资源；要积极利用音像、电视、书刊、网络信息等丰富的教学资源，拓展学习和运用英语的渠道；积极鼓励和支持学生主动参与课程资源的开发和利用。

随着课程改革的深入实施，课程资源已经不仅仅局限于课本和教师的说教，广阔的生活空间已经成为课程资源的延伸和补充。课程专家斯基尔贝克指出："设计课程的最佳场所在学生与教师相处的地方。"多渠道研发小学英语课程资源，就是寻找一切有可能进入小学英语课程，能与小学英语教育教学活动联系在一起的资源，包括：拓展小学英语的学习空间，倡导体验参与，开展丰富的课外活动；拓展运用语言的渠道，创设多彩的校园环境，培养兴趣与能力；拓展评价内容与评价主体，激发学生的积极性和自信心，促进学生自主发展。

作为世界通用语言之一，英语逐渐进入我们生活的各个角落。从电话、电视、网络、广告牌、食品包装等地方，处处可以看到英语。开展生活英语第二课程的目的，就是从学生的学习兴趣、生活经验和认识水平出发，通过对生活英语课程的内容、课时安排、活动形式、教学模式、教学方法、评价手段和标准等的实践，建立起一套较为完整的英语第二课程，总结出该课程在提高学生综合语言运用能力、掌握英语学习策略方面的功能和作用，激发学生学习英语的兴趣，提高学生自主学习的能力。它采取实践、参与、合作、交流的学习方式，引导学生在实际生活中找感受，谈体验，大胆探求，畅所欲言，使学英语不再是一种抽象的语言学习，而是有血有肉，和生活实践紧密相连的具体形象的活动，引导学生在完成任务的过程中获得亲身体验，从真实的交流中体会语言的文化内涵，提高运用语言进行真实交际的能力；积极地开发、有效地利用好英语课程的生活资源，让英语教学贴近学生熟悉的现实生活，真正实现语言教学走向生活，在生活中学，为生活而用，提高学生的英语学习质量，促进学生整体素质的发展。

美国教育家杜威提出了“教育即生活”的概念，中国教育家陶行知提出了“生活即教育”的思想，《英语课程标准》也提出了以人为本，遵循“为用而学，在用中学，学了就用”的原则。因此，小学英语教育应该首先成为一种生活化的教育。生活英语教学研究是课程改革不断深化下的新尝试。美国、英国、日本、加拿大等国家在外语教学中都十分关注教学生活化的研究，他们在如何将语言教学的内容与生活相结合、如何在生活中有效运用语言进行交际等方面的研究都取得了一定的成效，建立起了与本国国情相适应的语言生活化的教育理论体系和实践模式。然而，我国的基础英语教育的生活化研究刚刚起步，虽然在一些报纸和杂志上刊登了这方面的研究论文，但其研究还处于起始阶段，对于如何开发生活化英语的教学资源、如何构建生活化英语的教学模式、如何建立生活化英语的评价体系等一系列问题的研究尚不深入，理论体系还不完善，实践模式还有很大的研究空间。所以，我的第二课程的研究目标如下：

1. 拓展学生的学习空间，从课堂的学习空间拓展到课外的生活空间，从校园学习空间拓展到家庭生活空间、拓展到社会学习实践空间，让学生接受立体型的学习与教育。

2. 通过生活英语的搜集活动，让英语学习成为学生的一种习惯，激发学生学习英语的兴趣，培养他们的自信心和荣誉感，让他们在实践活动中学会表达与交流，学会文明地进行人际沟通和交往，并发展合作精神。

3. 通过活动参与，引导学生进行拓展性、探索性和个性化的学习，发散学生思维，使学生感悟到语言是一种生存的空间、生活的条件，培养学生自主学习和合作学习等终身学习必备的能力，让学生在真实的语境中自然地传递信息，表达情感，学习知识，发展思维，促进学生语言综合能力的可持续发展。

4. 在理论上构建英语的生活化学习方式，探索开发小学英语课程生活资源的具体途径，更新学生的学习方式，提高他们的英语能力；在实践中实现由课本课程资源向师本课程资源和生活实践的根本转变，努力开发并积极利用好来自学生的生活资源，丰富学生的生活英语视野，实现英语在学生生活中的交际性的工具作用。

5. 鼓励、引导学生自主学习、主动学习；培养学生独立或合作开展调查研究的能力，注重情感体验和生活积累，使学生能主动进行探究性学习，具备搜集和处理信息的能力，并能在实践中学习、运用所学的知识解决生活中的问题。

6. 培养学生在新的情境中创造性地运用所学语言与别人交换信息的能力，通过真实的生活教学场景，激发学生的学习兴趣，并引导他们将兴趣转化为稳定的学习动机，让他们树立自信心，使语言学习的过程同时成为他们形成积极的情感态度，具备主动思维和大胆实践能力，提高跨国文化意识和形成自主学习能力的过程，为学生英语学习能力的可持续发展打下良好的基础。

（庄明华）

三、希望之桥：小学新入职教师培训

《国家中长期教育改革和发展规划纲要（2010—2020年）》提出："完善培养培训体系，做好培养培训规划，优化队伍结构，提高教师专业水平和教学能力。"

随着教育规模的不断扩大，每年都有新教师通过考选分配到各中小学，他们大都是大学本科、甚至是研究生学历，都接受过正规的师范教育，在师范学校和相关的职前学习中掌握了系统的教育知识和先进的教育理念、教育科研方法，掌握了先进的教育学和心理学理论。同时，他们都具有较高的个人素质，他们的到来，为学校的发展注入了新的活力。但是，当他们真正踏上工作岗位，特别是进入小学后，面对多变的教学情境、全新的学校环境、复杂的人际关系、严格的学校制度条例，以及自我约束能力弱的低年级学生的时候，他们会感到茫然，甚至力不从心。当真正踏入课堂时，他们又会发现要想真正将书本知识通过合理的教学方式与方法传授给学生，要想管理好学生，要想做好班主任，要想解决和处理好与同事的关系……每一件都非易事。他们会发现自己在大学里学到的教育教学理论都派不上用场了。通过问卷调查，我们发现原因主要有以下三个：

1. 知识结构不够完善。新入职的教师对基础教育的概况和现行的教育政策法规缺乏了解，对新课程背景下的教学内容、教学过程方法和手段、教学目标和评价标准的理解尚不深入，学科教学和课堂管理方面的知识有待补充。

2. 缺乏必要的教学技能。大学教育只注重理论，不注重实践，新教师在入职前虽有实习经历，但由于时间较短，并不能将理论很好地与实践相结合。

3. 不能很好地适应工作环境。教学任务繁重、日常事务性的工作过多、缺少空闲时间，与学生、家长、同事的人际交往存在障碍，遇到困难不知道怎样得到有效帮助等问题，对新教师适应工作环境产生了一定的影响。

怎样才能让他们尽快适应新教师角色，更好地适应教育教学工作，将他们打造成理想的教师呢?

我国各地区的教育部门、学校都会组织新教师的入职培训，从培训形式上看，主要分为集中培训和校本培训。集中培训一般由当地教育行政部门统一组织，以专家讲座的形式介绍相关的职业规范要求或者教学常规。以学校为主的培训则是目前新入职教师培训的主要形式，主要由新入职教师所在学校指定指导老师，通过师徒结对的方式由老教师对新教师提供指导。有的学校由于受到师资力量的限制，或具体标准和职责的不明确，“师带徒”的方式带有较大的随意性，难以取得较好的效果。其原因在于，不少学校对于新任教师的入职教育缺乏相关的具体制度和规范，对指导老师如何带教和新教师是否真正从师缺乏有效的激励和监督机制。而且，新教师的入职教育缺少经费和政策的支持，各校标准不一，质量也难以得到保障。《中小学教师继续教育规定》第九条提出：“为新任教师在试用期内适应教育教学工作需要而设置培训。培训时间不少于120学时。”但是对于具体如何落实缺少相应的规定。

另外，新教师所在学校为了让他们尽快适应教学工作，也过急地将各种教学技巧传授给他们，而新教师也是“不求甚解”。很多学校的入职教师培训只是让新教师尽快适应学校教学的例行公事化，“师带徒”的方式也只是“加强了教师以简化的、例行公事化的解决方法面对复杂问题的观念”。这一方面是对职前教育的努力的一种浪费，另一方面也加大了新教师适应教学工作的难度。

从教师专业成长的角度看，帮助新教师迅速适应实际教学需要多方面的支持，入职培训并不能完全满足新教师的需求。就像前面提到的，一名新教师走上工作岗位时面临的问题是多方面的，他们在心理和个人成长等方面的需要也应该得到一定的满足。营造一种良性发展的组织氛围和条件，对新教师的工作时间、工作条件给予相应的照顾，是帮助他们尽快进入教师角色的重要保障。

所以，我们有必要，也必须开发这样一门课程，来帮助新入职的教师顺利度过适应期，为他们以后的良好发展奠定基础，更重要的是为孩子们的成长营造更加良好的师资环境。

新教师入职培训课程的总目标是使新教师的师德师风水平、教育教学理论与技能、管理经验、教科研能力等得到提高，同时帮助他们了解学校文化，尽快适应教师角色。具体目标包括如下方面：

1. 遵守教师礼仪规范，树立良好的师德师风。学习教师礼仪规范，了解国家、地区、学校对于师德的要求，增强新教师热爱学生、热爱教育事业和为人师表的自觉性。

2. 了解所在学校的教育教学理念以及校史、校情、校风、发展规划，并遵守学校的各项规章制度。

3. 提高课件制作、粉笔字、钢笔字、试题命制与试卷分析等方面的教学基本功。

4. 掌握所教学科的课程标准和教学内容，能结合学生实际按照要求制订学期授课计划，努力遵循教学规律，完成教学任务。

5. 学习并做好教学常规工作。能自主完成备课（详案），上课时能控好课堂，课后能细致反思，能认真及时地批改作业，能积极听课、评课等。

6. 遵循学生的心理、生理特点及思想实际，遵循正确的教育规律和科学的教育方法，制订班级工作计划，开展班队活动，能胜任班主任工作，适应教师角色。

7. 了解小学生的行为和学习规范，学习让学生养成良好习惯的方法，并在日常教学中注重运用。

8. 参加学生安全培训，认识到安全工作的重要性，提高安全管理水平和预防、应对突发事件的能力，确保学生安全。

9. 学会与学生、家长和同事进行沟通的技巧，能够与学生、家长、同事和谐相处。

10. 掌握一定的教育科学理论和相关的科研方法，经常写作，以研促教，以写促提高，使教学与科研能力共同提高。

（李蕾）

四、打开思辨的空间

思辨力，顾名思义，就是思考、判别的能力，特指善于判断虚实、善于理清事情本质的能力，同时，也是一个人面对现实解决问题的能力的前提。

一个人思辨能力的发展受各方面因素的影响，同时也是一个成长的过程。

（一）民族文化中思辨元素的欠缺

黑格尔说过："东方不是思辨的民族，而是伦理的民族。"郑板桥的"难得糊涂"也成了混世的金科玉律。西方现代文明建立在实验科学的基础之上，而我国的民族文化更崇尚圣人之言。相比之下，我们多有说教，难有哲学，不注重逻辑思辨。比如《论语》，其中大多是结论，没有思想斗争的回合。理性思维、理性行动、增强思辨力，或许才是一个民族进步所需要的。

我认为应该由"难得糊涂"变成"难得思辨"，这样，将是社会的巨大进步，也是提升民族整体素质的重要契机。

（二）目前我国中学生思辨能力发展的现状

1. 绝大多数学生的死记硬背能力较强，分析能力较弱，善于熟记概念、定义，难于解释现象和处理问题，面对现实问题往往手足无措，理不出头绪，考试中不怕测试基本知识，而害怕问题探究型考查，不怕遇到熟悉的类型题，害怕遭遇从未处理过的问题。这都说明了学生面对现实问题时的思辨能力较弱。

2. 想象模仿能力较强，分析概括能力较弱；善于描写和叙事，不善于说理和议论。这反映在中学文科类的大小考试中：多数学生对语言文字的含义及其运用能有较好的理解，而对文字所表达的深层义理的分析和概括则显得力不从心。

3. 写作中存在的问题

(1)"文体不限"写作教学之下的"思辨缺失"。

2008年，江苏省第八届高中生作文大赛为我们敲响了警钟。当时决赛的作文题目是“没有问题的问题”，明确要求写一篇 2000 字以内的议论文。出乎所有参赛选手和指导老师的意料，许多选手拿到题目后不会写。在 200 多名选手中，只有两三个会写分论点；有的选手一会儿抒情，一会儿记叙，甚至记叙文字多达 1200 字左右；很多选手以例代据，前面讲苏格拉底，后面讲屈原，只罗列事实，却没有分析，好像“名人画廊”。

每年有几十万考生参加高考，但逻辑思维缜密的议论文凤毛麟角。可见，议论文是学生写作的弱项，历年的高考满分作文也鲜有规范的议论文。

（2）放眼国外，难以赢得生存的写作现实

美国的高考作文试题涉及的领域广泛，视野开阔，包括政治、经济、历史、宗教、艺术、人生等，体现了美国作为移民国家的包容性和自由度；而法国不愧为哲学的故乡，充满了思辨，其高考作文题往往直截了当地提出理性的问题，考核的重点是让学生对一种观念或一个没有结论的普遍现象拿出自己的观点和根据。

相比之下，同样作为十八九岁的同龄人，欧美学生已经开始撰写哲学论文，而我们学生的作文却呈现出低龄化、幼稚化的现象，二者的差距实在让人触目惊心。俞发亮老师说过：“这些年，有识之士对作文的教学及现状提出了不少批评，并通过辩论有了更为清楚的认识。而为学生补上‘理性思维’这一课，应当成为当下语文作文教学中不可忽视的内容。”

可见，培养学生的写作能力，是中学现阶段语文教学的重点。

（3）学科教学中不同阶段思辨能力培养的不连续性

思辨能力的培养是学生成长的需要，因此，在教育教学中应有相应的阶段性教育。但目前的教育现状是：中小学阶段学生常常被各种死记硬背挤占，致使高中及大学阶段的思辨能力的生长缺乏基础。以写作为例，小学、初中阶段记叙文教学占有绝对的优势，以内在思辨为灵魂的议论文写作一直被忽视，而高中阶段的写作教学却以议论为主。初高中不能延续的写作教学现状，不仅影响了学生思辨能力的形成，还因为记叙与议论表达的失衡，使学生在长达九年的中小学学习中形成了顽固的记叙表达定势：滥情——文章中泛滥着描写与抒情、无病呻吟的做作和虚假，学生的抽象概括能力与逻辑分析能力很差；无助——在现实研究面前，在实际生活中，这样的文章既不能清楚地表达思想，又不能理智地面对现实，更不能有效地解决问题。记叙与议论的失衡发展不仅造成了思维贫弱的人，也筑成了矫情无为的文。从个人发展看，这是对生命的浪费与剥夺，从民族发展的大计看，这是对国家前途的阻碍与束缚。

民族文化中思辨因素的欠缺与学生思维发展的实际都警示着我们：教育必须注意对学生思辨能力的培养。只有这样，才能更好地培养出时代与民族发展需要的、与时俱进的创新型人才。

教育教学中应尤其注重培养学生的思辨能力。

因为这不仅是立人之需，也是立国之本。

（三）课程的既有要求

《初中语文课程标准》（2011 年版）对学生思维能力的发展要求包括："在发展语言能力的同时，发展思维能力，激发想象力和创造潜能。逐步养成实事求是，崇尚真知的科学态度，初步掌握科学的思想方法"；对民族文化的学习有："认识中华文化的丰厚博大，吸收民族文化智慧。关心当代文化生活，尊重多样文化，吸取人类优秀文化的营养"；对学生个性及与时俱进发展的要求有："能就适当的话题作即席讲话和有准备的主题演讲，有自己的观点，有一定说服力"，"课堂内外讨论问题，能积极发表自己的看法，有中心、有条理、有根据。能听出讨论的焦点，并有针对性地发表意见"，"关心学校、本地区和国内外大事，就共同关注的热点问题，搜集资料，调查访问，相互讨论，能用文字、图表、图画、照片等展示学习成果"。

思维发展及教育的最终目的在于提高学生认识事物本质和发现、分析并解决问题的能力，而这种能力的核心即是思辨。

总之，发展学生的思辨能力，是学生成长的需要，课程目标的需要，更是民族发展的需要。

（李德花）

五、悠悠古韵：引导学生在生活中学习运用古诗词

我国素有"诗国"之称，在浩瀚的文学海洋中，诗词以其深厚的文化背景、意味悠远的艺术境界成为我国古代文化艺术的瑰宝。凝练的语言，委婉含蓄的表达方式值得我们回味、品评。伟大的诗人光照千古，他们所创作出

的美诗佳词也像夜空中璀璨的星星，光彩夺目。那些千古名句跨越了时空的界限在诗人与我们之间产生共鸣。圣哲孔子说："不学诗，无以言。"文学家朱光潜先生也常说："读诗的功用不仅在消愁解闷，不仅是替有闲阶级添一件奢侈品，还在于它使人到处都可以感觉到人生世相新鲜有趣，到处可以吸收维持生命和推展生命的活力。"可见，读诗品韵能开阔视野、学习语言、陶冶情操，有利于培养丰富的文化素养。

我们的祖先十分看重诗歌对人的教育作用。两千年前，圣哲孔子用自己的践行传播"诗教"。今天，我们同样要重视对古诗词的学习和运用，因为它是素质教育的一个重要组成部分，对推动中学语文德育目标、美育目标、智育目标的实现有着深远的意义。

"语文是实践性很强的课程，应着重培养学生的语文实践能力，而培养这种能力的重要途径也应是语文实践。"因而，应该让学生更多地直接接触语文材料，在大量的语文实践中掌握运用语文的规律。"沟通课堂内外，开展综合性的学习活动，拓宽学生的学习空间，增加学生语文实践的机会。""诵读古代诗词，有意识地在积累、感悟和运用中，提高自己的欣赏品位和审美情趣。"这些要求，体现了语文实践对语文学习的重要意义和作用，同时也包含了对古诗词学习的迫切要求。

因此，教师应该教学生掌握从生活中寻找古韵、汲取古韵营养的途径和办法。为此，在教学中应做到课堂教学和学生生活、社会生活的接轨，教会学生认识古韵，并对生活中遇到的古韵加以记录整理，真正读诗、品诗、作诗，在积极主动中快速提高鉴赏、运用古韵的能力和水平。

依据《山东省基础教育课程改革实验区义务教育阶段课程安排表》的规定，语文课的时间越来越少，每周只有 4 课时，包括作文时间在内。要在这么短的时间内完成教材教学和写作训练，时间总是捉襟见肘，古诗词教学能在总学时里占有一席之地实在困难。在现实中，迫于时间的压力，古韵的教学处于一种"读读、背背、写写"的尴尬境地。要改变现状，一方面要把古韵学习生活化，把生活与古韵融为一体；另一方面，要在生活中学习品味古韵，这也会增加学生的学习兴趣。

由于古韵距离现代生活较远，难以理解，难以背诵，造成多数学生对古韵不感兴趣的现实，在有的学生眼里，它甚至已经演变成了第二外语。再加上现在的学生迫于考试的压力，每天只盯着课本，盯着自己的考试成绩，两耳不闻天下事，也不关心社会与生活，因而变得视野狭窄，理想萎缩，漠视传统文化的精髓。现在，几乎没有学生会主动地阅读古诗词类图书，也没有学生在阅读中遇到古诗词时会自觉地积累下来。有时，只有当他们喜欢的电视剧中的人物引用了某句古诗词，他们才会在无意识中把它记住，偶尔运用到口语表达之中。这种深刻的记忆完全是因为被剧情吸引、对影视剧中人物的喜爱。针对学生的这种学习心理和学习状态，设置这门课程应该再合适不过了。

通过寻找生活中的古诗词这一途径，可以开阔学生的视野，增长学生的知识，引导学生积累、鉴赏并学会运用古诗词，从而提高学生的语文综合实践能力，让学生爱读书、会读书，观察生活、热爱生活，最终把所学到的书本知识与生活密切联系起来，学会写作，并逐步提高对古诗词的鉴赏能力。

（谭颖　郭瑜）

六、用第三只眼睛关注学生的成长

一直忘不了前年冬天在北京接受培训时北京师范大学的一位教授的感慨，他说，在北大有一座楼，学校每年都会有学生跑到这座楼上跳楼自杀。当时带给我的震惊与惋惜，直到现在我也忘不掉。凡是经历过高考或家里有考生的人，哪一个对那种千军万马过独木桥的煎熬没有深刻的体会？就这么轻轻一纵，就这么作了终结，留下的却是父母在有生之年的无尽伤痛。还有传得沸沸扬扬的马加爵事件，近期媒体报道的东营市 14 岁女生李欣玥跳楼自杀事件，临沂市第六中学 13 岁女生张悦喝农药自杀事件，邵阳 16 岁高中生跳楼自杀事件，洛阳 13 岁女生跳楼自杀事件……还需要再列举下去吗？这样的事例到网络上一搜，真是铺天盖地，不胜枚举。一条条鲜活的生命，还没来得及展开他们人生的旅程，就这样戛然而止。

适逢和平盛世，我经常对我的学生说："你们的前途都无可限量，你将来会取得怎样的成就，你现在都想不到。"在那些逝去的生命中，也许会有未来的科学家、政治家、作家、宇航员……但现实是，他们都化作了尘土，留下的是悲痛欲绝的亲人。

到底是哪里出了问题呢？

什么让他们视生命如草芥？

人们习惯性地把罪责推给教育，认为是教育的不到位造成了这样的悲剧。这里暂且不论是否要由教育全部承担这个责任，作为教育工作者，我们能做什么？我们如何做才能避免或者减少类似事件的发生？

某期《读者》上有一段利奥·巴恩格利亚先生写的话，至今我仍记忆深刻："我们整天在干些什么？我们如此忙于传授知识。如果我们没有教莉亚妮任何她真正需要知道的东西，譬如：如何快乐地生活着，如何有个人价值感和自尊心，而单教给她如何读书、写作、算题，这又有什么用呢？"

这句话是对的。我们的教育一直以完成传授学科知识、培养能力为己任，而对学生在教学活动中的道德生活和人格养成，我们关注了多少？教育变得越来越急功近利。这种只关心孩子的学习，忽略其情感和心理需求的教育，和现实生活的悲剧是无法脱开关系的。

当然，我也知道，教育的缺陷不仅是教育工作者自己造成的。

著名国学大师南怀瑾曾说："今日的世界，物质文明发达，在表面上来看，是历史上最幸福的时代；但是人们为了生存的竞争而忙碌，为了战争的毁灭而惶恐，为了'欲海'的难填而烦恼。在精神上，也可以说是历史上最痛苦的时代。人是莫名其妙的生下来，无可奈何地活着，最后是不知所以然的死掉。"

大人如此，何况我们的孩子们呢？

物质的丰富给我们的孩子带来越来越优越的条件，同时压力也随之增大，造就了一颗颗脆弱的心灵。我一直认为，身体上的残缺或受到的伤害是可以看得到的，也会明白它的危害；但精神上受到的伤害或者残缺，却无法用物质的凭借去感知，也无法预知后果，它的危害是更大的。所以，我一直坚信"真正的教育，绝不仅仅是讲道理、传授知识，更不仅仅是开发孩子的智力，而是把自己的精神能量传递给孩子，维护孩子的心力，让他成为一个内心强大的人，一个能承担后果，应对变故，改善自身和环境的人"（林格）。

2009 年，因为要考心理咨询师，我开始有意识地接触一些心理学方面的知识，并由此知道：6～12 岁是培养儿童健康心理的黄金时期，如果能有一个好的开始，将来可以使孩子的品德和智力得到健康的发展，如果在此时忽略了孩子的心理卫生，那么，再希望孩子成人后有健全的人格和健康的心理就比较困难，甚至是不太可能的了。"错过了就永远错过了"，这一论断让我感到了恐惧，因为它是无法弥补的！

6～12 岁，正是一个完整的小学阶段。作为一名小学老师，我能做些什么？

朱永新说："教育的本质就是培养学生一种积极的态度。"（《新教育之梦》）

我试图通过自己的努力，赋予学生正面的、积极的能量，让学生成为阳光、自信、快乐、坦荡，并富有责任感的人。

这是我这一年所有探索的出发点。

因为懵懂，我还不能拿出什么像样的成果，但是，我，走在路上。

"提高学生的心理素质，充分开发他们的潜能，培养学生乐观、向上的心理品质，促进学生人格的健全发展"是这一课程开发的总目标，具体可分解为：

1. 研究、把握当前小学生的心理特点，探索行之有效的心理健康教育模式，使学生正确地认识自我，提高调控自我、承受挫折、适应环境的能力，更好地促进学生的心理健康地发展。

2. 诊断、把握学生心理变化的内在规律，借鉴、吸收国内外心理健康教育方面的成果，培养学生健全的人格和良好的个性心理品质，形成一套有助于学生健康发展的心理健康教育课堂教材。

3. 及时了解学生的心理，对少数有心理困扰或心理障碍的学生，给予科学有效的心理咨询和辅导，使他们尽快摆脱障碍，调节自我，提高心理健康水平，增强自我教育能力，以便更好地适应未来社会的学习与生活，促进自我心态的调整，身心得到健康成长和和谐发展。

（殷芝华）

七、初中历史影视欣赏

当前，历史课程与学生的兴趣和需要存在着严重的脱节现象：历史课上教的，学生不喜欢；学生想了解的，历史课偏偏省略掉了。《历史课程标准》的指导思想是以学生为主体，强调学生学习方式的转变和学生个性化学习的全面发展。要贯彻这一指导思想，就必须注意培养和提高学生学习历史的兴趣，激发学生热爱历史的热情。影视资料的运用是实现这一目标的有效途径之一，我们开发这门课程是基于以下需求：

(一) 新一轮中学历史课程改革的需要

21世纪是“知识经济时代”，影视文化已成为知识经济时代新的增长点，社会正在由“读书”时代进入读“电子”时代。影视由于具有视听综合、时空综合、艺术与技术综合的强劲优势而受到青少年的青睐。而青少年身心发展的特点决定了他们还没有很好的鉴别能力和欣赏能力，因此，他们错误地认为，影视作品所表现出来的内容就是社会的真正的历史面貌。《基础教育课程改革纲要（试行）》明确指出：“大力推进信息技术在教学过程中的普遍应用，促进信息技术与学科课程的整合，逐步实现教学内容的呈现方式、学生的学习方式、教师的教学方式和师生互动方式的变革，充分发挥信息技术的优势，为学生的学习和发展提供丰富多彩的教育环境和有力的学习工具。”应该让学生了解大众传媒的复杂性，能够甄别和选择媒体内容，并掌握收集、处理、运用社会信息和历史材料的方法和技能。可见，对历史题材影视信息的应用已成为中学历史新课程改革的重要内容。

(二) 青少年健康成长的需要

调查显示，除通过课堂教学外，青少年的中国历史知识一半以上都是通过“影视作品”“游戏”“互联网”等途径得到的。历史题材的影视信息是一把双刃剑，一方面，不良的影视信息会给学生的身心健康带来消极的影响，另一方面，好的影视信息可以激发学生学习历史的兴趣和进一步了解历史的积极性，使学生乐学、好学、会学。影视是形、声、色、知、情、意的融合体，运用优秀的历史题材影视剧对学生进行思想教育，通过生动形象的人物和美好的情境来感染学生，这种独特的育人方法能激发学生内在的情感倾向，引导学生获得积极的审美情趣，使学生养成良好的道德习惯，生动形象、直观地提高学生的道德认识。

(三) 培养学生历史思维能力的需要

历史思维能力指的是形象思维、逻辑思维、批判性思维、创新思维等多种思维能力的结合体，历史题材的影视信息最大的特点就是突破了时间、空间的限制，通过形象化的描写，生动地再现历史事实，化抽象为具体，帮助学生调动各种感官强化感知，从而让他们在头脑中形成历史形象和情景，培养他们的形象思维能力。同时，历史题材的影视信息能够在引导学生进行积极思维的过程中培养他们分析、评价历史事件和人物的能力，从而提高他们的逻辑思维能力。历史题材的影视信息可以创设出趣味横生的教学场景，引导学生理论联系实际，独立思考、标新立异，从不同的角度去发现、观察和分析问题，从而实现培养创新能力的需要。但另一方面，面对众多的历史题材影视信息，学生要把握好自己的角色，学会用批判的眼光取其精华、剔其糟粕，要敢于向权威挑战，不“唯上”，不“唯师”，不“唯书”，学会在学习中选择，在选择中否定，从而形成批判思维能力。

（四）对学生进行爱国主义教育的需要

中宣部、国家教委、广播电影电视部和文化部曾联合发出《关于运用优秀影视片在全国中小学开展爱国主义教育的通知》，指出：“优秀的爱国主义影视片蕴藏着丰富的思想艺术内涵，具有形象、直观、生动可信、感染力强的特点，深受广大中小学生的欢迎。同时，这种教育也是促使中小学生了解历史、认识国情，开阔视野、提高审美素质，弘扬民族文化优良传统、激发爱国主义情感和志向，逐步树立正确的理想、信念和价值观的一个重要途径。”

著名科学家爱因斯坦曾说过：“电影作为一种对人类精神幼年时期的教育方法是无可比拟的，因为电影可以使思想充满激情，这就比用任何其他方法更容易为儿童所接受和理解。”列宁也说：“在一切艺术中最教育人的是电影。”历史题材的影视信息最大的好处就是通过生动形象的人物和美好的情境来感染和教育学生，能做到以史动人、以史育人，从而对学生进行爱国主义教育、革命传统教育和国情教育。通过观看影片，学生可以向英雄人物学习，潜移默化地吸收良好的行为习惯和道德品质，不断修正和丰富自己的认知结构，从而提高自己的道德水平。

（五）教师革新课堂教学模式的需要

在传统教育模式下，教师上课是“一只粉笔一本书，一天到晚讲不休”。教师主动地讲，学生被动地听，教师在课堂上的主导地位和学生的主体地位都没有得到很好的发挥，更谈不上追求课堂的生动性与开放性了。然而，如果在课堂中运用多媒体手段，引用历史题材的影视信息，就可以调动学生的眼、耳、鼻、脑、口等感官，使学生由被动地接受发展到主动地参与学习，让他们感受到学习的快乐，加深对历史发展的了解，增强民族自信心和自豪感。这样也一定能给中学历史课堂带来无限的生机，起到“事半功倍”的效果。

“初中历史影视欣赏”是一门学科拓展类课程，是用于辅助课堂教学的课程，其目标如下：

1. 通过本课程的教学，让学生注意把握历史的真实，把握整个时代背景，紧跟历史进程，了解重大历史事件，做到以史为鉴。

2. 把历史题材的影音视频融入中学历史教学，转变学生的学习方式，培养学生的观察、分析、整理信息、解决问题及欣赏、实践和创新等学科能力。

3. 以学科课程为载体，增强学生学习历史的兴趣，培养学生健全的人格，让他们树立正确的人生观和价值观。

（谭伟）

八、绘本故事

《语文课程标准》指出，小学生应“具有独立阅读的能力，注重情感体验，有较丰富的积累，形成良好的语感。学会运用多种阅读方法”。对于识字量较少的低年级学生来说，阅读长篇的文字，理解深奥的语言存在着相当大的困难。因此，图文结合、简单易懂的绘本是最适合他们年龄特点的读物，是课外阅读的首选。

绘本有时也叫“图画书”，但它与小人书不同。一般认为，小人书是带插图的文字书，图画是文字的补充；绘本的图却不是文字的附庸，绘本以图为主，它是以简练生动的语言和精致优美的图画紧密搭配而成的儿童文学作品，每张图画都有丰富的内涵，图与图之间呈现出独特的叙事关系，表达绘本的整体意境，蕴含着丰富的知识、情感、人生哲理。好的绘本不只是在讲述一个故事，也有助于提升学生的观察力，丰富他们的想象力，升华他们的精神境界。

绘本相比于其他读物有以下几个显著的特点：

1. 鲜艳的色彩，鲜明的主题

低年级学生识字量少，面对长篇的文字，容易产生恐惧及排斥的心理，他们更喜欢色彩鲜艳的图画，通过欣赏一幅幅精美的图画去读懂故事内容。因此，当各种各样的小动物、花草树木被色彩鲜艳、活灵活现地展现出来演绎一个个生动的故事时，他们就会爱不释手。他们阅读色彩鲜艳、情节生动的图画书时，好像将自己置身于书中的情境，与主人公共同演绎着一个个有趣的故事。这样，学生的阅读兴趣就增强了，能比较积极主动地、轻轻松松地完成阅读，快快乐乐地走进文本。例如，曾获“最美的德国图书”奖的绘本《第五个》讲的是五个残缺不全的玩具的故事，它的画面单纯而精致，又富于变化：冷暖色调的变化烘托出玩具们害怕和高兴交织的心理，整齐又随意的线条暗示出它们等待中的心绪不宁等，从而吸引了低年级学生的阅读兴趣。

2. 简单的情节，想象的空间

绘本以图画为主，故事情节较简单。学生喜爱故事的天性是不会改变的，他们可以借助图画的表现力，尽情地在简单的文字中展开自己无穷的想象。例如《猜猜我有多爱你》这个绘本，讲了一只小兔子和一只大兔子的故事，小兔子像所有的孩子一样爱与人比较，它与大兔子在比赛谁的爱更多一些，从表面上看，大兔子用智慧赢得了比赛，可小兔子用它的天真和想象赢得了比大兔子多出一倍的爱。对此，学生们兴致盎然，读了以后，仍然意犹未尽，有的学生忍不住站起来说：“我爱你就像大海那么深/我爱你就像天空那么大/我爱你就像高山那么高！我爱你就像……”这样的阅读，不正是教师培养学生想象力时所追求的目标吗？那些习惯阅读图画故事书的小学生们不但想象力得到了培养，审美情趣也慢慢提升了。

3. 有趣的故事，深刻的内涵

低年级学生对长篇大论的灌输式的道理既不感兴趣，也存在接受困难。对于如何让学生深入浅出地明白人生道理，绘本提供了最佳的途径。因为绘本的作者往往能在简短的篇幅中展现一个完整的故事，这个故事既能让学生感到快乐有趣，又充满深刻的寓意。如《小鸡真开心》让小学生真切地感受到有朋友真好，《鲨鱼车》则告诉涉世未深的孩子们要友好地对待周围的每一个人，《白云枕头》告诉学生朋友间应该友好相处，《两个秘密》告诉学生邻里之间要互相关心和帮助……故事讲的是道德层面和价值观的问题，但表达却一点也不生硬。在阅读的过程中，教师不需要将主题提炼出来灌输给学生，而是让学生在阅读（听读）的过程中，自己慢慢地感悟。对低年级学生而言，每次阅读，都是一次心灵的“盛宴”。

通过绘本教学，可达到以下目的：

（1）通过绘本故事教学，激发学生的阅读兴趣

家长们通常认为阅读可以让孩子多识一些字，多增加一些知识，这样就能让孩子更好地适应文字阅读，更有利于孩子在学校里取得好的成绩。有这样的想法也无可厚非，但是在孩子小的时候，教师和家长首先要考虑的应该是怎样让孩子养成阅读兴趣和习惯，让孩子爱读书，快乐地读书。从人类的发展史上看，图画语言要早于文字语言，它比文字符号更加直观，表达的系统更符合儿童形象性思维的特点。幼儿的思维是一种具体形象性的思维，是一种表象的思维，而绘本以画为主，字少但画面丰富，以画传达故事情节，比一般的纯文本更能激发孩子的兴趣，也更符合儿童早期阅读的特点和习惯，更能让孩子感受到阅读的乐趣。在绘本中，儿童文学作家使用孩子可以解读的词汇、比较熟悉的语句结构，将主题巧妙涵盖进去，汇聚成结构完整、内容丰富的故事。借助丰富的图画能使孩子们在阅读文字时觉得更为简单。通过直观化的绘本内容，孩子吸收和转化着各种观点，无形中便培养出了精湛的语文阅读能力，并促使他们积极地向纯文字阅读过渡。

（2）通过精美富有内涵的画面，给孩子美的熏陶，提高他们的审美能力

目前，绘本中的图画多数都是世界上知名插画家的作品，他们运用各种手法营造故事情节，让孩子在阅读时既享受到文学也感受到美学。好的绘本不仅绘画精美，构图、色彩也能使阅读者在视觉上感到愉悦，而且每张图画都有丰富的内涵，图与图之间能呈现独特的叙事关系。在把孩子带入美好故事情节的过程中，阅读绘本也使孩子的情感受到陶冶，艺术审美能力不断发展，而这种能力的提升绝不是单单凭借文字阅读所能做到的。

（3）通过绘本故事激活孩子的想象，培养低年级学生的创造力

绘本可以为孩子提供丰富的体验机会。绘本故事横跨国界，穿越各种文化背景，透过文字与画面，孩子得以进入不同的世界，让创造力无限扩大。孩子还可以根据绘本的整体意境，对故事情节展开丰富的联想，使想象力无限扩大。家长或老师还可以利用绘本的优势，让孩子在零压力的情况下，带着好奇、兴奋的心情，融入绘本的故事情境，并通过有意义的提问和引导，

培养孩子的逻辑思考和预测推理能力，以及听说读写的语文能力。

（张廷娟）

九、“玩”数学

数学是什么？在不同人的眼里，可能有不同的答案。

数学是研究数量关系和空间形式的科学（《数学课程标准》）；

数学是基础；

数学是科学的语言、有效的工具；

数学是“思维的体操”；

数学有广泛的应用——数学是技术；

数学是文化；

数学是育人的载体。

央视著名主持人崔永元说过：对我来说，数学是疮疤，数学是泪痕，数学是老寒腿，数学是类风湿，数学是股骨头坏死，数学是心肌缺血，数学是中风……当数学是灾难时，它什么都是，就不是数学。

那么，如何才能让数学不是灾难呢，这就是我们数学老师要深刻思考的问题。

我所在的学校实行的是小班化教学。学校的教学理念是“享受个性教育”，让每个孩子得到最大限度的发展，实行大课堂教育观，把培养学生的各种能力放在首位。学校提出了“培养个性学生，成就特色教师”的学生和教师共成长的教育目标，鼓励教师搞科研，帮助教师形成自己的教学特色。从2011年开始，在各班班主任的带领下，学生开展了小课题研究，具体是由学生自己选定研究课题，经历提出问题——研究问题——整理研究过程——形成研究报告几个阶段，通过一年的指导，学生基本上掌握了研究小课题的方式和方法，有了一定的提出问题的能力，也积累了一些研究问题的方式和方法，为“玩”好数学提供了保障。“玩”数学就是转变学生的学习方式，变被动接受性学习为主动探究式学习，从课上“玩”到课下，从课本上“玩”到课本外，提高学生的学习兴趣，让学生能主动探究，在“做”中锻炼各种能力，在研究中培养创新意识。

在20多年的从教生涯中，我有15年耕耘在小学数学课堂的讲台上，一直以来，我特别重视对学生能力的培养，特别是2000年，作为第一批课改实验教师，走进新课标和新课程后，我建立了新的教材观，有了一定的课程意识，重视起了课堂上的再生资源，教学理念的改变带来了教学行为的改变。从2003年开始，我在班级里进行了写数学日记的实践，编数学童话，找生活中的数学，然后再用数学解决生活中的问题。此后，学生的应用意识和对数学的亲近感建立了起来，许多学生由此喜欢上了数学，这批学生现在已经进入高中学习，到现在还是很感慨在小学阶段学到的数学学习方法，这让他们感觉到了数学的乐趣，也让我积累了一定的研究经验。2009年，在区教研室领导的帮助下，我建立了自己的个性化教师工作室，研究的课题是“小学生数学思维能力的培养策略研究”。在研究过程中，我遇到了很多问题和困难，我发现，仅仅利用上课时间，能分给学生探究数学的时间太少了，教材上的内容也显得单薄了些。所以，在李老师第一次提出让我们开发第二课程的时候，我选取了“好玩的数学”这个主题，课程内容以奥数的内容为主，适当增加一些数学故事、数学小游戏，以增强趣味性。但到五年级再用这个就显得有些简单了，引不起学生的兴趣，也就达不到预期的目的，我的第二课程进入了“瓶颈”期。在认真研读《数学课程标准》(2011年版）时，十大核心词之一的“创新意识培养”给了我启发，上了三次课之后，我把我的做法、想法和李老师进行了沟通交流，在得到肯定和认可后，就有了“玩”数学的课程纲要。

我们现在用的是青岛版义务教育课程标准试验教材，青岛版教材的特点是给了教师非常大的发挥空间。但是青岛版教材和人教版的相比较，知识的体系性不强，并且缺少了人教版里面的数学广角部分。有些新知识更是在练习题中才出现，这样就给教师处理这部分知识增加了难度，如何把这部分知识处理好，用什么样的教学方式更能培养学生的各方面能力，是我一直在思考的问题。

我认为，作为一名小学数学教师，有责任和义务让数学课承载应该承载的教育使命，要努力结合学校和学生实际，结合自己的特点和特长开发多元的数学课程资源，形成具有自己特色的第二课程，让自己的数学课堂充满灵动，充满智慧，充满激情，为孩子们呈现一片绚丽的色彩。

“玩”数学的课程，是一种基于教材又不被教材束缚的课程。数学课中，如果真的想让学生先提出问题，再去研究问题，然后总结方法、交流，一节课的时间肯定不够用，而“玩”数学就是让学生从课上延伸到课下，从书本延伸到生活，从个体延伸到群体，以解决时间和空间不够的难题，让学生真正地在做数学，在研究数学，在“玩”中学数学。其教学目标须以积极的情感目标和一定的技能目标为基础，让基本的认知目标产生质的飞跃，从认知到发现，从发现到研究，从研究得出进一步的认识，进而促进更积极的学习情绪的产生。以这种研究性的思想为教学目标，是具有弹性的，是变通的，是各异的，也是多层次的，这样可以使不同层次的学生通过研究性学习得到不同的发展。所以，开展“玩”数学学习时，学生可以根据自己的兴趣和学习能力来确定自己的研究目标。

由此，我确定了自己课程开发的总目标：

1. 体会数学的美、趣、活，真实地感受到数学的魅力，体会到数学在实际生活中的作用，从而激发学生学习数学的兴趣，让不喜欢数学的孩子喜欢数学，不再惧怕数学，不再觉得数学枯燥无趣，让喜欢数学的孩子更喜欢数学，觉得数学好玩，自觉地探索数学的奥妙。

2. 培养学生处理信息的能力，即发现问题、提出问题、作出解决问题的设想、尝试解答、检验结论、交流思想的能力。

3. 让学生通过亲身参与探索的实践活动，获得积极的情感体验，逐步形成在日常学习与生活中喜欢质疑、乐于探究、努力求知的心理倾向。

4. 发展学生独立探究与合作的精神，让他们学会通过同伴之间的积极的相互影响来提高学习的有效性，培养学习合作意识和人际交往能力，充分发挥学生数学学习的自主性、主动性和创造性，促进学生主体性的发展。

分阶段目标：

低年级的学生应能够做到质疑问难、能用较为简单的数学语言描述自己的思考过程和发现，并能够对数学产生学习兴趣。

中年级学生应能够做到大胆猜测、质疑问难，能用较为严谨的数学语言描述自己的思考过程，能运用所掌握的分析问题的方法解决问题，能够对数学产生浓厚的兴趣。

高年级学生应能够做到大胆质疑，能用比较流畅的数学语言描述自己的思考过程，能和同伴分享自己的独特见解，能做到学以致用，而且，对数学的兴趣比较浓厚。

（辛秀红）

第六章

铺陈课程“内容标准”

有了目标，教师就开始了对课程内容的建构，这一过程，不仅仅是教师自我解读目标能力的体现，也是教师选择、处理信息水平的体现。此外，对课程内容的铺陈在一定程度上体现着教师第二课程在实施中的有效性。内容不仅是教材，也是基本的规划，最终在实践中逐步总结形成，不是一蹴而就的。

一、希望之桥：小学新入职教师培训

有了目标，我们将新教师培训内容分为五大板块：

（一）师德师风水平（12课时）

1. 法律法规类。（集中学习1课时，自学9课时，完成4000字学习笔记）

《中华人民共和国义务教育法》《中华人民共和国教育法》《中华人民共和国教师法》《中共中央关于加强未成年人思想道德建设的若干意见》。

2. 师德师风类。（集中学习2课时，完成2000字学习笔记）

《教师职业道德规范》《潍坊市教师“十不”行为规范》《奎文区圣荣小学教师“十要”“十不准”》《奎文区圣荣小学教师职业道德考评办法》《奎文区圣荣小学师德建设承诺书》。

（二）学校文化（4课时）

学校的教学理念、校史、校情、校风、三年发展规划、各项规章制度。

（三）教育教学理论与技能（19 课时）

1. 教育教学理论（4 课时）

学科新课程标准、新课程理念与策略、教师专业发展、《奎文区中小学教师教学规范》。

2. 教育教学技能（15 课时）

（1）教学基本功——钢笔字、粉笔字。（讲授 2 课时，平时每周训练）

（2）信息技术——课件制作、文档修饰、表格设计等。（3 课时）

（3）教学计划的制订、总结的撰写。（1 课时）

（4）备课。（2 课时）

①撰写教案的要求与方法；

②怎样制订单元教学目标与课时备课目标？

③怎样把握教学重难点？

④怎样设计教学环节？

⑤怎样设计课堂提问？

（5）上课（4 课时）

①怎样在课堂教学中集中学生的注意力？

②怎样在课堂中运用奖惩措施？

③怎样管理课堂纪律？

④怎样回答学生的问题？

⑤怎样布置课堂练习？

⑥怎样在课堂教学中控制自己的情绪？

⑦怎样组织学生进行小组讨论？

⑧怎样应对教学中突然生成的内容？

（6）作业与试卷（1 课时）

①怎样设计、布置、批改和讲评作业？

②怎样设计、批改、讲评、分析试卷？

（7）听评课（1 课时）

①怎样实现有效听课？

②怎样正确评课？

(8) 辅导学生（1课时）

①怎样指导学生预习和复习？

②怎样制订学生辅导计划？

③怎样辅导待优生？

（四）管理经验（13课时）

1. 教师的语言艺术。（1课时）

2. 师生交流沟通技能。（1课时）

3. 与家长沟通的技能。（1课时）

4. 班主任工作经验。（6课时）

①班主任工作的政策法规。

②班级管理的有效策略。

③怎样召开主题班队会课？

④怎样上主题教育课？

⑤《小学生日常行为规范》《奎文区小学生学习常规》。

⑥怎样帮助学生养成良好的学习与行为习惯？

⑦怎样做好学生安全教育？

⑧如何组织召开家长会（备课、开会、会后反思）？

（五）教育科研能力（6课时）

1. 怎样撰写教学案例？（1课时）

2. 怎样进行教学反思？（1课时）

3. 怎样撰写教学随笔？（1课时）

4. 怎样撰写教学论文？（1课时）

5. 怎样进行课题研究？（2课时）

（李蕾）

二、打开思辨的空间

结合语文学科及班主任工作的特点，我对学生思辨能力的培养主要依托学科教学活动及班级管理活动进行。就内容特点，活动分为：表达与思维训练类、质疑求证类、实践活动类、班级管理类。在教学实践中，“表达与思维训练类”着重以写作的方式进行议论文写作训练、进行对传统文化的继承与批判、撰写演讲稿。“质疑求证类”主要从思辨“求真”的角度引导学生思考现实问题，并以科学求证的态度进行质疑与实证，可以培养学生的科学思辨意识，使学生形成良好的思辨态度与习惯。这类活动多通过消除具有定式思维的课堂教学活动进行。“实践活动类”把思辨与实践相结合，既不脱离实际，又能提升思维能力，意在通过实践活动提升学生解决现实问题的能力。“班级管理类”意在通过参与班级管理培养学生发现问题及解决问题的能力，并激发学生解决问题的积极性与主动性。

结合以上对思辨能力的理解和个人教学的经验范围，教学中我们主要依托初中语文课堂教学及相关活动进行。

1. 表达与思维训练类

写作中的思维训练与实践。思辨能力是中学生综合素质的重要组成部分，也是心理素质的重要组成部分。《语文课程标准》明确指出要发展学生的思辨能力和批判能力，要求中学生对自然、社会和人生具有较深刻的思考和认识，养成独立思考、质疑探究的习惯，具备理性观察和分析事物的能力，具有良好的思维品质。思辨能力是写作的需要，更是终身学习的需要。进入信息时代，中学生的思辨能力在逐渐退化。一方面，由于网络的发展，信息铺天盖地而来，中学生忙于接受信息，看得多，想得少，这种少思多看的方式，使中学生的思维出现浅表性、机械性、浮躁性等特征，分析和说理的能力逐渐削弱；另一方面，图像与符号因直观、浅白、快捷、省时而泛滥，甚至有充当正文的趋势，语言文字在逐渐被简化。而与理性和反思联系在一起的高度抽象的语言文字，由于被压缩、简化而使得中学生的思辨能力在逐渐退化。笔者认为，作文教学与中学生思辨能力之间具有辩证关系。作为一种书面展示学生综合素质的作文，其所包含或显示出来的思辨成分又与这种能力的高下成正比，因为思辨始终是作文过程中不可或缺的一种要素。因此，通过作文教学可以培养中学生的思辨能力；而中学生思辨能力的提高，又可以提升作文教学训练的效率。从写作的心理过程来看，作文教学的首要环节是学会思维，其次才是学会表达。从表层看，作文是对语言的书面编排，是“写文字”；从深层看，则是思维的文字化，是“写思维”。因此要大力培养中学生的思维能力，从横向、纵向、聚合、发散、跳跃、逆向、空间思维等方面进行训练，使中学生的思维品质具有广阔性、批判性、深刻性、灵敏性、敏捷性和独创性，使其能掌握分析、综合、抽象、概括、比较、归类、系统化、具体化、归纳、演绎等各种思维方法。基于以上分析，笔者在作文教学与中学生思辨能力的培养方面进行了实践，通过作文教学培养中学生的原点思维、发散思维、逆向思维、纵向思维、横向思维、辩证思维、分析和说理能力、推理能力以及逻辑思维等思维能力。

以写作教学的方式审视传统文化，实现对传统文化的批判继承。民族文化是一个民族发展过程中的积淀，也是一个民族进一步发展的基础。随着社会的发展、时代的进步，对传统文化的传承成了教育必须面对的问题。我国传统文化的灵魂是圣人之言，缺少科学探究，在科技发达、追求创新的今天，引导学生辩证地看待、批判地吸收传统文化，是教育的责任。语文教材中的古文是传统文化的载体，教师要结合教学进程，引导学生对古文中的人物进行评价，对其中的人生观、价值观等进行辩证的分析，促进学生个性的成长与创造潜能的发挥。

以演讲稿的方式展示并分享思辨成果。演讲是我校教育的一大特色，演讲活动的价值不仅体现在学生自我价值的实现，也体现在演讲酝酿阶段的构思与写作。演讲稿的写作过程本身就是提出问题、分析问题并解决问题的过程，是一个具有逻辑的思维过程。结合学校的演讲活动，指导学生选择演讲主题、撰写演讲稿，既可以锻炼学生的逻辑思辨能力，又可以促使学生整合各种因素理解现实问题，把握关键问题，使理论与实践联系起来，可以避免学生脱离书本机械、僵化地学习。

2. 质疑求证类

思辨时的基本态度应该是科学地求真，而不是死板生硬地接受。教师结合教学内容引导学生思考现实问题，并以科学求证的态度进行质疑与实证，可以培养学生的科学思辨意识，促进学生形成良好的思辨态度与习惯。这类活动多通过消除课堂教学活动的定式思维进行。

思辨的障碍性因素中难以觉察的常常是定式思维。定式思维妨碍人们变换角度思考，使思路流于呆板、单一，影响了思维的广阔性和灵活性。中学生的思维定式主要有这些特点：一是先入为主，习惯于凭以往的认识去对所学内容定性，将其纳入固定的模式去思考，结果导致认识水平没有提高。二是遵循他人思维，用一般人的标准对事物作简单的判断，思维缺乏广度和深度。三是受传统观念束缚，不善于对具体问题作具体分析，不善于开拓新思路。在课堂教学中，我注意采取以下方式努力破除学生的思维定式。

培养学生敢于挑战权威的精神。一些观念之所以在学生心目中根深蒂固，是因为这些观念来自于权威或是老师讲的。教师要引导学生树立既要尊重权威又要敢于挑战权威的意识，鼓励学生发表不同的意见，宽容学生错误的看法，教学中注意给孩子思考的时间，尤其注重运用对比的方式促进学生理智思考。比如，随着社会的发展，对“孝”的某些传统理解已经不符合社会发展的要求，一味顺从、过度依赖父母实际上是不好的，教师在教学中应注意引导学生理智地面对现实问题。

鼓励学生敢于否定常规。虽然常规是被大多数人所实行，且很多都为我们提供了行动指南，然而，只要我们对一些习以为常的问题重新进行审视，注重对事物作客观而全面的考察，就会发现当中不少认识往往是片面的。在教学中，我经常用一些学生比较熟悉而又认可的观点来诱导他们。比如，“眼见为实，耳听为虚”，这是大家都公认的道理。我顺势诱导：“难道眼见的就一定是真的吗？耳听的就一定是虚的吗？”结果学生认真思考之后，举出了许多相反的事例。通过对常规否定的方式，使学生不拘泥于一般人的见解和认识，运用感性认识和理性认识的辩证关系去分析所面临的问题，就能得到新的结论。

培养学生换位思考的习惯。拿破仑说过：“同样半杯水，积极的人会高兴地说‘还有半杯水呢’，消极的人会抱怨‘怎么就剩半杯水了’。”换个角度去看问题，会给学生带来不同的思维训练。例如，教《出师表》一文，我从另一个角度引导学生：“如果诸葛亮不保刘备呢……”于是大家都跃跃欲试，许多学生从不同的角度发表自己的看法。一个学生说：“诸葛亮用人不当，用兵不慎，徇情枉法，执法不明，不算一个伟大的政治家、军事家……”另一个学生也提出自己的看法：“如果诸葛亮不保刘备，而保曹操，那么三国早就统一了……我认为诸葛亮还不如一般凡夫俗子……”在这样的氛围中，学生思维的积极性被大大调动起来，虽然有的说法失之偏颇，但他们不迷信人言，并能持之有据、言之成理，实属难能可贵。

在课堂教学中，设置可以启发学生思维的问题，注意从不同的角度提问，引导学生从多角度思考等，都可以帮助学生破除思维定式，打开思维的空间，养成良好的思维习惯。

3. 实践活动类

思辨的过程也应该是发现问题并解决问题的过程。就语文学科而言，学生的思辨能力主要呈现在阅读与写作两部分中，但由于考试的积弊，使阅读教学的考查流于文体模式化，学生的思维已经被文体阅读框住了；写作的本质应为解决问题，可是在考试作文的指引下，对应于解决问题的写作教学很大程度上蜕变为沽取分数的“假大空”套题写作，内容情感已经失真，思辨逻辑更不复存在。因此，在教学实践中，我设活动类一项，不限于课堂，不用于考试，一般通过为期一周至一月的实践活动进行。这类活动既可促使学生在实践中养成求真务实的习惯，培养学生的科学探究意识，也可以使学生面对现实问题进行分析、调整，提高解决现实问题的能力。把思辨与实践相结合，既不脱离实际，又可以提升思维能力，因此设置合适的实践活动是理想的方式。

（1）探究家族史，在思辨中学习

反省，可以不断进步。对家族成员成长的反省，可以发现很多信息。学习的方式有很多，而通过家族成员的成长史获得某些信息，不仅可以找到学生成长中的榜样，更可促使学生思考家族成员成长中存在的不足，使学生抽身而出，做一个清醒的旁观者。教学中，教师可借鉴美国的家庭作业：通过采访家族成员，调查研究父系与母系家族成员的成长状况，如求学、工作、性格、兴趣爱好、奋斗目标、生活条件等方面，结合自己的认识，写出一份研究报告。活动之前，教师应对研究报告的格式作统一介绍与要求。

（2）泛读名著，进行阅读专题交流

古今中外的名著是文化精华，教学中引入名著阅读环节，可以使学生在阅读中拓展视野，提高人文素养和思辨能力，活跃思维。学生对宋濂、朱熹、巴尔扎克、列夫·托尔斯泰等一些中外著名文学家都不了解，因而要引导学生阅读中外名著，对作品进行个性化的解读。比如，“你如何看待《名人传》中米开朗琪罗的生活方式？你如何理解贝多芬在贵族官员面前的傲慢行为？你如何理解列夫·托尔斯泰对农场主贵族的背叛？”通过这种专题性讨论，有意识地拓展学生的视野，增加他们的知识储备，提升他们的思维能力，从而为思辨能力培养打下厚实的基础。另外，对于网上的热点著作，不妨也推荐学生去阅读思考。网上的文学作品包罗万象，其中也不乏佳作，也有一些代表了某些文艺思潮，让学生广泛阅读，对提高他们的思辨能力会有好处。新浪网曾经出现了一本名叫《明朝那些事儿》的书，点击率超百万，当时在教室里刮起了一股“明”风，学生们引经据典，翻阅资料，来论证自己的观点和看法，这些无形中提升了学生的能力。

（3）在辩论中提升

思辨能力不等同于辩论能力，但辩论活动却可以促进学生思维的发展。敏锐地发现、迅速地总结、适时地征引、清晰地表达，这些都可以在辩论中得到锻炼。思维能力的提升是辩论的内在成果，同时，它还可以提高参与者的口才与表现力，使参与者更为自信。比如，围绕前期教学与实践活动选取辩论话题，配合学校的演讲课，结合名著阅读、家族史探究、古文评鉴等活动，在学生充分准备的基础上，选择学生感兴趣的话题，组织辩论活动。通过辩论活动，不仅可以提高学生的辩论素养，还可以使前期教学得到拓展与推进。

4. 班级活动类

解决问题固然重要，但是在一定程度上发现问题更重要，因此思辨能力很重要，能积极主动地思考现实生活，发现问题并解决问题更重要。为了最大限度地调动学生发现并解决问题的积极性和主动性，我开设“班级管理类”活动，力图提高学生积极管理及调整生活的能力。教学活动主要依托班级建设活动进行。

（1）班干部竞选

竞选班干部需要学生对自己的能力与威信有客观与全面的认识，需要对竞选岗位的需要有清楚的了解，需要通过有效的演讲说服同学和老师。这个思考、评价、权衡、说服的过程就是一个思辨的过程，所以教师要把住班干部竞选的思辨能力培养环节，从客观地评价自己、选择合适的职位、撰写演讲稿，到登台演讲，到处都是培养学生思辨能力的良机。

（2）班级我来管

班级成长是一个不断出现问题、解决问题的过程，是一个不断调整的过程，及时发现问题并调整可以促进班集体的健康发展。教学中开展“班级我来管”活动，引导学生关注班级生活，从有益班级发展的角度，发现问题并创造性地提出解决问题的办法，按“指出问题——进行分析——提出解决办法”的思路，以书面的形式在全班交流，既培养了学生积极主动地解决问题的能力，又培养了学生的主人翁意识。

（3）我是一面镜子

孔子主张“择善而从”“见贤思齐”，班级成员的成长也得益于相互借鉴与不断完善。我在教学中开展“我是一面镜子”的坦诚评价活动，以“坦诚评价——交流感言——借鉴调整”的方式，让班级成员进行开诚布公的交流与评价，既利于学生个人的成长，培养其客观分析能力，又可以使学生开阔心胸，营造坦诚融洽的班级氛围。

（李德花）

三、初中历史影视欣赏

结合初中历史影视欣赏的课程目标，我们将本课程的主要内容分析如下：

学段	课程系列	影视资源	类别	课程开设目的
七年级	历史纵横	《中华文明五千年》15 集	文献纪实类	用于单元模块学习前进行感性认知，或者用于学习后的学科拓展。
		《中国十大王朝》		
		《河之南》10 集		
		《世界遗产之中国档案》30 集……		
	史家论坛	百家讲坛：《夏商周断代工程》（彭林）	专题讲座	了解史学动态，建立正确史观，培养历史思维的延展性。
		百家讲坛：《司马迁》（李敬一）		
		百家讲坛：《汉武盛世的历史透视》（孙家洲）		
		百家讲坛：《易中天品三国》（易中天）		
		百家讲坛：《玄奘西游记》（钱文忠）		
		百家讲坛：《武则天》（蒙曼）		
		百家讲坛：《正确看待康雍乾之世》（周思源）……		
	千古名人	《秦始皇》	电视剧	截取与教材重难点相关的片段，通过了解历史上著名人物的成就，学会正确评价历史人物；辨别影视作品与史实的联系与区别。
		《汉武大帝》		
		《贞观长歌》		
		《唐明皇》		
		《成吉思汗》		
		《传奇皇帝朱元璋》		
		《郑和下西洋》		
		《康熙王朝》		
		《雍正王朝》……		

续表

学段	课程系列	影视资源	类别	课程开设目的
八年级	历史纵横	《复兴之路》	纪录片	用于单元模块学习前进行感性认知，或者用于学习后的学科拓展。对阶段历史宏观感知。
		《中国国内革命战争》		
		《抗日战争》		
		《解放战争》		
		《新中国风云岁月》……		
	复兴之路	《鸦片战争》	电影	详细关注历史发展进程的重大事件，了解中华民族复兴进程，感悟近现代中国人民为救亡图存和实现中华民族的伟大复兴而进行的英勇奋斗和艰苦探索，初步形成对国家、民族的认同感，增强历史责任感。
		《火烧圆明园》		
		《太平天国》	电视剧	
		《甲午风云》	电影	
		《我的 1919》	电影	
		《开天辟地》	电影	
		《长征》	纪录片	
		《西安事变》	电影	
		《南京大屠杀》	纪录片	
		《东京审判》		
		《大决战》	电影	
		《开国大典》		
		《英雄儿女》		
		《辉煌 60 年》……	纪录片	
	伟人风格	《孙中山》	纪录片	感受伟人魅力，树立人生榜样，培养历史责任感。
		《毛泽东》		
		《周恩来外交风云录》		
		《邓小平》……		

续表

学段	课程系列	影视资源	类别	课程开设目的
九年级	历史纵横	《世界历史》100 集纪录片	纪录片	伴随学习进程，加强中外横向和纵向对比，注重人类历史不同领域发展的关联性，注重历史与现实的联系，使学生逐步学会综合运用所学知识和方法对历史和社会进行全面的认识。
		《大国崛起》……		
	经典战例	《虎虎虎》	电影	
		《斯大林格勒保卫战》		
		《辛德勒名单》		
		《中途岛之战》		
		《诺曼底登陆》……		

（谭伟）

四、小学生生活英语

生活英语课程内容分为四个版块，分别为：寻找生活中的英语、整理生活中的英语、展示生活中的英语、应用生活中的英语。

（一）寻找生活中的英语（课外进行，一个月）

活动场所：校园、商场、车站、办公室、马路边等。

活动方式：采取相机拍摄、笔头记录的方式，或者利用网络信息资源、上网查资料等方式，去发现、收集、摘抄生活中的英文商标、中英文广告、标牌……发现生活中的英语，收集生活中的英语信息。

教师指导：指导学生收集的方法，适当给孩子相应的活动专题。

实践活动：

（1）校园中的英语：学生学会在学校各个角落去寻找带有英语翻译的路标、贴在墙上的英语谚语以及每个办公室门口的英文名称等。

（2）生活中的字母：学完字母后给学生布置“生活中的字母”这一主题活动，让学生通过各种方式去完成。如找出 UFO（飞碟）、SOS（求救信号）、ABC（台湾童装）、CCTV（中央电视台）、MADE IN CHINA（中国制造)、YAHOO（雅虎)、Crest（佳洁士牙膏）等，在收集英语信息的同时，锻炼学生发现生活点滴的能力。

（二）整理生活中的英语（10课时）

一是解惑释疑（3课时)。学生以小组为单位，把拍摄到的图片、记录下来的信息、收集到的资料摆到桌面上，大家互相讨论，通过查字典、问老师、查询网络等方式搞清楚准确的英语表达，解决词义、句意。

二是整理分类（7课时)。整理生活资源是从另一个角度利用课程生活资源的一种积极尝试，学生整理的过程也是显示成果的活动。让学生把收集到的资料分门别类，进行整理，再加工，把相关生活主题收集起来，最终形成一个图文并茂的课外小册子——《小学生生活英语》。

（1）商标。(0.5课时)

（2）常见卡通形象。(0.5课时)

（3）衣帽。(0.5课时)

（4）电脑和家用电器。(0.5课时)

（5）运动及体育器材。(0.5课时)

（6）动物。(0.5课时)

（7）家用物品。(0.5课时)

（8）生活中的银行。(0.5课时)

（9）世界国家及国旗。(0.5课时)

（10）蔬菜名称。(0.5课时)

（11）水果。(0.5课时)

（12）文化用品。(0.5课时)

（13）饮料和食品。(0.5课时)

（14）文具。(0.5课时)

（三）展示生活中的英语

展示形式：调查报告、书面报告、编英语手抄报、生活英语集锦等。

在学生经历了生活英语的收集和整理阶段后，教师要布置展示性的作业，充分利用学生整理出来的东西，引导学生关注生活，尊重学生的生活经历和独特体验的同时，以教材为依托，由师生共同整合生活资源，寻找教材的语言内容与学生的生活世界的结合点来进行语言训练，拓展训练渠道。

（四）应用生活中的英语

应用是生活英语学习的最终目的。

（1）美化自己的教室

在班级的门口和公共场所贴上有关英语的标语，在教室内相应的地方贴上相应的英语单词，在每月一期的黑板报上加上生活英语的内容，在墙壁上设计一份英文版的课程表，在黑板上开辟一块英语天气预报角，不时地让学生编写英语小报、制作节日贺卡等，把这些贴在教室的墙壁上，让学生们自己去评比、相互学习、共同进步！

（2）进行英语实践活动

采访：了解学生喜爱的食物和饮料的品种，设计一份采访记录表，要求学生用英语记录被采访对象的姓名及食物的名称，要求每人至少采访 4 位同学，第二天小组交流，并在全班进行汇报。

调查：调查市场上商品的价格，并用英语填写商品名称和价格。

表演：自编自演对话、小品、课本剧、短剧、音乐剧等。

“我给父母当老师”：把自己学到的生活英语教给爸爸妈妈。

生活英语对抗赛：英语广告荟萃、英语短剧表演大赛、英语歌曲比赛、朗读比赛等。

（庄明华）

五、小学课本剧

根据小学生特点，将课本剧分为童话类和经典剧目类。童话类课本剧主要适合于小学一二年级，经典剧目类课本剧适合于小学中高年级。具体内容如下：

（一）童话类课本剧（16 篇）

1.《剧本小常识》。目标：让学生了解剧本。

2.《爱种树的小松鼠》。目标：读懂剧本；正确把握人物特点；尝试表演。

3.《森林比美大会》。目标：读懂剧本；把握人物特点；通过语气表现人物特点。

4.《小狐狸生病了》。目标：读懂剧本；记住台词；通过语气表现人物特点。

5.《雪孩子》。目标：读懂剧本；记住台词；通过神态表现人物特点。

6.《勇敢的小刺猬》。目标：正确把握人物特点；通过神态表现人物特点。

7.《变成婴儿的老婆婆》。目标：正确把握人物特点；通过神态表现人物特点

8.《妈妈生病了》。目标：正确把握人物特点；通过动作表现人物特点。

9.《小猴修桥》。目标：尝试合作；揣摩人物特点并尝试表演。

10.《智斗大鳄鱼》。目标：尝试合作；揣摩人物特点并尝试表演。

11.《爱吃胡萝卜的小狗》。目标：尝试合作；揣摩人物特点并尝试表演。

12.《狼和狐狸》。目标：自读剧本，合作交流，互相评价。

13.《没有目标的兔先生》。目标：自读剧本，合作交流，互相评价。

14.《小兔乖乖》。目标：自读剧本，合作交流，互相评价。

15.《丑小鸭》。目标：自读剧本，合作交流，教师评价。

16.《剧本创作》。目标：剧本创作体现剧本特点。

（二）经典类课本剧（16 篇）

1.《大禹治水》。目标：了解剧情；把握角色特点。

2.《沉香救母》。目标：了解剧情；把握角色特点。

3.《曾子杀猪》。目标：了解剧情；把握角色特点。

4.《滥竽充数》。目标：个人研读；合作交流人物特点；尝试演出。

5.《揠苗助长》。目标：个人研读；合作交流人物特点；尝试演出。

6.《将相和》。目标：组内研读；通过语言、语气、神态表现人物特点。

7.《鸿门宴》。目标：组内研读；通过语言、语气、神态表现人物特点。

8.《三顾茅庐》。目标：组内研读；通过语言、语气、神态表现人物

特点。

9.《舌战群儒》。目标：通过语言、神态、动作表现人物特点，学生评价。

10.《草船借箭》。目标：通过语言、神态、动作表现人物特点，学生评价。

11.《空城计》。目标：通过语言、神态、动作表现人物特点，学生评价。

12.《三打白骨精》。目标：汇报演出，师生评价。

13.《智取生辰纲》。目标：汇报演出，师生评价。

14.《刘姥姥二进大观园》。目标：汇报演出，师生评价。

15.《剧本创作（一）》。目标：体现场景内容；体现剧本特点。

16.《剧本创作（二）》。目标：体现场景内容；体现剧本特点。

（王安存）

六、小学心理健康教育

教育部《中小学心理健康教育指导纲要》明确规定，心理健康教育的主要内容包括“普及心理健康基本知识，树立心理健康意识，了解简单的心理调节方法，认识心理异常现象，以及初步掌握心理保健常识，其重点是学会学习、人际交往、升学择业以及生活和社会适应等方面的常识”。其中，专门针对小学中、高年级的主要包括：帮助学生在学习生活中品尝解决困难的快乐，调整学习心态，提高学习兴趣与自信心，正确对待自己的学习成绩，克服厌学心理，体验学习成功的乐趣，培养面临毕业升学的进取态度，培养集体意识，在班级活动中，善于与更多的同学交往，形成开朗、合群、乐学、自立的健康人格，培养自主、自动参与活动的能力。

遵循以上要求，本课程纲要以学生成长过程中遇到的各种问题和需要为主线，共设计了15项内容。

1. 生命，我们只拥有一次

青少年教育专家孙云晓认为：“尊重生命是一切教育的出发点，生命教育的核心是尊重生命。”我们无法预测每个人的一生会经历些什么，我唯愿我的学生拥有一颗坚强的心灵，知道任何时候他的生命都不仅仅只属于他自己。

2. 我的权利与我的义务

让他们从小知道权利与义务的关系，天下没有只享受权利不尽义务的好事，不尽义务不能享受权利。

3. 勇于担当

车尔尼雪夫斯基说："生命和崇高的责任联系在一起。"勇于担当并不是非要做轰轰轰烈烈的大事，随手捡起一片纸屑，信守一个诺言，认认真真干好自己的值日……这都是勇于担当的表现。从小处着手，从眼前小事做起，是我对他们的要求。

4. 做我能做的

遵循他们的生长规律，不勉强他们做不能胜任的事情，让他们明白，有些事做不好不是他们的错。

孩子的自信心多半是由做事成功建立起来的，强迫他们做力所不能及的事情，只会打击他们的自信心。成就感之于孩子，意义远不止是得到家长的肯定或老师的奖励，而是成功的快乐没有任何障碍地到达孩子的内心深处，指导他（她）的行动，并留在那里，促使孩子形成健康的心态。

5. 狼来了，我们怎么办

鼓励他们培养"直面困难，不逃避"的勇气，教会他们在困难面前分析问题、解决问题的方法和意识。

6. 自立，走向成功的第一步

易卜生曾经说过："世界上最坚强的人就是独立的人。"自立的个人才会有所作为，自立的国家才会不受欺负。陶行知也说："滴自己的汗，吃自己的饭，靠人、靠天、靠祖上，不算好汉。"总有一天，孩子们都要长大，必须懂得：这一生许多事情都要自己解决，自己去面对。不懂得自立，就无法立于社会。

7. 团结就是力量

"一根筷子容易折，一把筷子难折断。"一个优秀的集体，必须要具备这样几个优点：成绩优秀、心理健康、勤学好问、活泼向上、团结友善。彼此互相帮助，共享微笑与泪水，每个人都用真诚去面对集体的每一员，让集体里的每一个人都感觉到温暖，这样才是一个团结的集体！

8. 我们为什么要合作

合作就是个人与个人、群体与群体之间为达到共同目的彼此相互配合的一种联合行动、方式。所以，“独脚难行，孤掌难鸣”，“单个的人是软弱无力的，就像漂流的鲁滨孙一样，只有同别人在一起，他才能完成许多事业”（叔本华）。

9. 学习兴趣从哪里来

从人的本性来讲，人类天生就喜欢学习。因为喜欢学习，所以才能在这个世界上得以生存。学习兴趣从哪里来？从自身对学习过程当中得到的成功体验里来！

10. 学习会感受到快乐吗

人们以为所谓的快乐就像是在花丛间散步似的，但实际上，快乐就是对你自己是谁感到满意。

11. 成绩是学生的唯一追求吗

读好书不是件容易的事情，考试失败是件很正常的事情，只要学会从考试失败中反思、总结自己的教训，学会在平日的学习中求助于同学、老师（要知道谁都有不懂的东西，这不是什么丢脸的事情），成功会属于你的。只要有自己的目标，然后尽一切努力去实现它，不要让失败左右自己，分数真的不那么重要。

12. 你能做自己情绪的主人吗

如果悉心地观察自己，就会发现每个人每天都在与情绪打交道。无论哪种情绪，我们都应该允许和接受它的存在，正视它的存在。只有当我们认清自己的情绪时，才能对自己的情绪负责并有机会掌控它，而不会被情绪所左右。当我们找到了适合自己且能有效表达情绪的方式，就能够真正成为情绪的主人。

13. 坚持，再坚持一下

拿破仑说过：“胜利往往源于最后5分钟的坚持。”毛泽东也说过：“最后的胜利往往取决于再咬牙坚持一下的努力。”成功就是在坚持不住的时候，再坚持那么一下下。当你的作业还差那么一点点就做完的时候，当你的课文再读几遍就背过的时候……再坚持一下下。

14. 满足现状，可以吗

管理学家在课堂上说：“我们来做个实验。”他拿出一个大广口瓶，然后把一对拳头大的石头放进去，问：“瓶子满了么？”学生齐答：“满了！”专家又拿来小石子，一颗一颗塞进瓶内。摇动后，石子一个一个挤进大石头的空隙处。专家再问："瓶子满了么?"学生们犹豫了。专家又拿来沙子，倒进瓶中，沙粒流布到石缝里。他再问："满了么?"全体学生响亮地回答："没有!""很好。"这时，专家拿来一灌水倒进瓶内，直到溢满瓶口……只要努力，我们总是有很大的提升空间。

15. 我们将带着什么踏入初中的大门

当心理健康课上到这儿的时候，他们已隐隐看到了初中的门楣。一个新的学习阶段即将展开，那么，他们将从小学的学习中带走什么？一个乐观、坚强的心态，一个上课认真听讲的良好习惯，一笔工工整整的好字……

（殷芝华）

第七章

重在课程“实施与评价”设计

课程的实施与评价在教师第二课程结构中占据着一个主体性的位置，这是课程与学生相互结合的环节，是课程的实践意义得到体现的环节。实施是课程的价值体现，评价则是对课程价值的重新审视，也意味着一个新的建设过程的开始。

一、小学英语趣味活动课

小学英语趣味活动形式很多，但我们应该选用那些适合于学生年龄特点和知识水平，生动活泼、简单明了，能寓教于乐、寓学于乐的活动形式。

（一）活动形式

下面列举在实施过程中可形成的几个活动形式：

1. 英语朗读比赛：我们以课本所学课文为内容，要求学生按一定的语音语调规则去朗读，参加人数不限，可自愿报名，可以组织学生评委进行评分。这种活动对培养和提高学生的语音能力、阅读能力大有益处。

2. 英语书法比赛：低年级可进行英文字母书写比赛，高年级可进行语篇书法比赛。活动先以班级为单位，人人参加，从中筛选出较好的一些参加年级比赛。比赛时，必须统一书写内容、书写格式以及其他要求。

3. 英语角：英语教师可以根据不同年级学生的特点，利用下午上课前30分钟的时间，轮流组织学生英语角活动。每一次的topic内容都必须与现实生活紧密相关。低年级的学生由于所学英语词汇量和短语句子较少，交流有一定的难度，可以让他们在英语角大声朗读或背诵课文中学到的小诗、tongue twister和chant以培养学生的语感。随着语言知识的增长，topic的内容便可围绕课本知识展开，拓展其内容，增加语言交流的词汇量。例如，学了 *family*，内容可定为“Talk about your family with your partner”；学过 *school life* 后，便可将“谈论中国和英国学校生活的不同”作为交流的话题。这些内容既拓展了课本知识，又来源于生活，有效提高了学生的口语表达水平和交际能力。

4. 英语兴趣小组：各年级每星期开展一次英语兴趣小组活动，教师可组织学生唱歌、会话、表演、朗诵、游戏等，小组人数由小组的活动特点及学生自愿的原则来确定。小组活动时教师及时给予巡回指导，以便对小组情况进行检查，或帮助他们解决困难，提出具体指导意见。

5. 校园英语节活动：每年圣诞节将学生在平时活动课中精心准备的英语歌曲联唱、英语诗歌朗诵、英语课本剧表演等节目以一台晚会表演的形式呈现出来，通过评委打分评出最佳节目并给予奖励。这样的活动能全面提高学生的英语表达、团队合作、表演技巧及审美能力等综合素质。

6. 其他活动形式：英文歌曲比赛、英语故事会、英语游园会、英文小报制作比赛、英语智力竞赛等。这些也是英语趣味活动课重要的展现形式。

（二）实施原则

英语趣味活动课不是课堂教学的延续，它的主要特点是融娱乐性、趣味性和知识性为一体。因此，切忌将活动课搞成变相的英语辅导班、补习班或提高班。为使英语活动课程能持久地开展起来并获得良好的效果，需注意以下几点：

1. 对活动课程的内容、形式、时间、人员等要做到有计划，充分做好活动的准备工作，防止随意性和盲目性。

2. 要选择适合学生年龄特征和学习水平的活动内容与形式。教师应善于变换活动内容和方式，增强活动的趣味性和实践性，不应把活动设计得过于复杂，只满足个别优秀学生的喜好而把绝大部分学生“拒之门外”。也不宜设计得过于简单，毫无挑战和悬念。同时针对不同学习水平的学生，设计合理的活动内容和任务，鼓励他们在游戏活动中取得符合自身水平的发展成绩。

3. 充分挖掘生活中的英语课程资源。学生从书本上获取了绝大多数的知识，但仅靠书本还远远不能为学生感知、理解、记忆和运用英语提供最佳的语言环境。我们可以有意识地去收集一些容易被我们忽视的英语资源，如英文版广告、物品说明书、道路交通标志牌和公共场所标示语、各种英文报纸、外国电影、英语歌曲等，把它们融入我们的活动课堂中，为培养学生的语感、拓宽学生的知识面提供真实的语言学习情境。

4. 活动范围应面向全体，使每位学生都能充分表现自己的爱好和特长。

5. 教师要大胆放手，充分发挥学生的主动性、积极性和创造性。

6. 及时鼓励、表扬活动课中的积极分子，运用多种形式展示活动课成果，使学生获得成就感。

7. 小组合作时要共同协商，明确小组成员的任务，小组成员互帮互助，共同完成学习任务。在小组合作过程中，成员要学会分享、尊重与合作，领会人际关系的规范，学会团队沟通的技巧，积累集体活动的经验，特别是学会尊重各自对事物的观点，欣赏别人，培养宽容的态度和关爱他人的品质。

8. 教师要注意阶段性材料、总结性材料的积累，及时总结回顾并写出授课反思。

9. 教师要加强学习与交流，积极自学与英语趣味活动课相关的专业理论知识，培养实际操作能力，提高自身素质。

10. 课程活动及时间安排，如下表：

课程内容	时间	地点
英语角（口语交际）	每周四下午大课间	学校小操场
英语演讲比赛	每月中旬周五下午	教学实验室
英语书法比赛	每月下旬	各班教室
英语节活动（课本剧表演等）	每年 12 月 24～25 日	阶梯教室

（三）评价路向

英语趣味活动课的评价体系不以学期和学年的一次性考试评定学生，强调对学生在学习过程中进展情况的评价，强调对学生听力与口试能力等方面的综合评价。同时也提出对学生的兴趣与自信心的建立、参与活动的意识和合作学习的精神进行评价。

对学生的评价必须贯穿教学过程的始终，应该是形成性评价和终结性评价相结合。

1. 为每位学生制订“个人英语学习档案本”

为了反映学生成长的过程，激励和促进学生学习，档案要体现形成性评价和阶段性评价的结合。形成性评价可由图表曲线表示，阶段性评价以定性描述的形式展示。

档案主要包括：对英语学习的情感与态度、口头作业、书面作业、基本学习策略、协同合作能力。这五个方面可以以周、月为单位，用图表曲线进行评价。语言知识和技能的测试成绩，以考查语言综合运用能力为主的小品表演，基本学习策略，包括课外讲英语和自觉学习等方面，都可用等级进行评价。

2. 为每位学生准备一个“评定包”

收集学生在课程学习中的作品，以学生的现实表现作为判定学生学习质量的依据。评定包中可以包含：每周/月交一次自己最满意的作品；每周/月交一次英语手抄报；每周/月“脱口秀”文字版、“演讲稿”整理后上交；个人英语学习档案本以及阶段性评价表使用完后，也收入评定包中。这样，学期结束时，打开评定包，学生成长的过程清晰可见，也可把它作为送给家长的“厚礼”，帮助家长全面了解孩子在校的表现和成绩。

3. 期中阶段性的结合评价

期中学习告一段落时，针对学生的情感与态度、口头及书面作业、小品表演、基本学习策略，可采用自评、小组评、教师评、家长评的方法，对学生前半期的学习进行总结检查，总结取得的成绩，查找存在的问题，以利于师生共同调整教学。这种阶段性综合评价可以表格形式出现，采用等级制和定性描述相结合的方式。

4. 终结性评价

基础课程的终结性评价通常与优劣、等级联系在一起，容易引起评价对象（学生、教师）的焦虑。第二课程的终结性评价则以学生的综合素质为主要考查形式，内容包括听力测试、现场口语交际、命题演讲、阅读理解、英语写作、任务型课本剧表演等。鉴于此，可以设置“阅读小能手”“演讲达人”“英语小作家”“剧演小明星”等多个单项奖，旨在通过形式多样的考查内容，对学生各方面的素质进行综合评价。教师通过学生学习成绩及时总结反思，以便更好地制订下一阶段的教学计划和实施方案。

（赵楠）

二、“玩”数学

“玩”数学是一种基于教材又不被教材束缚的学习方式，其目标必须以积极的情感目标及一定的技能目标为基础，从认知到发现，从发现到研究，从研究中得出进一步的认识，从而产生更积极的学习情绪。这种研究性思想作为学习目标，可以使不同层次的学生通过研究性学习得到不同的发展。所以，开展“玩”数学活动时，学生可以根据自己的兴趣、学习能力来确定研究目标。

“玩”数学，就是充分挖掘教材的内涵，创造性地使用教材，跳出教材，把教材转化为师生互动的过程；充分整合人教版、北师大版、苏教版教材中有利于学生“玩”数学的内容，寻找生活中的数学素材。教师精心设计教学活动，把学生的发展需要放在首位，为学生创造动手操作、自主探索、合作交流的学习环境，提供展示自己的机会；创设宽松、愉快的学习氛围，让学生在主动参与活动的过程中学习数学知识，体验知识的获得过程，从而体会到学习数学是一件快乐、好玩的事情。

1. 课程内容生活化

有人认为：“数学是人们对客观世界定性把握和定量刻画，逐渐抽象概括，形成方法和理论，并进行广泛应用的过程。”从此观点可以看出，数学来源于生活，只有让数学扎根于生活这个肥沃的土壤中，注意以学生的生活实践为基础，选择他们感兴趣的事，才能激发他们的好奇心和求知欲望，才会使他们觉得数学学习是有意义的。这样更有益于学生对提出的问题产生想象，产生出积极的情感体验和开拓意识。

例如，学习了“位置与方位”后，让学生把自己从家到学校或从学校到家的路线画下来，与小组的同学交流，并且能够准确地描述。这正是把数学问题转化为生活问题，即是“数学是人们生活、劳动和学习必不可少的工具”。学生用具体的数学知识，去研究生活、服务生活，体会数学生活化的一面，感受数学与生活之间的紧密联系，其研究性学习也更有意义。

2. 课程内容数学化

“数学化”是指人们在观察数学时，运用数学方法观察研究各种具体现象，并加以整理和组织，这是把现实问题转化为数学问题的过程。研究性学习的目标，就是让学生通过学习研究，掌握数学思想和方法。所以，教师在选题时应选择数学性强、具有一定深度和广度的内容，让学生去研究，得出结论，加深对数学的理解。

例如，在学习长方形、正方形的面积和周长后，有这样一个与生活有关的数学问题：“有一个长方形的十字绣要装裱，长 25 厘米，宽 20 厘米，如何来装裱才是最佳方案呢?”学生通过亲自动手，合作讨论，找到了最佳包装方案。这个问题就是把生活问题转化为数学问题，充分体现了数学的魅力及实用价值。

3. 课程内容广博化

数学学科和其他学科一样，都不是孤立存在的。它与学生学习的各科，如语文、自然、社会、音乐、美术、体育等有着千丝万缕的联系。学生在学习数学时不能将其与其他学科割裂开来，所以在研究问题时要注意学科的广博性，做到各科之间相互渗透、相互补充。

4. 课程内容开放化

罗伯逊指出：“限制和顺从不能形成创造性，权威主义的教育只能造就驯服的而不是创造性的学生。”所以开放性是创新性的重要方面，由于开放性内容知识容量大、思考方法多、解决问题活、极富挑战性，因而有利于激发学生的好奇心，调动学生的积极性与主动性，对学生创新能力的培养具有得天独厚的优势。学生能从各种不同的思考过程和问题解的特征中总结出具有普遍性的东西，发展了发散性思维，创造力、想象力得到进一步加强。

评价表 1　数学研究性学习课程的评价标准

自评内容	方式
1. 你是否一直对参与的主题活动感兴趣?	每一个主题活动结束后，填写“综合实践活动记录与评价表”或用描述性语言对以上内容进行一次自评，经指导教师审阅后收入档案袋中。
2. 你是否参加过活动主题的选择?	
3. 你收集信息、资料的途径有哪些?	
4. 你在活动中遇到的最大问题是什么?	
5. 本次活动中你最感兴趣的是什么?	
6. 你对活动成果是否满意?	
7. 本次活动你发现了什么?	
8. 活动中，你最大的收获是什么?	

评价表 2　同学互评

互评内容	方式
1. 小组成员合作是否愉快？	每一个主题活动结束后，小组成员集体讨论，组长用描述性语言对以上内容进行评价，经指导教师审阅后收入档案袋中。
2. 你们在活动中遇到哪些困难或问题？	
3. 你们是怎样合作或克服困难的？	
4. 你们认为下次活动还应从哪些方面加以改进？	

评价表 3　教师评价

评价内容	评价指标	评价等次
1. 活动	A. 态度是否积极，是否主动组织或参与活动。 B. 与小组同学合作是否良好。 C. 活动是否认真、善始善终。 D. 是否勇于克服困难。	
2. 知识技能	A. 查阅资料技能。 B. 实地观察及记录能力。 C. 调查研究能力。 D. 整理材料能力。	
3. 完成活动任务综合情况	A. 运用工具能力。 B. 交往与表达能力。 C. 分析总结能力。	
4. 创新意识和实践能力	A. 选题新颖，具有独特性。 B. 研究问题方法的多样性，具有积极性。 C. 活动方法的灵活性。 D. 独立设计活动、开展活动能力。	

（辛秀红）

三、初中历史活动课

（一）确定活动主题

根据实际需要来选择主题，但要注意：一是主题不要太大，要具体可行；二是要符合学生的兴趣、认识水平和思维能力，充分考虑到学生通过努力能够达到活动的要求。

（二）制订活动目标

活动目标是学生通过活动所要达到的学习结果。教师在制订活动目标时，要根据教育部颁布的《历史课程标准》对课程目标的规定，从“知识与能力”“过程与方法”“情感态度与价值观”三个维度去思考。

比如，在“我爱我家”活动课中确定的目标包括以下五方面：（1）通过对身边的自然景点和人文景点的了解，使学生感受历史就在我们身边，从而能关注身边的历史；（2）教师引导学生收集、研究与主题有关的资料，并在这个过程中培养学生收集和处理信息的能力、发现问题与解决问题的能力、与人交往的能力、表达能力等；（3）通过活动，使学生获得历史学习和研究的一些方法，如收集资料的方法、整理资料的方法等，从而使学生学会学习；（4）通过活动，激发学生学习历史的兴趣和热情，使学生学会与人合作，能关注社会、关注环境，增强学生的历史感和社会责任感，激发学生对家乡的热爱，并能针对家乡存在的问题为建设家乡出谋划策；（5）让学生认识到历史离不开地理，活动过程中渗透史地结合的理念，并培养学生爱护环境的意识。

教师在进行活动课教学的初期，不要把目标定得太高，只要学生能积极参与并在活动中有所收获，应该说就达到了活动的目的，教师不要过分地强调活动成果。

（三）学生分组

在确定主题后，要进行分组，分组时最好让学生自由组合，以使他们在活动过程中能更有效地配合。各组成员内部要进行分工，确定收集资料的内容。通过分组学习，培养学生团结合作、与人交往的能力，每一组重点收集与本组有关的内容，充分展示本组的特色。

（四）学生广泛收集、整理资料，形成研究成果

在学生确定主题并分组后，进入资料收集阶段，这一阶段是活动课非常重要的阶段，它决定着活动课的成败。收集资料的方式主要有：实地考察、调查、访问、查阅图书馆资料、上网等。在这个过程中，教师一方面要充分发挥学生的主体作用，放手让学生自己去探究、去发现；另一方面要充分发挥主导作用，成为学生学习的指导者、合作者和协调者。教师主要对学生进行一些策略上和宏观上的指导，引导学生寻找正确的研究方法，帮助他们正确识别材料、筛选材料，从而对信息进行处理。

（五）活动成果展示

在学生收集、整理资料后，将其成果在全班或年级进行交流。成果展示方式可以多样化，有论文展示、知识竞赛、历史小制作评比、手抄报比赛等。这一环节，教师切不可省去，因为学生通过收集资料，非常希望把自己的成果展示给同学，与人分享，从中获得成功的喜悦。在成果展示过程中，要继续发挥学生的主体作用，最好由学生推举主持人，每组可选派代表发言，其他同学作补充。在相互交流的过程中，学生的思维碰撞出火花，从而生成新的知识和能力。

（六）活动评价与总结

对活动的评价与总结，也是活动课中很重要的一部分内容。在评价与总结的过程中，主要采用学生自评和互评的方式，教师和家长也可参与评价，重在评价学生活动的过程和情感体验，而不仅仅是结果，充分发挥评价的激励功能和导向功能。通过学生自评，使学生学会实践、不断反思自我；通过学生间的互评，使学生学会欣赏他人，吸取别人之长。对表现优秀的学生要给予表扬，并将评价结果和学生的作品装入学生的成长记录袋，使学生能看到自己成长的足迹。具体包括：

1. 反思性日记评价

在各种评价中，真正触动学生内心的是学生的反思性评价，它能使学生将评价的要求自觉地转变为行为。

具体做法是：每个学生在参加完活动之后，写出自己的反思与感悟，由班级根据相关评价制度与标准，给出公正的评价，期末汇总时将其作为评价学生的重要依据。评价时主要从书写、态度、内容深度等方面制订相应的标准进行评价。

特点：以质性评价为主，通过引导学生自我认识与反思，使学生树立自信心，并在活动中潜意识地纠正自己的行为，对知识获取、成功经验、心理体验等方面进行反思，以此为自己下一个阶段的活动确定明确方向。

2. 档案袋评价

档案袋最初是艺术家将自己的得意之作汇集起来并予以展示的一种工具，它体现了人们对自己的行为进行自我评定的意蕴。在教育评价中，档案袋已从原来的工具演化为评价方式。利用这种方式对实践活动进行评价，其实是引导学生进行自我评价，即学生将自己在活动中所取得的各种形式的成果进行阶段性汇总，展示自己的发展轨迹。

为了记录学生的成长过程，可将学生的日常活动材料放入档案袋（如活动计划、调查报告、活动日记、感言等文字性的材料），也有的是活动作品（如手抄报、拍摄的照片等），以此来记录他们的成长过程。还可以在活动过程中及时记录下学生的点滴进步，把他们在某个方面的“闪光点”放入他们的档案袋中，这样无形中就起到了鼓励的作用。

具体做法是：每次活动结束后，学生及时填写档案鼓励评价表，然后将其收入档案袋中，学期末进行汇总，作为学生评优的依据之一。

特点：这种评价方法激发了学生的积极性，关注了他们的成长，促进了他们的差异发展，全面评价了学生，反映了学生的“完整”面貌，增强了学生的自信心，提高了学生自我评价、自我反省的能力。

3. 即时评价

即时评价是在实践活动过程中，教师对学生的态度、方法、过程、效果等方面的具体表现所作的即时的表扬和批评。

特点：即时性评价便捷、有效。在组织社会实践活动过程中，活动形象的好坏直接决定着学校的形象。为了加强对活动过程中学生的管理，活动时要根据不同的活动制订不同的“活动评价表”，对学生进行即时评价，从而规范学生的言行，提高学生的素质。

具体做法是：根据实践活动的特点设计评价表格，表格中的内容大致包括出勤情况、工作态度、活动成效、个人感言、收获等方面，评价采用等级制，从高到低分为“A”“B”“C”三个等级，由活动所在实践场地的相关人员与学生干部共同填写完成。

4. 常规活动评价

由于每个学生对活动的认识和态度是不一样的，所以他们在常规活动中的表现也是不同的。为了激发每一个学生参与活动的积极性，就要对学生进行常规评价。

具体做法：根据历史活动的特点制订“常规活动评价细则”，同时设计“评价表格”，以表格的形式对学生进行评价，由学生、小组、教师、家长四方共同实行，同时记录好评价结果，期末的时候汇总。评价的内容大致包括：收集整理资料、活动的参与情况、任务达成度、反思情况等。

特点：这种评价方法能使学生不断地认识自己的不足，不断地提升自己。

5. 学期末综合评价

对学生的评价除平时的活动评价之外，每个学期还要对所有的评价进行综合，得出总的评价结果，这样更有利于学生查漏补缺、提高自己。

具体做法：一学期结束后，学生根据自己的档案袋材料、常规活动评价情况、即时评价情况、反思性日记等指标，进行学期综合评价。

（林亚妮）

四、儿童诗

根据诗歌的特点，和学生学习诗歌的不同需求，将儿童诗教学分为五部分：儿童诗基础知识教学、儿童诗朗读教学、儿童诗诵读教学、儿童诗美读教学、儿童诗创作教学。

(一)"儿童诗"课堂教学策略

1. 关于儿童诗基础知识教学

(1) 关于儿童诗特点的教学

在朗读儿童诗时，教师结合诗歌内容及时指导学生了解儿童诗的特点，如格式自由、巧用修辞、丰富想象、构思巧妙、语言精练、意境优美等，引导学生了解儿童诗的特点，便于学生朗读、诵读和仿写，为学生能力的发展打下基础。

(2) 关于儿童诗分类的教学

在类别的划分上，儿童诗与一般诗歌大体相似，可以从不同的角度进行分类。从表现手段的运用方面，可分为抒情诗和叙事诗两大类。由于儿童诗的涵盖面比较广，常常以诗的外壳包含儿童文学其他样式和内容。因此，可把儿童诗分为童话诗、散文诗。教师在日常儿童诗的朗读、诵读、美读过程中进行分类指导，可为学生仿写儿童诗作铺垫。

2. 关于儿童诗朗读教学

朗读作为儿童诗教学的第一个层面，应该贯穿于儿童诗教学全过程中。小学阶段的朗读要求为"正确、流利、有感情地朗读课文"，朗读注于目、出于口、闻于耳、记于心，是一种复杂的心智过程，有助于学生掌握每个汉字的音、形、义，有助于加强学生对词语的理解和运用，有助于学生把握文章的层次结构，对儿童语言的形成和发展具有不可替代的作用。正如朱教仁教授所说："讲解是死的，如同进行解剖；朗读是活的，如同给作品以生命；讲解使人知道，朗读使人感受。"所以，能够热爱儿童诗并能懂得怎样朗读儿童诗，对一个孩子来说真是一笔财富。

我们主要采取以下措施训练朗读：

(1) 激发兴趣，营造氛围

首先，让学生认识到朗读的重要性；其次，以教师精彩的朗读打动学生的心，唤起他们朗读的欲望；再次，采取激励机制，抓住学生在朗读时表现出来的成功之处进行表扬，使学生产生读好的强烈愿望；最后，经常进行朗读比赛，培养"朗读之星"。

(2) 训练扎实的基本功

引导学生把诗歌读正确、读流利、读出感情，打好朗读基本功，做到

"五不"——不丢字、不添字、不错字、不重复、不读破句子，使学生形成良好的读书习惯。

然后分阶段进行朗读指导：第一阶段，声音响亮，口齿清楚，词语正确，语句通顺；第二阶段，掌握停顿、重音的朗读要领；第三阶段，掌握语调、语速、语气的朗读要领；第四阶段，掌握情感表达、情绪控制的朗读要领。

3. 关于儿童诗诵读教学

儿童诗具有音乐性，诗人精心安排的节奏、韵律、结构等，均增添了诗句本身的魅力。而让学生感悟儿童诗的这种韵律感，最简单、最有效的方法就是诵读。通过诵读儿童诗，让学生有意识地积累、感悟和运用语言，能够提高学生的欣赏品位和审美情趣。在诵读过程中，教师要帮助学生激活思维，开展丰富多彩的赛诗活动，让学生感悟到背诗、诵诗的方法，提高背诵效率，增加积累量。

4. 关于儿童诗美读教学

在诵读的基础上，我们创设情境，提供广阔的想象空间，引领学生展开想象，调动学生的各种感官，细细品味诗歌优美生动的词句，从而感悟诗歌的意蕴，领略诗歌的意境，让学生理解更深刻、表达更充分、情感更充沛。同时，我们倾注更多的人文关怀，用诗的文化神韵去滋润学生的心田，引领学生热爱诗歌，和诗人的心灵对话。

朗读、诵读、美读不是孤立进行，而是融为一体、相互兼容、相互穿插。教师应凭借儿童诗这个平台，让学生读出层次、读出感悟、读出美感。

5. 关于儿童诗创作教学

特级教师王崧舟曾经说过："儿童是诗，诗是儿童。"儿童写下的是诗一样美好的生活。在了解了基础知识和朗读、诵读、美读的基础上，学生已经对诗歌的形式有了初步认识，所以运用多种形式鼓励学生尝试仿写，促使学生诗情激荡、诗思飞扬，当然也就水到渠成。

（1）句式训练

小学语文句式训练在低年级语文教学中具有十分重要的地位，也是整个小学阶段语文句式训练的基础。中年级的写段练习、高年级的写篇练习都与学句、说句、写句有着密切的联系。只有写出完整、通顺、具体、生动的语句，才能写成优美、流畅、活泼的文章。

低年级的句式训练，主要包括肯定句、疑问句、反问句、否定句等。句式训练可以与语文教学紧密联系在一起，也可以进行专题训练，让学生学会句式之间的转换，增强儿童诗的表达效果，为儿童诗的诗句增色添彩。

（2）修辞训练

修辞手法教学是小学语文教学中非常重要的一部分，在小学阶段，修辞手法主要包括比喻、拟人、排比、对偶、夸张、反问、设问等。在小学低年级学段主要是比喻、拟人、排比、反问；到了高年级学段，逐渐扩展到夸张、对偶、设问。学会运用修辞，对于学生写儿童诗无疑是插上了想象的翅膀，增添了诗歌创作的神奇功力。

（3）片段训练

片段，其本意是从一篇文章中摘取的一段话，也可以是几段话组成的一个片段，还可以是诗词片段。在儿童诗片段训练过程中，可以是针对一段诗歌，可以是针对一种事物，可以是针对一个故事等，进行短小的儿童诗创作。

（4）仿写训练

在前面三项训练的基础上，教师积极创设情境，提供诗歌素材，让学生在观察、感悟、交流的基础上进行仿写训练。在儿童诗写作教学的起始阶段，可以与语文教材中的写话教学紧密联系起来，随着学生对儿童诗的诵读积累和写作水平的不断提高，可以与写作教学有机融合，还可以与阅读活动、口语交际活动和综合实践活动等联系在一起，让学生学会用诗歌的形式感悟生活、表达情感。

（二）“儿童诗”活动开展策略

1. 结合教材内容和生活教育内容组织学生写自己喜欢的诗歌，引导学生创办班级诗刊，按时投稿，结集出版，让诗刊成为学生阅读的刊物之一。

2. 开展校园“小诗星”评选活动。围绕主题开展写诗比赛活动，通过班级、学校选拔后评选出校园“小诗星”，进行“小诗星”才艺展示活动。

3. 开展形式多样的儿童诗评比活动。开展“儿童诗诵读”活动，一月一评，评出“最佳诵读之星”；开展“儿童诗创作”活动，选出自己的精彩诗篇誊写在诗集册上，进行展示，互相学习，取长补短；开展“诗配画”“画配诗”活动，让学生借助诗歌或者图画进行丰富想象和即兴创作，培养学生独立创诗能力。

4. 组织学生参加春游、秋游、社区志愿者等社会实践活动，让学生记录自己独特的体验和感受，用诗歌表达自己的喜怒哀乐。

（三）“儿童诗”评价策略

新课程标准强调教学评价要关注过程。儿童诗评价注重形成性评价和终结性评价的有机结合，但应加强形成性评价。提倡采用成长记录的方式，注意收集、积累学生创作的资料，记录学生的成长过程。对学生儿童诗学习的日常表现，应以表扬、鼓励等积极的评价为主，采用激励性评语，从正面加以引导。应注意将教师的评价、学生的自我评价及学生之间的相互评价相结合，加强学生的自我评价和相互评价。还应让学生家长、社区机构等积极参与评价活动。实施评价时要尊重学生的主体地位，面向全体学生，尊重个体差异，促进每个学生的健康发展。

在儿童诗评价过程中，我们主要是制订朗读、诵读、美读、创作评价标准和方法，形成适合学生发展的评价机制；积极探索学生自评、互评、他评的功能与策略，实现评价的科学化、民主化。

1. 朗读、诵读、美读、仿写星级评价办法

一是朗读评价。根据语文课程标准对小学阶段朗读要求制订《儿童诗朗读评价标准》，具体内容为：（1）声音响亮，口齿清楚，不拉长腔；（2）停顿合理，语速适中，语句通顺；（3）不丢字，不添字，不错字，不重复，不读破句子；（4）轻重缓急、抑扬顿挫处理得当，对作者的感情有较好的体验。根据《儿童朗读评价标准》对学生朗读进行一一评价测评，确定等级分别为优秀、良好、一般，优秀的学生被评为“朗读之星”，颁发证书。

二是诵读评价。在朗读基础上，诵读评价主要突出量的积累，每个阶段根据制订的儿童诗数量提出诵读评价标准，如诵读《四季篇》儿童诗时，全部背完的学生可获得“诵读之星”称号，颁发证书。

三是美读评价。美读评价重在体现学生对诗歌的理解和感悟，考查学生品词析句的能力，对诗歌意蕴的感悟，诗人情感的表达等。通过美读评价，激发学生的表现欲望，锻炼学生演讲的能力，为学生搭建展现自我的平台，让学生不断超越自我。

四是仿写评价。当学生尝试写儿童诗时，可以与小作文和小练笔有机结合，从句段到篇章，逐渐过渡，从用词用句、标点符号到方法运用、布局谋篇，根据年级不同而制订不同年级的《儿童诗创作评价标准》，教师依据标准而评价学生创作，促进学生在儿童诗创作上不断进步。

2. 自评、互评、他评评价办法

一是自评。教师制订《儿童诗自评量表》，让学生根据儿童诗内容进行自我评价，如根据《儿童诗朗读评价标准》自评朗读情况，根据《儿童诗诵读评价标准》自评诵读情况，根据《儿童诗创作评价标准》评价仿写情况，等等。运用自评手段，让学生养成自我评价、自我反思、自我提高的习惯。

二是互评。“互评”主要是小组评价，包括组长对组员的评价、组员之间的评价等。通过这种评价，让学生与学生之间互相学习、取长补短、共同进步。

三是他评。“他评”包括“教师评价”和“家长评价”。在学生朗读、诵读、美读和创作过程中，教师适时给予评价也是最常见的指导环节。教师的语言评价直接影响着学生对儿童诗的学习情况，因此，教师要尽量从正面加以引导，在评价学生时要尊重学生的个体差异，促进每一个学生儿童诗读写水平的发展。同时，教师要指导家长在家进行评价，让家长对孩子学习儿童诗的情况及时作出反馈和指导。只有家校合作，才能让学生把儿童诗学习落到实处。

3. 落实评价制度，构建评价机制

立足学校现状，从学生实际出发，坚持日读、月诵相结合，坚持儿童诗读、写相结合，坚持活动开展与社会实践相结合，让儿童诗教学成为语文教学的有益补充；每月落实一课、一展、一评，与阅读教学、口语交际和综合性学习有机融合，让儿童诗教学真正成为语文学习的一部分；每学期定期开展儿童诗专题研讨活动，定期开展儿童诗教学展示活动，定期开展成果展示活动，等等，让儿童诗教学工作成为学校语文教学工作的一抹亮色，为学校文化建设注入新的活力。

（张君燕）

五、希望之桥：小学新入职教师培训

（一）实施建议

1. 弄清“师情”，为课程实施打好基础

教师要组织好教学必须要弄清学情，同样，要想实施新入职教师培训课程，就必须弄清“师情”。对于师情的调查，可以通过谈话、问卷调查、理论摸底考试等了解，这些方式不是只选一个就行，而是每一个方法都要用，然后将调查结果进行汇总分析，得出的结论才是真实的“师情”。弄清了“师情”，然后针对“师情”，制订培训计划，才能做到有的放矢。

2. 关于培训方式

（1）为调动新教师及培训者的积极性，建议多采用“参与式培训”，让新老教师一起参加，通过创设情境，引导新教师在活动、表现和体验中反思自己的经验与观念，在交流和分享中学习他人的长处，从而实现自我提高。可使用的方法有：分组讨论、案例分析、角色扮演、填表、画图、辩论、演讲、沙龙、访谈、小型讲座以及其他根据培训内容而设计的各种游戏、练习和活动。

（2）鼓励老教师和新教师共同从事相关的教学研究，在研究中实现对经验的反思和学习，以教师行动研究、叙事研究的方式整合新教师和老教师的优势。这样的方式可以在教师入职的时候就引导教师成为研究者，避免教学工作和教育研究的分离，同时对于学校和老教师而言，这也是发现和改进学校教育教学工作的良好机遇，而且能够尽可能协调好职前教育和职后教育的矛盾，实现一体化的教师教育。

3. 关于师德师风培训

可采用自主研读、集中辅导的形式组织培训。之所以要采取这种方式组织培训，是因为这方面理论性的东西比较多，需要教师自己阅读、理解。集中辅导的时候可以给新教师们播放一些师德优秀教师的视频或是跟他们一起学习优秀教师的故事，以真实、感人的事例去打动他们，并让他们知道怎样做才能成为一个真正的师德优秀的教师。

4. 关于学校文化培训

可由学校的中层分专题，通过小型讲座的方式组织培训。这种培训方式，一方面可以让学校的中层加强对学校的了解，另一方面在培训的过程中也让新教师对学校的文化有了初步的认识，使他们与学校的中层也加强沟通。

5. 关于教育教学理论与技能培训

(1) 由学校聘请有关教育专家、优秀教师等作辅导讲座，并推荐相关书目和提出明确要求。通过组织读书会、学习沙龙、网上讨论等形式组织新教师加强理论学习和研讨。

(2) 实行师徒结对，加强对新教师的学科辅导。在校内开展拜师课、上岗课、提高课、汇报课、公开课等活动；开展新教师教学基本功比赛、新教师展示课，通过活动带动学习；以学科为单位组织新教师开展各学科的新课程标准学习、教材分析、教学方法探讨等；组织新教师开展形式多样的校本教研活动。

6. 关于管理经验培训

开设教育专家、优秀教师、优秀班主任讲座；学校建立班主任助理制度，新教师向校内优秀班主任进行跟班学习；开展班主任工作研讨会、班主任工作案例交流等活动。当然，还可以利用学期末的教师经验交流活动，为新教师学习老教师的管理经验搭建平台，同时也让他们展示自己的管理经验，互相学习，共同成长。

7. 关于教科研能力培训

通过开展读书月活动、专家系列讲座、论文评比、案例评比、优秀教学案例评比和参与课题研究的形式使新教师掌握一定的教育科学理论和相关的科研方法，以研促教，使教学与科研能力共同提高。还可以指导新教师积极申报学校的小课题，并指导他们撰写小课题研究方案、申报表，然后反复修改，参加学校的课题论证会，让他们在竞争中成长。

（二）评价建议

客观全面的评价，能够有效衡量新教师学习水平和成绩，促进新教师提高学习积极性。

因此，必须建立科学、完善的新教师培训效果评价体系，使评价体系更加全面。评价包括过程性评价和终结性评价两种，主要内容与方法如下：

一是根据不同培训内容，建立全面的多元化培训效果评价指标体系。如课堂大赛、教学设计大赛等，并为理论课、实践课分别建立考核结果评价指标体系。

二是建立导师评价体系。导师评价组的成员为业务校长、教导主任、新教师的指导教师。建立专门的专家评价体系的重要作用在于他们有多年的教学经验，能够对受评价的新教师进行公平、深入、细致的评估。

三是评价时间多元化。为及时反馈和及时修改培训方案，可将评价时间段分为培训中期和培训结束两部分。第一阶段评价为中期评价，可由指导教师、新教师同时对培训课程打分，然后认真分析各项分数，根据分析结果调整培训内容。第二阶段为终结评价，指导教师、新教师及教导处对培训效果再次打分，并对指标进行汇总分析后与中期数据进行比较，就可以看出培训质量是否有所提高。

四是及时反馈评价结果。评价的目的是促进新教师成长，若没有有效的反馈，评价的意义也就失去了。因此及时反馈评价信息，有利于培训部门及时调整培训内容、方法，促进新教师快速成长。

（李蕾）

六、生活观察课

（一）生活观察课程框架

针对课程设计内容，选取合适的生活物品或生活现象为观察对象，开展有针对性的观察活动。根据活动的开展形式，我们将其分为三类小课题：

（1）家庭实践类，家长辅助在家里完成。例如，“观察高压锅”“用高压锅煮八宝粥”“包水饺”“炒土豆丝”“观察工具箱”等。这类观察活动，虽然在学校不便开展，却可以充分利用家庭资源完成。同时，也可以让学生在具体生活实践中发现物理无处不在、处处影响着我们的生活，从而提高他们学习的兴趣，培养他们喜欢观察、随时随处观察的良好习惯。

（2）社会调查类，利用节假日小组合作完成。例如，“关于家用热水器的调查”，让学生针对不同的家用热水器，从价格、设计原理、使用方法、使用成本、安全性能等方面开展调查研究，然后根据自己所学过的物理学知识对热水器的设计提出建议。这样能较好地引发学生的兴趣，使他们对不同的热水器进行比较，有利于培养学生在生活中自觉应用物理知识的意识。

（3）课堂提高类，老师引导学生完成。主要针对学习的难点设计，目的是提高学生学习物理所需的能力。例如，“观察三角尺”活动，引导学生学会观察方法。又如“观察鸡蛋”“观察矿泉水瓶”活动，引导学生对观察结果进行分析、归纳和总结。再如，“观察书包”活动，引导学生总结不同书包的优点、缺点，并提出自己的创新设计。通过这些课程，逐步激发了学生动脑思考物理现象、分析物理现象的积极性，从而不断提高学生综合分析能力、创新能力。

（二）课程的实施策略

1. 精心设计，让学生走进生活观察物理现象。首先选择合适的观察研究对象，明确观察目标。既然是生活观察，就要以生活中常见的物品或活动过程为对象，深入挖掘它所运用到的知识或者与之相关的现象，让学生走进生活学习科学知识，其中以物理知识为主，也可以适当地挖掘其中包含的生物和化学知识。例如“观察鸡蛋”这个小课题，就是以最常见的鸡蛋为对象，可以挖掘的物理知识有液化、压强、惯性、沸点等，化学知识有蛋白质遇热变性，生物知识有鸡蛋的结构，等等。

2. 明确要求，让学生有步骤、有计划地进行观察实践。因为学生的观察能力比较弱，如果不提出具体要求，仅仅告诉学生观察一个物体，而不具体到观察哪些方面，学生依然会对很多现象熟视无睹。特别是有些现象需要时间，可能学生还没有等到这些现象出现，就已经结束了观察活动。为了让观察活动更具实效性，可以用问题的形式引导学生进行有意观察，还可以给学生提出一些问题，引导学生在观察的基础上进行深入思考。

3. 提供多种交流展示机会，让学生在交流展示中获取知识、提升能力。学生自主观察到的现象往往是不完整的，他们对问题进行分析的层次也不尽相同，有一些分析甚至是错误的。交流展示就是一个彼此借鉴、互相补充的过程，同时也可以生成新的问题。例如，“观察鸡蛋”的课例中，关于鸡蛋的结构部分，有的学生观察到鸡蛋黄的附近有个小黑点，但有的学生没有发现，这就会出现新的问题：为什么有的鸡蛋有小黑点，有的鸡蛋却没有呢？

这个环节可以培养学生提出问题的能力，同时也提醒学生在下一次的观察活动中进行细致入微的观察。

课堂提高类的小课题可以利用课堂让学生交流展示并进行深入思考，教师可以在学生交流展示的过程中给予方法指导。以下是课堂流程：

独立思考	每位学生对照自己的观察作业，思考老师提出的新问题
⇩	
组内讨论	小组内讨论老师提出的思考问题
	将每一个问题的思考进行组内整合
⇩	
课堂交流	小组代表汇报组内对问题讨论的结果
	小组间对同一问题进行补充或提出不同意见
	老师对小组进行点评和总结
⇩	
课堂小结	每位学生根据课堂收获，自我完善观察作业，并进行自我评价

学生在自主观察的过程中已经对现象进行了初步的分析。在课堂交流中，教师还要提出更深层次的问题，让学生在原有思考的基础上进一步进行思考和讨论，逐步培养学生的思维能力、简单归纳和总结的能力。例如，从冰箱冷藏室里拿出的鸡蛋放在温暖的室内，几分钟后鸡蛋壳上就会出现小水滴；在煮鸡蛋的过程中，锅盖上也会出现小水滴。学生在分析小水滴出现的原因时，可以进一步归纳出液化的成因。

对于社会调查类的小课题，则可以引导学生以研究小组的形式进行交流，在经过一段时间的调查、研究、形成研究成果的基础上形成研究报告。在学校开展专门的课题汇报会，对研究过程和研究成果进行公开展示。

4. 抓住生成性问题，引导学生深入研究。学习的目的不仅仅是了解一些现象，解决一些问题，更重要的是学会解决问题的方法。生活观察课就是以增加生活常识、提高问题解决能力为目的，所以在课堂上教师要做的不是让学生没有问题，而是引导学生发现问题，并且学会解决问题的方法，然后进一步解决其他的问题。学生在提出问题解决办法时，会出现大量不同观点，这些观点非常容易成为课堂的生成问题。例如，在如何区分煮熟的鸡蛋和生鸡蛋的问题中，有不少学生会提出熟鸡蛋比较轻的观点。这些生成性问题可以成为学生课后深入研究的课题，而课堂上解决问题的方法则会给学生提供很好的借鉴。当学生把课堂上学到的方法应用到生活中，生活观察课才变得更有意义。

（三）课程的评价建议

1. 对学生的评价

在课程的实施过程中，需采用各种形式对学生进行评价。课堂提高类小课题采取对观察作业进行自评、小组互评、教师评价三者相结合的方式。社会调查类小课题采取课题评比的形式，对课题研究小组进行评比。家庭实践类小课题由家长指导并且进行即时评价。在学期末，开展生活观察课总评活动，对每位学生一学期内参与生活观察课的情况进行等级评价，评价结果纳入综合素质评价。各种评价方式相结合，大大调动了学生参与课程研究的积极性。

2. 对教师及课程的评价

在课程的实施过程中，以教研组听评课的形式进行即时评价。在每个月的教研组活动中，教研组全体老师进行集体备课，由主备教师说课，其他教师提出建议，由主备教师再次修改后，安排好上课时间，教研组全体老师听评课。主备教师再根据上课和听评课中反映出来的问题进行第三次备课、上课，经过三次磨课形成一个生活观察课的课程案例。学期末，以问卷的形式面向参与生活观察课的全体学生开展调查，对任课教师及开发的小课题广泛征求意见，以提高教师的课堂教学水平和课程开发的有效性。一年评选一次优秀校本课程案例，针对各位教师开发的生活观察课的案例进行综合评价。

（孙晓燕）

七、走进古代文化名人

历史是一本包罗万象的书，不同年龄阶段的人可以从中发现、学会不同的知识。基于语文学科的特点、语文课程标准的要求以及学生学习语文的能力的考虑，本课程紧扣着语文学习的需要，以主题式研究性学习的方式进行。在课程内容确定方面主要把握以下三个原则：（1）选择初中学生比较熟悉或者感兴趣的文化名人作为研究的主要内容；（2）与语文教材紧密结合，主要选择课本学到作品的；(3) 根据学生在初中历史课本中了解到的文化名人，选择具有代表性的作品及作家。

同时，考虑到学校课程的安排情况，只安排七年级和八年级，一共四个学期。

1. 实施方式要灵活多样

这门课程主要是引导学生利用网络收集资料，在整理和分析中学习语文。目的不仅是学习语文知识，更主要的是积累相关资源，培养学生的各种能力和思维方式。因此，教师要创设各种情境，引导学生探究、概括、分析、感悟、提炼。教师要尽可能打开自己的思路与视野，把学生的目光从课堂引向历史的长河。

在实施的过程中，教师要灵活地把握重难点。有的课可以从语文的角度进行，在了解名人的经历之后，侧重于了解文化名人的文学成就，引领学生重点品读其主要文学作品，欣赏其写作风格，背诵重点篇目，增加学生的文学积累，从而促进学生文学素养的提高。这样的课，语文味道就会浓厚一些。有的课则可以从历史的角度深入研究，主要是补充语文课的空白，在研究文化名人生平以及历史背景的过程中，看其思想的演变过程，然后再联系其不同历史时期的文学作品，了解其作品风格。

2. 实施的范围灵活

这门课程的实施可以在某一个班里单独进行，也可以在不同年级同时开设，实施的范围主要是根据学校的具体情况而定。同时，针对不同年级学生的学习能力和水平，课程实施的重点也不相同。七年级的重点主要是：(1) 培养学生收集信息和处理信息的能力；(2) 收集和整理古代文化名人的经历、写作背景、主要思想和代表作品；(3) 能够理解作品表达的思想内涵。八年级的重点主要是：(1) 能够在充分了解古代文化名人的基础上，对文化名人有自己的评价；(2) 能对作品的思想内涵有自己的看法；(3) 能够对某些经历相似的文化名人的思想、写作风格等进行比较。两个年级训练的重点各有侧重，同时又有着内在的逻辑关系，便于实现学生语文能力的逐步提升。

3. 倡导合作探究

这门课程，可以是个人完成，也可以是多人合作探究完成。我们倡导学生在小组内有目的地进行合作探究。教师可以引导学生采用研究性学习的方式，根据研究的主题，进行合理的分工，分头收集相关的资料。这样，不同的学生会从自己的视角去收集不同的资料，通过交流分享，他们认识问题的视野会得到开阔。这种有目的、有计划地进行探究学习，更有利于培养学生的科学探索精神。

4. 成果展示

每一次的研究，都要有明确的研究主题，教师要提前一周布置给学生任务，让所有的学生都能够利用课余时间充分收集资料，享受参与其中的快乐。对于学习成果的展示，主要是在课堂上进行，多采用口头交流、写作交流、共同研讨、背诵、做手抄报等多种方式进行，让学生在交流的过程中进行思维碰撞，拓展自己的研究思路，开阔自己认识事物的视野。同时，教师要充分发挥自己点拨提升的作用，在课堂上根据学生交流展示的情况，及时进行点拨，把学生探究的思路不断引向深入。

5. 多元评价原则

教师应重视学生学习过程中的收获、体验等。在学生探究古代文化名人的过程中，对学生发现问题的角度、获取知识的思路、获得的结果等方面进行过程性评价，同时对学生参与活动的积极性也要进行评价。评价的方式有任课教师评价、小组评价、学生自评。教师可以根据需要，采用多元评价的方式，但应以鼓励为主，留给学生更多的发展空间。

（关洪钢　姜美玲）

八、小学心理健康教育

（一）心理健康课程的实施

心理健康教育活动的开展，主要立足学校现有时间和课程安排：

1. 时间安排

每学期以 20 周计算，一学年就有 40 周。按照隔周授课的课时安排，一学年会有 20 次授课要求。但实际上，加上节假日的调整和其他日常事务，初步预定一学年安排 15 次课的学习内容。

2. 实施形式

一是与校本课程中的班会课相结合，采取隔周授课的方式。

二是授课或以游戏和活动为主，营造乐学、合群的良好氛围；或以活动和体验为主，在做好心理品质教育的同时，要突出品格修养的教育。

三是开设心理健康专题讲座，帮助学生掌握一般的心理保健知识，培养学生良好的心理素质。

四是个别咨询与辅导。通过一对一的沟通方式，对学生在学习和生活中出现的问题给予直接的指导，排解学生的心理困扰。

五是在实际的实施中并不拘泥于心理健康教育课堂，把心理健康教育贯穿在学校教育教学所有活动之中。通过教师自身在教育教学中的人格魅力和为人师表的作用，建立起民主、平等、相互尊重的新型师生关系。

六是积极开通学校与家庭同步实施心理健康教育的渠道。借用家长会的机会，指导家长转变教子观念，了解和掌握心理健康教育的方法，营造家庭心理健康教育的环境，为孩子创造良好的家庭氛围。

（二）课程评价

1. 评价应遵循的原则

一是体现学生在评价中的主体地位。

二是注重形成性评价对学生发展的作用。评价的目的是为了学生更好地发展，因此，本课程关注对学生的形成性评价。对学生日常的表现及所反映出的情感、态度、策略等方面的发展作出客观的评价，同时让学生同伴、教师和家长共同参与评价，关注评价的正面鼓励与激励作用。

三是注重评价方法的多样性和灵活性。遵循学生的成长规律，依据他们的年龄特征和个性差异，采取适当的评价方式。

四是将学生的情感培养放在首位，因此在确定学生的最终品质培养效果时，一般不设定等级。

2. 评价形式

（1）学生自评。让学生评价自己是否感觉经过心理健康教育后，自己的人际关系、学习情况、情绪调控能力等方面有提高或改善。

（2）教师评价。通过师生洽谈，通过日常观察学生的外部行为，通过对学生心理健康教育作业的分析评定，给学生适当的评价。

（3）学校评价。德育处每月进行考核量化，对全体学生表现进行评价。

（4）同学评价。学生根据被评价者日常的各种表现，给予认为合适的评价。

(5) 家长评价。家长对孩子在家中的各种行为表现予以评价。

(殷芝华)

九、对教师第二课程开发与实施的思考

三级课程的管理意味着原来属于国家的课程开发权力部分地下放给学校和教师，从而使课程开发不再仅是学科专家和课程专家的专利，教师也成为课程开发的主体之一。这样，教师不再仅是课程的消费者和被动的实施者，而在某种程度上成为课程的生产者和主动的设计者。

学校作为校本课程的管理实施部门，或因学校特色发掘的需要，或因功利性的需要，或因教师专业发展的需要……在校本课程开发与实施上，因对课程的认识不同，操作实施效果也大相径庭。但总体来讲，学校层面的课程推进受教师课程领导力和执行力等种种因素的影响，有时课程开发与实施会流于形式。作为学校一线的管理者、实践者，往往有这样的体会，学校的出发点往往是为了教师的专业发展和学生的综合素质提高，但一旦学校给予充足、明确的课程实施时间保证，鼓励教师开发、实施第二课程时，往往会出现以下问题：

在课程开发环节，教师不能对自身、学生、周边资源、学校资源作正确的分析，课程开发内容过于肤浅，不足以长久吸引学生兴趣。

在课程实施环节，出现爆满和报空的情况，年级不好协调，老师们为争抢学生而满腹牢骚，为课堂管理和评价绞尽脑汁而效果不佳。

学生在选修科目时，受课时安排的限制，每学期仅能选择 2～4 个课程，学得不多而且不精，不利于学生素质的持久提升。

因缺乏课程的指导，教师的课程开发意识和能力得不到提升，教师专业发展成为空话……

最后只落得：上课时呼呼隆隆唱大戏，下课后拓展难以跟进（学生走读，教师很难跟进指导），检查时匆匆忙忙补材料，如遇请假者调课更是难上加难。

校本课程因缺乏专业的指导，而变得“年年岁岁花相似，岁岁年年人不同”，处于弃之可惜、用之心痛的尴尬境地。典型课程不够突出，提炼为校

本课程的几率少之又少，学校寻找课程特色发展之路艰难；面上红红火火，教师专业发展无以为继，学生发展无以为续，学校想要达成的目标难以实现。

基于以上实践中出现的种种困难，我们不妨转变一下思路，既然自上而下、由面带点开发校本课程困难重重，为什么不自下而上、由点带面地开发教师第二课程，推动校本课程实施呢？为什么不通过实现教师个体的发展，从而实现学校的发展呢？笔者的观点是教师第二课程应以师生持续发展为目标，以落实国家课程为核心，以开发学科拓展类课程为内容突破口，使教师第二课程与常态课堂相结合，形成梯级年段课程开发设计、教研组团队合作实施的第二课程开发模式，最终以实现师生持续发展带动学校整体发展。

之所以有这样的设想，主要是基于以下原因：

一是为了更好地落实国家课程。在国家课程实施中，很多教师或因课程意识，或因课程知识，或因课程实施能力，或因课程研究能力……导致不能很好地落实国家课程，出现了教育理念与教学行为脱节的“虚知”现象，知识储备不足，专业技能需要提高，课程研究能力不尽如人意。教师专业无法持续发展，职业倦怠日益严重，在国家课程尚未能实施好的情况下，如果让老师们再开发第二课程，老师没时间、没精力，如何处理好国家课程与教师第二课程的关系，两者兼顾？

二是为了促进教师专业发展。从专业发展角度看，教师的成长离不开教育教学实践，如果抛开学校去谈教师的发展或成长，那就失去了发展的基石和依托。因此教师的发展只能在教师对自身实践的不断反思中才能完成。校本课程开发是以学校为基地的一种课程开发策略，教师第二课程开发是以课堂为实践基地的课程开发策略，也必然是教师专业发展的有效途径。就本质而言，校本课程开发的价值追求有三个方面：学生个性的发展、教师专业的成长、学校特色的形成。这就是说，课程开发本身就以教师的专业发展为指向，是教师专业发展的有效途径之一。

三是为了学生的持续发展。以往课程开发、实施时间短暂，不利于学生养成持续研究的习惯，学生泛而不专、广而不精；课程具有趣味性，却缺乏系统性、梯级性、跟进性。教育的最终目的是促进学生的发展，也是为了更好地满足学生的需要，在课程开发过程中，教师不仅要考虑适应学生当前的情况，还要有意识地培养学生自立、自我反省、自我批判的精神，为学生将来的自我发展打好基础。教师应尊重学生自己的选择，并尽可能给予帮助，这是作为课程开发者必须做到的。

四是为了培养教师的参与意识、合作精神。教师职业的一个重要特点是“专业个人主义”。他们要靠自己一个人的能力去处理课堂教学中的所有问题而不太可能有他人的援助，所以教师的课堂生活往往是“自给自足”的，他们已经习惯了这样的生活模式，教师之间的相互隔离使他们缺乏合作的愿望，也不愿意将自己的实践经验与他人分享。但是教师第二课程开发要求教师、教研组、学生等人员的广泛参与，因而必然会打破教师已经习惯了的生活方式，要求他们积极表达自己的意见、与人分享各种教育资源、与他人一起制作课程方案、一起对课程设计和实施活动进行评估等。

基于以上分析，笔者认为在教师第二课程实施中应该采取以下措施：

（一）第二课程开发的途径

一般来讲，教师可以通过以下途径参与课程开发：一是和课程研究专家共同进行课程开发，通过与课程专家一起工作，形成参与课程开发的意识和能力，比如现在我们正参与的专家工作室。二是与教研组一起进行课程开发，大家一起参与对学习者的兴趣、爱好、需求、特点等方面的分析，尽量使自己的教学内容和教学方式符合学生的需要。教师把学科放在广阔的课程整体中加以考察，并逐渐地养成关注和参与学校整体课程设计的意识和习惯，最终能够形成适合教师、学生发展的梯度课程体系和团结合作的课程开发团队。

（二）第二课程开发的内容

1. 课程选择

课程开发的方向很多，教师要认真分析个人的特色，如果个人的特长不够专业，建议课程开发内容仍然要以学科拓展类课程为主，以起到补充、拓展、延伸国家课程的作用。

2. 课程改编

教师要在学习国家课程标准的基础上，梳理出哪些目标是依靠教材能够完成的，哪些目标是教材所实现不了而需要教师调适课程资源才能完成的，哪些是针对原有学科课程和学生情况，通过进行学程上的修改、补充、拓展，就能实现国家课程标准要求的。例如，《语文课程标准》中要求具备的学科素养中就有继承和弘扬中华民族优秀传统文化的目标，语文教师依托教材很受局限，很难让自己和学生形成这一素养，有的教师便开设了《悠悠古韵》《中华诗文诵读》等第二课程，帮助学生认识中华文化的博大精深，汲取民族文化智慧，吸收人类优秀文化的营养，提高文化品位，从而使第二课程成为国家课程的有力补充和拓展。

3. 课程会商

每位教师将自己的课程开发设想形成课程纲要，教研组通过课程会商，进行交流、讨论、辨析，最终确定学科课程开发主题。各年段根据年段特点，确定年段课程纲要（包括课程目标、课程结构、课程内容、课程实施、课程评价、课程管理等），多次会商后，形成系统的、梯度发展的学科课程体系。注意，最终的第二课程主题一定是要能够融入教师的课堂教学的、便于常态课实施的。

（三）第二课程实施的管理

1. 组织管理

（1）时间安排。课程安排提倡教师第二课程与国家课程常态课融合，并辅以专题课实施。学校可以统一安排课程时间，进行每周一次的专题课训练，如无安排，教师个人可以拿出自己的课程时间组织阶段专题。

（2）活动安排。学校逐步构建课程研修模式，搭建活动平台，以保障课程实施。教研组可以根据学科国家课程的进程，双周（或每月）选择一个主题组织课程专题课展示，学校课程开发分管干部参加，每学期组织期中、期末两次全校推介评比会，在全校范围内推介典型课程。这样，就解决了教师第二课程的课程展示问题。教研组内根据自己的第二课程主题，构建课程研修模式，推进第二课程研发的个性化发展。

（3）课程评价。每位教师在自己所教的教学班内实施第二课程，这样，学生和教师都是固定的，便于教师课堂管理和课程评价，学生课程学习情况每节课都可以纳入综合素质评价，保障了学生学习的持续性，提高了学生学习的积极性。课程开发分管干部跟进常态课堂和课程阶段展示，对教师的课程实施进行指导和评估，其结果纳入教师个人考核。

这样，教师的教学策略形式更加多样，课程资源更加丰富，课程评价更加多元和具体，教师的课程研究能力也大大提升了。每个学生每节课都在进行第二课程的学习，每位老师每节课则更是成为课程的开发者和研究者。

2. 常规管理

（1）集体备课管理。学校层面加强对课程集体备课的文本、活动、评价管理。设计集体备课卡，将第二课程要素与常态课要素融合；主备人提前备课，集体备课时间共同研讨，学校分管业务干部加强过程指导，课程开发部门进行常规检查并进行活动情况反馈；建立教学常规点评制度，每月由教研组长将常规检查情况书面反馈给课程开发负责人，作出课程实施评价，课程开发部门以月总结的形式反馈给全体教师，充分发挥学校层面对教学过程管理的调控引领作用。

（2）个性化备课管理。教师通过五步螺旋备课法，从课程资源、教学策略等方面入手，结合教师、学生等因素，进行常态课下课程的个性化备课。

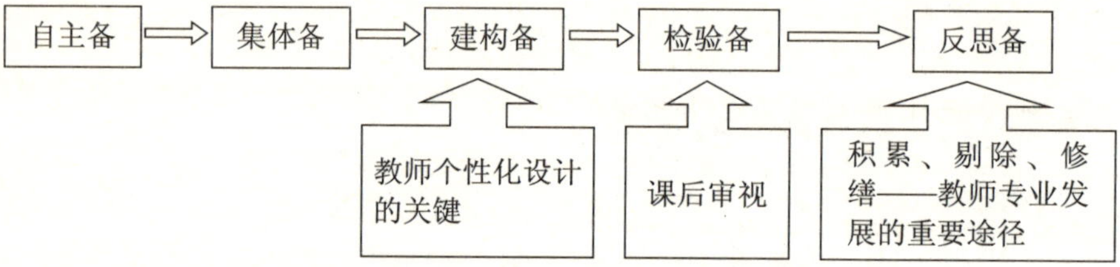

学期末，及时汇集学期课程材料，形成教师第二课程档案材料（包括课程纲要、教案、课件、学生成果作品、拓展资源等内容）。

这样，通过教师第二课程的开发与实施，就同时解决了国家课程落实不彻底和教师专业发展不持续、学校课程无特色等问题，课堂就不仅是课程的实施场所，而且也是进行教育教学实验的实验室。教师也就自然成为这个实验的主要参与者或主持者。而且，教师参与课程开发不仅是为了开发一系列的课程文本，而是更加注重参与过程本身，在课程开发的过程中提升自己的课程与教学等方面的修养。于是在课程开发过程中，教师就自然而然形成这样一种理念：教师既是课程的实施者，同时又是课程的研究者。

具体地说，教师参与第二课程开发对其专业发展来说具有如下一些作用：

一是改变自己的知识结构。教师参与课程开发，首先要具有相应的课程理论知识，为了使自己的工作更具有成效，教师就不得不认真学习一些课程理论，以完善自己的知识结构。这种为解决现实问题而进行的学习活动往往具有较高的成效，这种边学习边实践的过程对教师知识结构的调整具有重要作用。

二是教师参与课程开发也可以提高教师的学科教学能力。这样有利于教师站在整个课程结构的高度，对所教学科有一个全面、整体的认识；站在整个课程发展与改革的高度，提高自己驾驭课程的能力，从而对所教学科做出符合学生实际的安排。

三是教师参与课程开发对教师的精神世界有重大的影响。课程开发的实践给教师带来了一系列新的观念，如民主观念、合作观念、科学观念、创新观念等，能促进团队合作。

四是能有效促进国家课程与校本课程互相融合、互为补充，能有效帮助学校开展校本课程，找到学校的特色发展之路。

五是提升学生的学科素养，激发学生学习的积极性，使学生形成不懈努力、持续探究的良好学习习惯和终身学习意识。

应该注意的问题：

一是对国家课程、地方课程的“校本化”实施。即教师要自觉扮演课程的建设者与开发者角色，对国家课程、地方课程进行校本加工、补充和完善，使教学内容更适合学生，增强课堂教学的有效性，最大限度地促进学生的发展。学校要将与课程有关的决策重点从原先的“上意下达”的方式转变为教师之间的“讨论”方式。

二是要根据本校的教学条件和当地的教育资源，开发学生需要的学校课程，增强教学的针对性和实效性，发展学生的个性与特长。

三是校本课程的规划要根据学生的课程需要来制订，要选择贴近时代特点、社会发展与学生实际的课程内容，要变革教学方式和学习方式，充分发挥师生的独立性、自主性和创造性，引导学生在实践和研究中学习。

四是第二课程的内容要形成学段间螺旋上升式发展，形成开放的课程实施空间。

五是教师第二课程的评价要着眼于学生的个性发展和能力提高，要从指导思想、课程意识、课程能力、师生参与程度、师生创造性的发挥、学校特色等方面对校本课程进行全面的评价。

（谭伟）

第八章

在教学中绽放光彩

课程的价值只有在实施中才能够得到实现，由于教师的切入点和学生个性水平的不同，教师第二课程的实施呈现出了多姿多彩的魅力。

一、《多边形面积计算》教学案例

我的课程实施是以学生为主体的。我提前一周让学生自己阅读《多边形面积计算》这一单元，由学生选定研究课题，并根据自己选定的课题确定研究方法。

本节课是学生汇报课题研究成果课。

（一）教师课前交流

师：课前，布置了同学们自己学习和研究《多边形面积计算》这一单元的内容，每个同学在认真阅读课本的基础上提出了问题，确定了自己的研究方向。有的同学是自己独立完成研究课题，有的同学是两人、三人合作完成。小组内通过交流，选出了代表你们小组水平的同学进行研究展示。在同学汇报研究成果的时候，其他同学要认真听，及时地质疑和补充。

师：同学们交流之前，我先问两个问题：第一个问题是，你是怎样选定这个课题的？

生：我平时比较喜欢玩七巧板，所以很想知道七巧板里各种图形的面积，因此我选择了研究梯形面积的计算方法。

师：你是因为好奇心选择了梯形的面积计算研究，确定了研究的主题。

生：我选择的是三角形，因为三角形在生活中的应用很广泛，而且它是多边形里面边最少的图形，我对三角形的面积感兴趣，所以就选择了这个作为研究课题。

师：咱们在研究一个课题的时候，首先要提出问题，以确定自己的研究方向，在确定这个问题的时候，我们可以思考自己的兴趣、爱好和好奇心。了解问题的研究价值，提出研究的问题。

（教师板书：提出问题——兴趣、好奇心、研究价值）

师：第二个问题是，哪位同学认真阅读了课本？教材中为什么先编排了对平行四边形面积计算的学习？

生：因为三角形、梯形通过拼或者剪都可以变成平行四边形，也就是说通过这些知道了平行四边形的面积。

师：教材的编写顺序都是有目的的，咱们学习数学需要有一颗好奇心，需要多问几个“为什么”，所以其他同学在汇报自己研究成果的时候，一定要认真倾听，多问几个“为什么”，这样才能使我们的思考更加深入。请同学们带着这样的好奇心走进我们今天的课堂，今天的课堂你们是主人。

（二）学生小组汇报

杜婉怡：我们研究的是平行四边形的面积，因为在生活中我见到了太多的平行四边形，所以我想知道平行四边形的面积如何计算。我们先来了解平行四边的特点。

（学具展示）

杜婉怡：用四根木条钉成一个平行四边形框架，用手捏住其中的两个对角，向相反方向拉动，会发现平行四边形的形状发生了变化，这说明平行四边形易变形，具有不稳定性。

师：生活中什么地方用到了平行四边形的不稳定性？

杜婉怡：同学们请看这里。

（课件略）

杜婉怡：这些地方都运用了平行四边形的不稳定性。

杜婉怡：谁能来说一下平行四边形边的特征？

生：平行四边形的对边相等，对角也相等。

杜婉怡：课本上给出的平行四边形的定义是：两组对边分别平行的四边形叫作平行四边形。平行四边形的特征如下：

边	两组对边分别平行且相等
角	两组对角分别相等
特殊性质	易变形，具有不稳定性

杜婉怡：了解了这些，我们再来看一下，平行四边形和我们以前学过的长方形有什么关系。平行四边形、长方形、正方形的关系是：长方形和正方形具有平行四边形的一切特征，因此长方形和正方形是特殊的平行四边形，用图表示为：

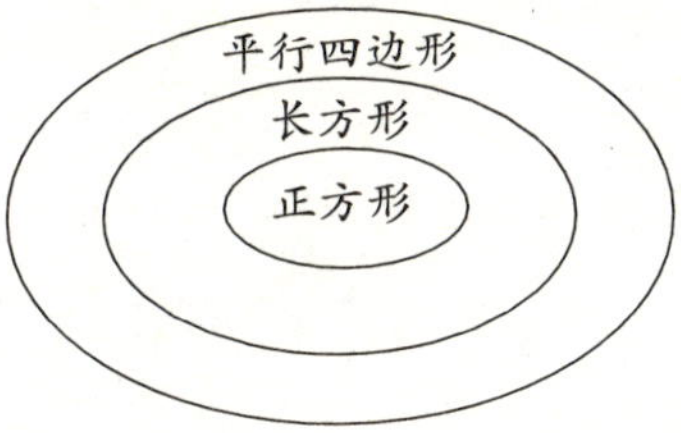

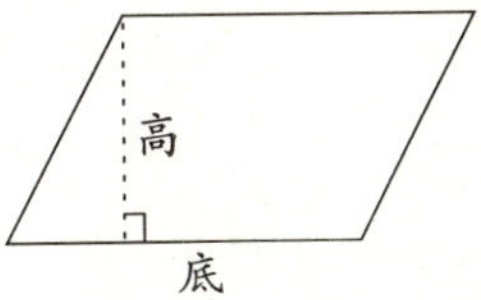

杜婉怡：画平行四边形的高相当于从直线外一点画已知直线的垂线段。可以在一条边上任意取一点，但通常从一个顶点向它的对边画高。

生质疑：平行四边形的底有多少条高呢？为什么用虚线画高？

杜婉怡：这个问题问得比较好，因为高是从一条边上向对边画垂直线段，对边上有无数个点，所以就能画无数条高。高是含在平行四边形里的，是平行四边形的一部分，你要是画实线的话就把平行四边形分成两部分了，就不是平行四边形的高了。

杜婉怡：大家还要注意，底和高是相对应的。

师：谁能来说一说，底和高相对应是什么意思？

杜婉怡总结：

(1) 平行四边形有无数条高。

(2) 高一定要用虚线画，并且底和高是相对应的。

杜婉怡：现在来看一下我们是如何研究平行四边形的面积的。我们想把平行四边形转化为已经知道的长方形，可以沿着平行四边形的一个高将平行四边形剪开，拼成一个长方形，这样就利用转化法把平行四边形变成了长方形。

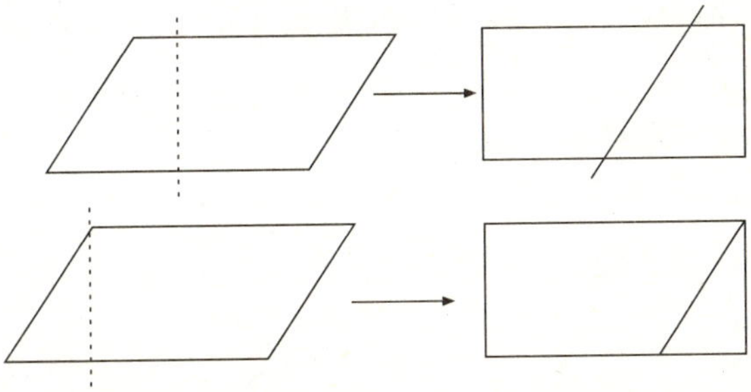

杜婉怡：我们来看看，平行四边形和拼成的长方形之间有什么联系。

（看课件）

杜婉怡：所以，平行四边形的面积＝底×高。

（杜婉怡的小组说完后，让其他小组补充自己和她们小组不一样的地方）

师：刚才同学们一直在提一个词“转化”，转化思想是数学上一个非常重要的思想，谁能说说你的理解？

生：是把不认识的图形，通过剪、拼等变成我们已经认识的图形。

生：转化就是把我们不会的东西变成我们会的东西，以平行四边形为例，我们不会求平行四边形的面积，我们就想办法把它变成长方形，这样我们就会算了。我们不仅可以在多边形面积这里用到转化思想，在生活中也处处可以用到，例如，把小数乘法转化成整数的除法，我们就会做了。

生：我给补充一下，转化思想就是把未知的变成已知的。

师：这样一说大家都明白什么是转化思想了。

（三）教师梳理方法

提出问题——解决问题（动手实验、上网查阅资料）——整理研究成果——小组汇报，在论辩中明晰问题。

（因为时间关系，这一节课学生只是汇报了自己研究的平行四边形的面积计算问题。还有同学详细研究了三角形和梯形的面积计算，在后面的几节课进行了汇报和学习）

（辛秀红）

二、面塑艺术：小刺猬

面塑的历史源远流长，其手法也繁杂多样，常用的有：捏、剪、割、搓、拼、挤、夹、压、盘、叠、镶嵌、组合、压纹、压花……根据不同的题材内容，可以作适当的调整与取舍。

活 动 准 备

我的问题

你还有什么问题？把它写下来吧！

1. 面塑的基本工具是什么？
2. 面塑的基本技法有哪些？
3. 如何用材料塑造艺术形象？
4. ______________________________？

确定主题

让我们一起协商，确定我们小组喜欢的研究主题吧！

我们的主题：________________________________

材料准备

•利用课余时间，收集、整理与小刺猬有关的资料。了解刺猬的习性，观察刺猬的外形特征。了解面塑的发展史。

•依据需要准备相应的活动材料，如剪刀、拨子、滚子、梳子、颜料、彩色面、纸材、照相机……

活 动 过 程

你知道吗？

面塑按其使用功能可分为两类，一类是专门用于收藏的面塑，另一类是可以食用的面塑。用于收藏的面塑通常用精面粉、糯米粉、盐、防腐剂及香油等制成，而用于食用的面塑则用澄粉、生粉等制成。

面塑艺术在我国北方各省都有，与民俗密切联系，具有广泛的群众基础，每到春节，农村家家户户都要做一些面食艺术品，有的做成各种水果、面花，摆到堂屋的方桌上作为观赏品，有的做许多花馍、寿桃、花糕，作为串亲戚馈赠亲友的礼品。而母亲们要借此机会为孩子们做许多戏剧人物和各种有趣的小动物，当作玩具供孩子们食用和玩耍。

那么为何刺猬和老鼠成了招财进宝的象征呢？原来它们有挖洞藏食的习性，老百姓都认为此举是积财的表现，而且一般只有丰年才会出现老鼠，灾年人都吃不饱，更不用说老鼠了。所以小刺猬、小老鼠就意味着家有余粮，背上再放个面制的小元宝，图个把金元宝驮回家的好兆头。

查阅资料

对于面塑艺术，同学们接触得比较少，我们可以通过查阅书籍或者上网了解更多的知识。整理一下，与同学们分享你的收获吧！

资料在线

面　塑

面人也称为面塑，自汉唐以来，一直以民间玩具的形式流传，在清朝时期极为鼎盛，著名的手工艺人“泥人张”名噪一时。面塑是一种制作简单但艺术性很高的民间工艺，以处理过的麦粉、糯米粉为原料，取材于佛道故事、戏曲及历史人物，用手揉、搓等，再用小木刀点、切、刻、划等，不用多久，一个艺术形象就可脱手而出。“双眸观世界，十指演春秋”，这是形容捏面人手艺的，表达的是捏面人眼看得准，手下得准、快。

动手做做

选择合适的素材（可以用彩泥和橡皮泥代替哦），制作出自己喜爱的物品。如制作一只小刺猬，步骤如下：

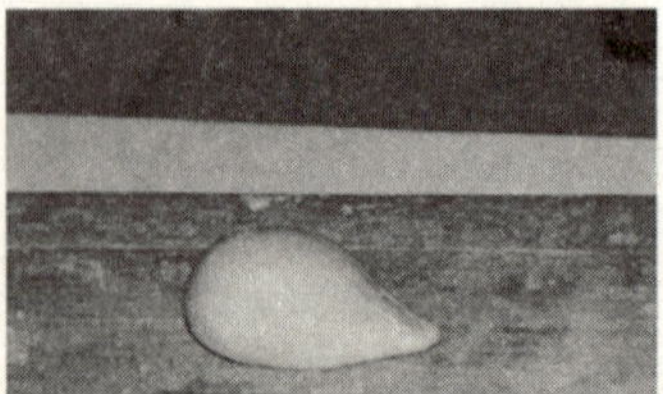

第一步：将面抟成圆球形。把一头捏尖，做成水滴状，尖的部分做小刺猬的头。

第二步：在头后方用剪刀挨个剪出第一排刺。注意安全。

第三步：排着往后剪，要插空儿剪呦。然后扎个小眼睛就可以了。还可以用黑豆做眼睛。

活动总结

收获分享

通过参与本次主题活动，我们亲身体验了资料收集、设计、制作等活动，一定有许多收获与体会吧，把它们写下来并与大家一起分享吧。

反思评价

活动评价表

评价内容 评价人	主动参与	大胆表现	团结合作	成果展示	创意水平
同伴评价					
小组评价					
老师评价					
自我评价					

活动拓展

设计与创新

你还会制作什么面塑作品呢？回家试试，在下节课展示给大家欣赏。

（田金芳）

三、绘本故事《三只小猪》教学设计

绘本解读：

三只小猪是兄弟，大哥“懒懒”盖草屋，二哥“凑合”盖金雀花枝窝棚，第三只小猪“聪聪”盖砖屋。最后，懒懒和凑合的房子被大灰狼吹倒，自己也被大灰狼吃掉了，只有不嫌麻烦的聪聪的砖屋没有被大灰狼吹倒，它还利用自己的智慧战胜了大灰狼，把大灰狼煮熟吃了。最后聪聪辛勤耕作，快乐地生活。《三只小猪》给孩子们刻画出了一个机智勇敢、不畏强敌的形象，既让人振奋，也能让孩子们学会冷静思考、正确处理危险。

（一）谈话导入

小朋友们，今天老师带来了几间漂亮的小房子，你们想不想看啊？（出示房子）请小朋友想象一下，它们会是谁的房子呢？

（孩子们自由发言）

你们的猜想可真多啊，那么它们到底是谁的房子呢？（看图片）原来是三只小猪的。（师生一起说）想不想知道在这些房子里，三只小猪究竟发生了哪些故事啊？好，现在老师就把这个故事讲给大家听。

（二）讲述故事

从前有一只猪妈妈，它贫困潦倒，实在无力继续养活自己的三只猪娃。于是猪妈妈送走了孩子们，让它们自己去闯荡世界了。

第一只小猪，懒懒，遇见一个卖稻草的货郎，于是便央求他说：“求你发发善心，给我一些稻草，好让我盖个茅草屋栖身吧。”

卖稻草的货郎可怜懒懒，便把稻草送给了它。懒懒三下五除二就搭起一间摇摇晃晃的茅草屋。

碰巧一头大灰狼经过，它推了推茅草屋的门，说：“小猪小猪，让我进去吧。”

（现在呢，就由我们的男孩子扮演大灰狼，读大灰狼所说的话，这里要读出很温柔、很客气的语气；女孩子扮演懒懒，读小猪所说的话）

“不不，说什么我也不让你进来。”

“那我可就要吹气儿啦，把你这屋子吹个稀巴烂！”大灰狼说。

大灰狼鼓起肚子（孩子们，大灰狼要吹气了！男孩子学着大灰狼的样子吹气），一口气儿就把稻草全吹飞了。然后，大灰狼把小猪懒懒吃掉了。

第二只猪，凑合，也遇见一个货郎，这回是个卖金雀花枝的。凑合便央求他说："求你发发善心，给我一些金雀花枝，好让我盖个窝棚睡觉吧。"

卖柴的可怜凑合，便把金雀花枝送给它。凑合七拼八凑，架起了一间颤颤悠悠的窝棚。

碰巧大灰狼又来了，它隔着窗户说："小猪小猪，让我进去吧。"

"不不，说什么我也不让你进来。"

"那我可就要吹气儿啦，把你这屋子吹个稀巴烂！"大灰狼说。

大灰狼鼓起肚子，一口气儿就把金雀花枝吹散了。大灰狼把第二只小猪凑合也吃掉了。

（小朋友们，懒懒和凑合都被大灰狼吃掉了，那么第三只小猪又会有什么样的结果呢？引导学生发挥想象，说说自己的想法）

第三只小猪，聪聪，同样遇见一个货郎，这回是个卖砖的。聪聪有礼貌地问："能否请你借我一些砖头，等我盖好房子，过好日子，我再还给你？"

卖砖的二话没说，送给聪聪一些砖头，并留给它一些忠告。于是，聪聪用砖头砌起了一间结结实实的房子。

大灰狼很快又来了，它透过窗户说："小猪小猪，让我进去吧。"

"不不，说什么我也不让你进来。"

"那我可就要吹气儿啦，把你这屋子吹个稀巴烂！"大灰狼说。

（组织孩子们同样学着大灰狼的样子吹气。这次，聪聪的房子能顶得住大灰狼这么一吹吗？想象一下结果怎样呢？）

大灰狼鼓起了肚子，吹呀吹，吹呀吹，可房子纹丝不动。

大灰狼看着房子纹丝不动，它不甘心，又想出了坏主意。它对聪聪说："小猪小猪，我知道哪儿有一片漂亮的萝卜地。"

"哪儿有？"聪聪问。

"在老史家的园子里，"大灰狼说，"如果你愿意，我明天早上带你去，咱们一起拔萝卜，烧饭吃。"

"你真是太好了。那么你几点钟来呢？"

"六点整。"大灰狼说。

第二天早晨，聪聪五点钟就起了床。它没等大灰狼，而是自己去了老史家的园子拔萝卜。

六点钟整。大灰狼来到窗户口，朝里说："小猪，你准备好了吗？"

聪聪答道："准备？我都已经去过回来了，我拔了萝卜，做了饭。"

大灰狼十分恼火，它正想破窗而入，脑子里又转出一个鬼主意，于是说："小猪小猪，我知道哪儿的苹果长得又红又大。"

"哪儿的呀？"聪聪问。

"在老麦家的果园里，"大灰狼说，"我明天早上五点来叫你一起去。"

第二天早上，聪聪四点钟就起了床。它打算先去老麦家的果园摘苹果，赶在大灰狼露面之前返回家。

可是这次的路途比较远，等聪聪爬到树上摘完苹果，准备下来回家时，大灰狼已经来了。

大灰狼假装生气地说："我一片好心，你却自己先摘了果子。苹果好吃吗？"

"味道好极了。我给你扔下两个，快尝尝。"聪聪使足了力气，把苹果往远处扔去。趁大灰狼跑向远处捡苹果的当儿，聪聪跳下树，跑回了家。

一天，大灰狼又来找聪聪，说："小猪，今儿下午森林大街有个集市，咱们一起瞧热闹去？"

"行啊，你几点来接我？"聪聪问。

"三点钟。"大灰狼说。

于是聪聪像上两次一样，提前出发。它赶到集市上，买了一只黄油桶。可就在回家的路上，它碰见了大灰狼！

聪聪急中生智钻进了大桶。但是大桶翻倒了，带着聪聪顺着山坡朝着大灰狼来的方向快速地滚过去。大灰狼惊慌失措，哇哇叫着夺路而逃。

（大灰狼为了吃掉聪聪，都想出了哪些坏主意？聪聪又是怎样战胜大灰狼的呢？孩子们，故事听到这里，在你的印象中，你认为聪聪是个怎样的小猪呢？）

（大灰狼真的逃走了吗？聪聪最后战胜大灰狼了吗？我们接着看故事）

晚上，饥肠辘辘的大灰狼再次来到小猪家，它可怜巴巴地诉说着碰上的倒霉事儿。

聪聪得意地说："是我藏进了大桶，把你吓得屁滚尿流。我在集市上买了大桶，见你来了，就钻进桶里，从山坡上滚下来。"

大灰狼气得咬牙切齿：“我今天就是钻你家的烟囱，也要进你家的门，抓住你，把你吃掉！”

聪聪识破了大灰狼的诡计。它在炉灶上架起一口大锅，盛了满满一锅水，生起旺火。聪聪静静听着屋顶的动静。就在大灰狼从烟囱滑下来时，聪聪赶紧掀开锅盖，大灰狼一头栽进了滚烫的开水里。聪聪立即压上锅盖，把大灰狼焖在锅里，煮熟吃了。

从此以后，小猪在新的家园辛勤地耕作，快乐地生活。

（孩子们，聪聪在遇到困难、危险的时候，它是怎样做的呢？三个小猪当中，你最喜欢谁，说说你的理由。引导孩子把故事升华到一定高度。今后在遇到困难时你该怎样做呢？引导孩子联系自己的生活说说）

（注：男孩子们读大灰狼的话，读红色字体；女孩们分组分别扮演三只小猪，读绿色字体）

（三）课堂写绘

1. 布置写绘。

小朋友们，聪聪凭借着自己的智慧和勇气战胜了大灰狼，取得了最终的胜利。现在老师给出两个题目，大家可以任选一题完成写绘。

（1）小猪聪聪战胜了大灰狼后快乐地生活着，它还会遇到危险吗？它是怎么脱险的呢？请小朋友展开丰富的想象去编写它的故事，再把故事配上优美的图画。

（2）如果你是其中的一只小猪，你会选择什么材料来造房子？把你想象中的房子画出来。

下面老师说清要求：

（1）可以在一张纸上画一幅画，也可以把一张纸平均分成几个小方格子，画两幅、三幅、四幅……甚至更多幅，发挥你的想象力，画出小猪今后的生活。

（2）绘画的时间是 15 分钟，大家要在这个时间内完成自己的作品。

（3）直接用彩笔或油画棒画，不要用铅笔先描。不要怕自己画得不像，只要你明白自己画的是什么就行。

好，小朋友们，拿起你手中的油画棒和铅笔，开始吧！

2. 教师巡视，对想象丰富合理、大胆独特的学生给予表扬。

（四）交流展示

1. 抽取 2～3 名榜样学生上台讲述自己的写绘作品，教师进行点评，及时给予肯定与鼓励。

2. 同桌之间互相讲一讲自己的写绘故事。

师：老师想，所有的小朋友都画出了特别精彩的故事，现在就请同桌之间讲一讲自己的写绘故事，互相分享一下。

（五）布置作业

在我们的生活中，总会遇到这样那样的困难。面对困难，我们应该像故事中的聪聪那样，遇事冷静，只要动脑筋想办法克服和战胜它，就一定能解决问题，我相信每个小朋友都会做到的。

课后，可以把这个故事讲给你的家人或朋友听，也可以把你的故事讲给他们听，请他们帮你把故事记录在你的写绘作品上。

（六）交流写绘作业

（张廷娟）

四、观察算式，寻找规律

（一）教学目标

1. 通过观察、实验、猜测、验证、推理等活动，找出实际问题中图形或者数字之间的规律。

2. 能够将所发现的某些规律用含有字母的式子正确地表示出来。

3. 会应用找到的规律解决实际问题。

（二）教学过程

1. 情景导入

教师用一个“猜数字”的小游戏来引入新课，具体步骤如下：

（1）请每位同学先想好一个 1～20 内的自然数；

（2）让每位学生将想好的自然数进行平方，然后加上这个自然数的两倍，再将结果除以这个数，然后将结果加上 1；

（3）让学生将所得的最后结果告诉老师，老师就知道这个同学心里所想的数是几。

设计意图：教师通过一个小游戏引出课题，指明本节课的主要研究内容，同时激发学生的好奇心，从而使学生产生对本节课所要学习知识的探索欲望。

2. 自主探究

请你按照如下的数字规律，分别写出第 n 个数字：

2，4，6，8，10，…，________；

1，3，5，7，9，…，________；

6，10，14，18，22，…，________；

2，4，8，16，32，…，________.

设计意图：通过对数字规律性问题的探索，培养学生观察、分析、猜想、归纳的能力；通过教师引导以及学生的自主参与，增强学生的数字规律感，培养学生的观察能力、问题分析能力和归纳能力。

师生活动：教师引导学生对所提出问题中的数字进行观察，让学生自主探究其中的规律。在活动中，教师应重点把握：

（1）学生能否观察出各个数之间的关系；

（2）学生能否将观察到的数字关系用代数式表示出来。

如果学生不能顺利找出数字之间的规律，教师可以按照上面的关注重点逐步提示学生观察、发现，最后得出结果。

3. 合作交流

（1）餐桌的摆法：

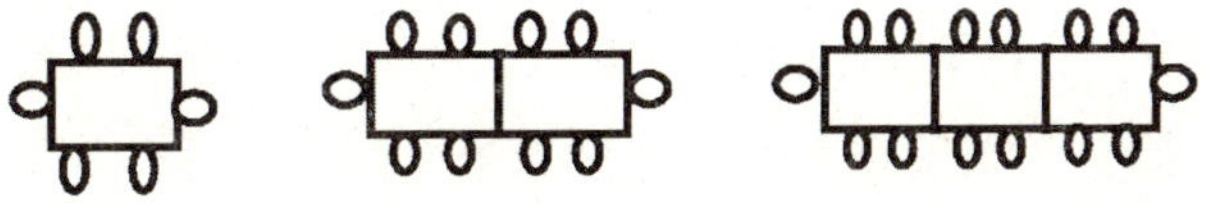

①1 张餐桌可坐 6 人，2 张餐桌可坐____人。

②若按照上图的摆法摆放餐桌和椅子，完成下表：

餐桌（张）	3	4	5	……	n
可坐（人）				……	

(2) 若按照上图的摆法摆放餐桌和椅子，完成下表：

餐桌（张）	1	2	3	4	5	……	n
可坐（人）						……	

(3) 在桌数相同时，哪一种摆法容纳的人数更多？

设计意图：通过对合作交流中问题（1）中图形规律的探索，培养学生观察、分析、猜想、归纳的能力，找出寻找图形规律的思考方法，通过学生之间的讨论，增强学生的交流意识、合作精神；在问题（2）中使学生进一步感受基本图形中规律的重要性及简捷性；问题（3）的设计是让学生将所学到的知识进行实际应用，体会到数学在实际生活中的作用，增加对数学的学习兴趣。

师生活动：学生在教师抛出的问题的引导下，自主进行思考；教师适时给予点拨，总结出这一类规律的一般结论。

在本次活动中，教师应重点把握：

①学生是否能够通过观察、思考进行主动探索；

②学生是否能将探究出的规律应用到普遍情况中。

如果学生觉得总结规律困难，教师可以降低问题的难度。

例如：

①每加一张桌子，可坐的人数增加了多少？

②两张桌子比一张桌子可坐人数增加了多少？三张桌子比一张桌子可坐人数增加了多少？四张呢？五张呢？这些数字是哪一个数的倍数？

③按上述表述，能否将两张桌子的可坐人数与序号 2 联系起来写出一个算式？能否将三张桌子的可坐人数与序号 3 联系起来写出一个算式？四张桌子呢？n 张桌子呢？

小结：寻找“图形序列”规律的思维步骤：

①找到组成复合图形的基本图形；

②找到图形变化中的不变量；

③在找到规律后，用数学式子表达规律；

④发现不同方法在寻找图形规律过程中的特点。

4. 拓展提升

下图是一组有规律的图案，第 1 个图案由 4 个基础图形组成，第 2 个图案由 7 个基础图形组成……第 n（n 是正整数）个图案中由________个基础图形组成。

(1)　　　　(2)　　　　(3)

设计意图：让学生进一步理解和掌握寻找图形规律的思考方法，在此基础上学生才能够迅速找出规律并能准确表达，并在快速解答中感受成功的喜悦，增强学好数学的信心。

5. 当堂检测

(1) 请你按照如下的数字规律，分别写出第 n 个数字：

4，8，12，16，20，…，________；

5，9，13，17，21，…，________；

(2) 请先观察下列算式，再填空：

$3^2-1^2=8\times1$，$5^2-3^2=8\times2$，$7^2-5^2=8\times$____，$9^2-(\quad)^2=8\times4$，

$(\quad)^2-9^2=8\times5$，$13^2-(\quad)^2=8\times$____，……

通过观察归纳，第 n（n 为正整数）个等式应为：________________。

(3) 用黑白两种颜色的正六边形地面砖按如下所示的规律，拼成若干个图案：

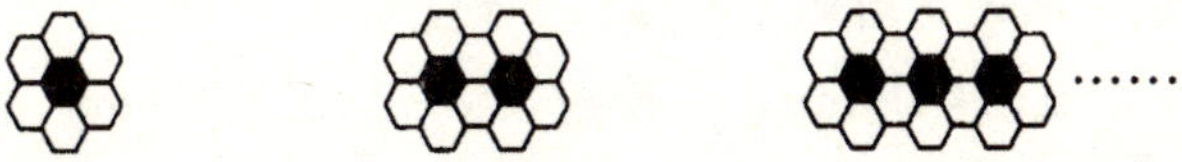

第 1 个　　　　第 2 个　　　　第 3 个

①第 4 个图案中有白色地面砖________块。

②第 n 个图案中有白色地面砖________块。

(4) 如图所示，用火柴棍拼成一排由三角形组成的图形，如果要使图形中含有 50 个三角形，那么需要火柴棍(　　)。

A. 100 根　　　　B. 101 根

C. 150 根　　　　D. 153 根

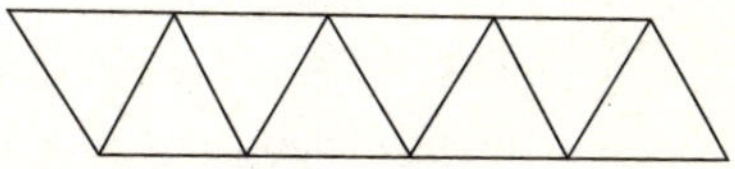

(三) 课堂小结

1. 通过观察数与数之间的关系，发现共同特征，得出某种规律的猜想。

2. 找出规律与位置间的对应关系，用关于“序号”的数学式子表示出来。

3. 验证所归纳的结论。

（四）教学反思

及时进行课堂教学反馈总结，思考在引导学生探究问题时所采用的方法。学生是课堂的主人，教师要把“自由”还给学生，充分信任学生的能力和潜质，发现在课堂中学生还有哪些困惑等，要让学生在反思中进步，在反思中发展。

（裴志星　李华强）

五、生命　生命

（一）导入新课

同学们，“一粒貌不惊人的种子，往往隐藏着一个花季的灿烂；一条丑陋的毛虫，可能蜕变为一只五彩斑斓的彩蝶。因为，生命本身就是一桩奇迹”。这是台湾著名女作家杏林子对生命的感悟。今天我们就要学习她写的一篇文章《生命　生命》。

板书课题：生命　生命（教师强调反复修辞方法的用法）

（二）检查预习

1. 认读生字，提示易读错、写错的字词。

易读错音：不能动弹（tán）　糟蹋（tà）　震撼（hàn）

易写错字：骚扰　欲望　震撼　糟蹋

2. 想一想课文中写了几个事例，试用简洁的语言加以概括。板书：

（1）飞蛾求生

（2）瓜苗生长

（3）静听心跳

（三）细读课文，理解感悟

默读课文的二、三、四自然段：

文中哪些句子或词语令你感动？在每个自然段的旁边写出你的感受。

1. 学习第二自然段——飞蛾求生

抓重点词语，感悟飞蛾极力求生的表现。

“但它挣扎着，极力鼓动双翅，我感到一股生命的力量，在我手中跃动，那样强烈！那样鲜明！飞蛾那种求生的欲望令我震惊，我忍不住放了它！”

飞蛾在什么处境下还如此珍爱自己的生命呢？

（困境、逆境、险境、绝境）

抓表达规律，积累语句，指导背诵。

过渡：小飞蛾的生命仅有9天，它在求生的希望几乎为零的情况下，奋力挣扎，足以说明它非常珍视自己的生命。那粒貌不惊人的香瓜子又给我们什么样的启示呢？

2. 学习第三自然段——走近香瓜子

（1）读出表示香瓜子生命顽强的句子。

墙角的砖缝中掉进一粒香瓜子，过了几天，竟然冒出一截小瓜苗，那小小的种子里，包含着一种多么强的生命力啊！竟使它可以冲破坚硬的外壳，在没有阳光、没有泥土的砖缝中，不屈向上，茁壮成长，即使它仅仅只活了几天。

（2）体会作者情感。

（3）重点抓"即使它仅仅只活了几天"部分。

（4）层层体会，初步感悟句意。

它只活了几天，你体会到了什么？

它仅仅只活了几天，你体会到了什么？

即使它仅仅只活了几天，你又体会到了什么？

教师引读，突破理解难点：

即使它的生命只有7天，它会……即使它的生命只有5天，它要……即使它的生命只有2天，它也一定能……

此时此刻，我们再看，加上了"即使"一词表达了作者怎样的情感？

师生共读，积累语句。

3."导学"第四自然段——让我们一起倾听杏林子那律动的心跳

（1）走入杏林子的内心世界。

有一天，她用医生的听诊器静听自己的心跳——她的感受是什么？不能白白地糟踏生命。

（2）其实，我觉得杏林子是最有理由放弃自己生命的人。（学生瞪大了眼睛看老师）下面，我们就来了解一下杏林子。（杏林子照片略）

（3）学生介绍查阅的杏林子的资料。

杏林子（1942～2003），台湾作家，原名刘侠。自12岁起，患"类风湿性关节炎”，致使她腿不能行，肩不能举，手不能抬，头不能转。残而不废的她，凭着坚强的毅力数十年来坚持自修，成为台湾文坛上的著名作家，著有40多本著名的散文、小说、传记和剧本，被誉为“台湾最具影响力的作家”。

(4) 同学们，看着上面的这张照片，你觉得杏林子是一个怎样的人？

你知道吗？杏林子12岁的时候，就是和你们一样大的时候，患上了一种非常严重的病，叫类风湿性关节炎，全身90%以上的关节坏死。从12岁患病到61岁去世，整整50年的时间里，她腿不能动，腰不能转，臂不能抬，头也不能随意地转动，只保持着一种姿势，在轮椅上坐了整整50年，想象得到吗？

杏林子说地震有五级之分，她的病痛也有五级之分，小痛，中痛，大痛，剧痛和狂痛。

(5)（出示杏林子的一双手）你们看，这是什么？

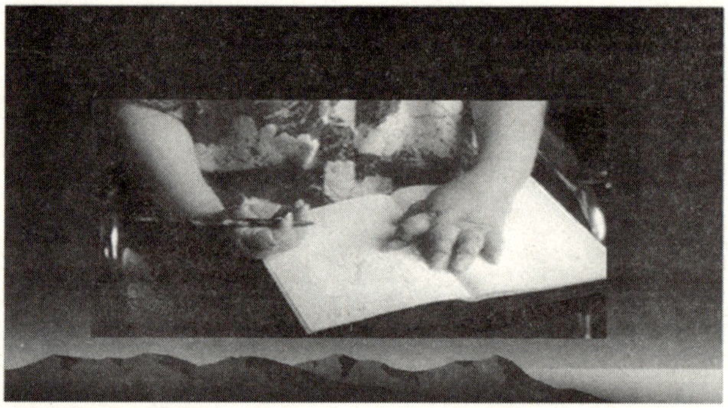

在杏林子患病的50年时间里，她就是用这样一双手写下了40多本著作。(展示课件)

我知道大家体会到很多，这里就不说了，就把我们的感叹和震撼融入语言吧。

4. 学习第五自然段

(1) 正是出于这样的思考，杏林子深情地写下了这样一段话……

虽然生命短暂，但是，我们却可以让有限的生命体现出无限的价值。于是，我下定决心，一定要珍惜生命，决不让它白白流失，使自己活得更加光彩有力。

(2) 从杏林子的话中你体会到什么？（体会有限的生命、无限的价值的含义）

(3) 朗读提升感悟。

(4) 积累背诵。

(四) 回归课文，体会生命的意义

学生看板书，回答：生命是……

(五) 回归整体，梳理写法

回顾全文写法："设问入篇"开头法、"篇末点题"结尾法、借物喻理法。

小飞蛾在险境中挣扎，香瓜子在墙角砖缝中长出小苗，"我"静听心脏的跳动感受自己的生命。这些本来是寻常小事，作者却由此感悟出深刻的道理：虽然生命短暂，但是，我们却可以让有限的生命体现出无限的价值。这就是借物喻理的写作方法。

(六) 拓展阅读，提升思维

今天老师也给大家带来了几篇文章，读了以下内容你又体会到生命是什么呢？（展示课件）

(七) 交流资料

1. 有关生命的名言。

2. 古人对生命的诠释。

3. 学生列举有关热爱生命的人和事。

（教师列举司马迁、孙膑、贝多芬、阿炳等人的事例）

(八) 心灵的呼唤

在你的眼中，生命又是什么样的呢？写出你对生命的感受。可以写一首诗，也可以写一段对生命的感言，还可以像作者一样写一件事。

生命是____________________；生命是____________________；生命是____________________……

(九) 回归课文，重读课题

给课题加标点：第一个感叹号是说你了解了生命是什么，第二个问号是在问自己：我的生命该怎么度过？让我们深情地呼唤：生命！生命？

(十) 布置作业

快乐阅读：

杏林子的《生之歌》

海伦·凯勒的《假如给我三天光明》

（十一）断课语

同学们，生命是短暂的，人的一生是有限的。但是，我们可以通过不懈的努力去创造无限的价值，使生命穿越时空，成为永恒。就让我们在杏林子对生命的感悟中结束这节课吧！（学生齐读）虽然生命短暂，但是，我们却可以让有限的生命体现出无限的价值。让我们再次深情地呼唤：生命！生命？

（郑素云）

六、“我来做大师：常用的Flash动画制作技法”研究性学习设计

（一）情境

在欣赏了电脑动画之后，我们已经有了初步的动画概念，经过与Flash的亲密接触，我们对Flash软件有了更深入的了解，认识了Flash基本的工具，学会了用Flash的常用工具进行绘图等。在本专题的学习中，我们将研究如何用电脑动画的原理和掌握的知识来初步学习制作自己喜欢的动画。

（二）任务

Flash动画有很多制作的技法，我们要通过不同的实例来分别学习不同的技法。最后运用学到的技法来制作自己喜欢的Flash动画，把它们展示给大家，并述说采用的技法和制作的流程。

（三）活动和过程

1. 逐帧动画

（1）自主学习：出示Flash源文件，让学生观察并学习逐帧动画的结构。

（2）自主探究：让学生自主制作“笑脸”的逐帧动画。

（3）课堂延伸：让学生尝试制作“小黑人运动”的逐帧动画。

（4）自主探究：让学生尝试测试影片，并根据出现的问题调整自己的动画。

2. 形状补间动画

（1）自主学习：让学生依据课本，学习形状补间动画的意义及制作

方法。

(2) 自主探究：让学生自主制作“方变圆变角”的形状补间动画。

(3) 课堂延伸：让学生尝试制作“月缺”到“月圆”的形状补间动画。

(4) 自主探究：让学生尝试测试影片，并根据出现的问题调整自己的动画。

3. 动作补间动画

(1) 自主学习：让学生依据课本，学习动作补间动画的意义及制作方法。

(2) 自主探究：让学生自主制作“移动文字”的动作补间动画。

(3) 课堂延伸：让学生尝试制作“小球运动”的动作补间动画。

(4) 自主探究：让学生尝试测试影片，并根据出现的问题调整自己的动画。

(5) 自主探究：形状补间动画与动作补间动画有何区别？

4. 引导线动画

(1) 自主学习：让学生依据课本，学习引导线动画的意义及制作方法。

(2) 自主探究：让学生自主制作“飞舞的蝴蝶”的引导线动画。

(3) 课堂延伸：让学生尝试制作“天体运动”的引导线动画。

(4) 自主探究：让学生尝试测试影片，并根据出现的问题调整自己的动画。

5. 遮罩动画

(1) 自主学习：让学生依据课本，学习遮罩动画的意义及制作方法。

(2) 自主探究：让学生自主制作“探照灯”的遮罩动画。

(3) 课堂延伸：让学生尝试制作“动画跑马灯”的遮罩动画。

(4) 自主探究：遮罩层有几种制作方法？

(5) 自主探究：让学生尝试测试影片，并根据出现的问题调整自己的动画。

(6) 思考讨论：五种动画的区别。

6. 最终作品

(1) 展示你在各个技法学习阶段所做的动画。

(2) 利用你所熟悉的技法，制作你喜欢的动画。

（四）资源列表

例：

- 相关 Flash 网站，如“闪吧”“黑客帝国”。
- 相关素材网站如“素材中国”等。
- 相关杂志、书籍等。

（五）评价

- 学生作品自评、互评与教师点评相结合。
- 学生表现自评、互评与教师点评相结合。
- 小组表现自评、互评与教师点评相结合。

（六）结论

“我来做大师”是本主题单元的重点，也是难点所在，在这里学生学到了常用的 Flash 动画制作技法，熟悉并掌握了逐帧动画、形状补间动画、动作补间动画、引导线动画、遮罩动画的制作方法，能合理应用这些技法制作相应的作品，并能结合身边的事物制作自己喜爱的动画作品。通过本专题，学生更加熟悉了动画运动的规律，提升了制作动画的水平，能结合实际制作出自己想要的作品。

（方刚）

七、贴近生活的剪纸艺术

剪纸又叫刻纸，是中国汉族最古老的民间艺术之一，它的历史可追溯到公元 6 世纪。剪纸是一项普及较早、范围较广、与民间生活和习俗紧密结合的艺术。那些精美的鞋样、绣花样、窗花、馍花等，都出自一位位“村姑”之手，连清代的服饰也是以剪纸为基础的绣花底样。剪纸已入选联合国非物质文化遗产项目，其载体可以是纸张、金银箔、树皮、树叶、布、皮、革等片状材料。

活动准备

我的问题

你还有什么问题？把它写下来吧！

1.我国的剪纸是怎么来的？

2.剪纸的题材有哪些？

3.我国剪纸的传承人是谁？不同历史时期及不同地域剪纸的发展与传承是什么情况？

……

确定主题

参考主题

1.剪纸的历史

2.剪纸的分类与特征

3.剪纸艺术的文化特色、传承与创新

……

让我们一起协商，确定我们小组喜欢的研究主题吧！

我们的主题：________________

活动过程

制订方案

为确保主题研究活动顺利进行，请小组成员一起参与设计行动方案吧！

小指南

制订方案可要考虑周密、切实可行哟！

1. 围绕确定的活动主题，小组成员间合理分工。
2. 详实规划好本小组活动的步骤。
3. 确定活动后的展示形式。

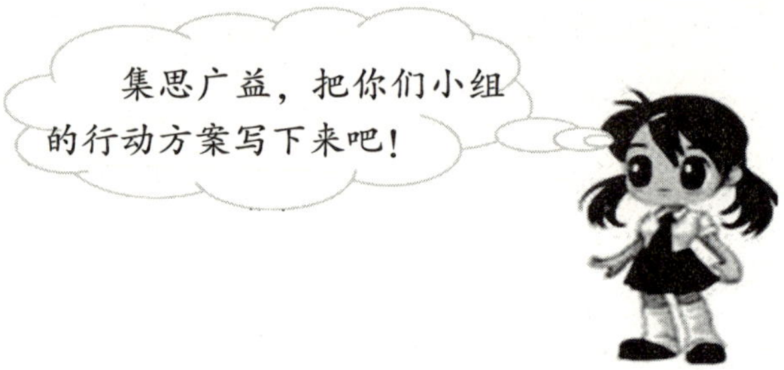

__________小组活动方案

活动主题	
小组成员及分工	
活动地点	
活动时间及步骤	
活动方式	
预期成果	

材料准备

利用课余时间，收集、整理和剪纸有关的资料。

根据实际需要准备相应的活动材料，如笔记本、记录表、照相机……

设计问题，制作调查问卷。

活动评价

在班内进行活动方案交流，根据方案制订情况进行评价。

资料在线

剪纸艺术历史悠久，其表现形式丰富多样，主要分为单色剪纸、套色剪纸、染色剪纸等。剪纸的题材内容丰富，精美细致，寓意深刻。

对于剪纸艺术的文化特色，同学们知道的比较少，我们可以通过查阅书籍或者上网，了解更多的知识。

剪　纸

剪纸扎根于民间，与我们的生活紧密相连，题材来源于现实生活和传统的民间文化，表达的是对于美好生活的企盼、追求与向往。这一艺术形式从古到今，几乎遍及我国的城镇乡村，深得人民群众的喜爱。我们要保护民间文化和非物质文化遗产，让它们成为“种子”，在一代代人的心田生根、发芽、开花、结果！

剪纸是我国劳动人民创造的一个实用性最强、工艺手段最简单、流传最广的民间艺术品种，它与生活、民俗紧密相连，具有很强的实用价值和欣赏价值。从汉代开始，便产生了剪纸最早的雏形。到唐代，剪纸进一步发展，段成式《酉阳杂俎》中记有：“立春日，士大夫之家剪纸为小幡，或悬于佳人之首……”李商隐《人日即事》诗中有“镂金作胜传荆俗，翦彩为人起晋风”一句。从宋朝开始就有关于剪纸艺人的记载，如周密《志雅堂杂钞》中记载：“向旧天都街，有剪诸色花样者，极精妙。”之后，民间剪纸从彩陶、青铜艺术中汲取意象手法，打破了具象剪影的局限，开始运用虚构、想象、拼合、寄寓、夸张、装饰等浪漫主义方法表现物象，为具象剪影手法增添了强大的生命活力，弥补了具象剪影手法的不足，逐步发展成为一种概括简练、形神兼备、装饰强烈的艺术，又由于工具材料的特殊，便形成了一种独特的艺术语言，历经数代而不衰，直到近代，魅力常在。

探究活动

通过搜集资料、动手制作，你发现了什么？整理整理你们小组的活动资料，撰写好活动报告吧！

小指南

你会写报告吗？

1. 题目：（1）规范化：一篇关于________的活动报告。
（2）自由化（可有正副标题）。
2. 正文：（1）开头：地点、对象、范围，活动的起因、目的、时间。
（2）主体：详细论述活动的过程、情况。
（3）结尾：得出结论，总结全文。

汇报展示

以小组为单位展示活动过程中收集的图片、影像资料、作品等。

集体交流分享，做好班级活动记录。

收获分享

通过参与本次主题活动，我们亲身体验了收集资料、设计、制作、总结等活动，同学们一定有许多收获与体会，把它们写下来并与大家一起分享吧。

反思评价

活动评价表

评价内容 / 评价人	主动参与	大胆表现	团结合作	成果展示	创意水平
同伴评价	☺ 😐 ☹	☺ 😐 ☹	☺ 😐 ☹	☺ 😐 ☹	☺ 😐 ☹
小组评价	☺ 😐 ☹	☺ 😐 ☹	☺ 😐 ☹	☺ 😐 ☹	☺ 😐 ☹

续表

评价内容 评价人	主动参与	大胆表现	团结合作	成果展示	创意水平
家长或老师评价	☺ 😐 ☹	☺ 😐 ☹	☺ 😐 ☹	☺ 😐 ☹	☺ 😐 ☹
自我评价 或得意作品、 精彩瞬间					

活 动 拓 展

设计与创新

你会设计并能剪出什么剪纸作品呢？

（宋燕）

八、心理活动课《团队，责任》

（一）导入，游戏热身

孩子们，我要告诉大家，今天这节课，既不是语文课，也不是思品课，又不是班会课，是以往任何一位老师都没有给你们上过的一种全新的课。今天，我想带领大家进行一次心灵之旅，所以，孩子们，我希望你们放松。来，把你紧绷的肩膀松懈下来，给我一个灿烂的笑容。

呵呵，看来，我需要帮助一下大家。让我们一起来做个小游戏，好吗？

现在，先来了解一下游戏规则。

（投影出示：1. 根据老师的口令做动作。2. 做错的同学，要起立鞠躬，并高声说："对不起，我错了。"）

看明白了吗？好，我们准备开始。

（做游戏：对不起，我错了）

开心吗？

（生答"开心"）

我感受到了你们的开心，同时，我的心里也收获了一些感动。在刚才的游戏里，做错的同学能够主动站起来，直面自己的失误，这种担当，让我很欣赏。

接下来，我们还会有更精彩的活动，我希望我能收获更多的精彩和感动。

现在，你，准备好了吗？

好，注意，我们的旅程开始了……

（二）主体活动过程（游戏活动：迷失丛林）

（事先将学生分好组带入综合教室，6人一组，其中有一个组9人，共9组）

1. 游戏第一环节

（1）投影出示故事序幕

你是一名飞行员，你驾驶飞机飞越非洲丛林时，飞机突然出现故障，这时你必须跳伞。与你一起落在非洲丛林中的共有14样物品，这时你必须为生存作出一些决定……

（2）发放“迷失丛林”工作表（事先背放在课桌上）

共包含14项：

A. 大砍刀	B. 打火机	C. 蜡烛
D. 一张防水毛毯	E. 一瓶驱虫剂	F. 药箱
G. 七个大的绿色垃圾袋	H. 一盒轻便食物	I. 一个热水瓶（空的）
J. 蛇咬药箱	K. 三支高尔夫球杆	L. 手枪
M. 手提收音机	N. 指南针（罗盘）	

（3）出示幻灯片，提出游戏要求

①游戏规则

A. 个人排列出自己认为比较合理的顺序。（将答案填写在工作表的第一栏，时间5分钟）

B. 小组经过讨论排列出认为比较合理的顺序。（小组的最后意见必须一致，并将答案填写在工作表的第二栏，时间15分钟）

②注意：明确排序的规则

A. 在第一、第二步时，在你认为最重要的物品后面的相应空格中填入“1、2、3……14”等数字，数字越小代表该物品越重要，每个数字只能填一次。如，个人认为“打火机”最重要，应该在“打火机”后面第一个空格中填写数字“1”，小组认为“蜡烛”第二重要，应该在“蜡烛”后面第二个空格中填写数字“2”。

B. 第二步中，小组成员必须取得一致意见。应该重申，不管有什么争议，时间结束后，小组所有成员在第二步填入的数字必须都一样，否则该小组将不能继续进行游戏。

“提醒大家，一定要用心思考，慎重排序，这关系到你能否在丛林中生存，能否坚持到最后；另外，记住，每一环节都有时间限制，超出时间将被淘汰。”

（4）投影出示专家排序。（将专家答案写在工作表的第三栏）

（5）以专家排序为依据，算出个人得分和小组得分的绝对值。（幻灯片出示计算方法）

个人和小组得分计算方法：

①将同一物品的个人排序与专家排序相减，即每一行第三栏的数字减去第一栏的数字，所得值再取绝对值。

②将同一物品的小组排序与专家排序相减，即每一行第三栏的数字减去第二栏的数字，所得值再取绝对值。

③个人总得分等于第四栏数字的和。

④小组总得分等于第五栏数字的和。

2. 进入游戏第二环节

小　组	个人得分	小组得分	平均分
一　组			
二　组			
……			

将小组总得分除小组人数，算出全组的平均分。

组长填完表格后，在黑板上写出自己组的平均分。（事先在黑板上画好表格）

3. 进入游戏第三环节

（1）5分钟后，会有直升机赶来营救，但是，根据你们的生存选择，当飞机赶来时，其中有4个组每个组已经牺牲了3个人，有5个组每组已经牺牲了2个人。平均分得分越高，说明丛林生存能力越弱。所以，根据黑板上的展示，第____组会有3人牺牲，第____组会有2人牺牲。

（2）5分钟内，你们必须确定出本小组内牺牲者的名单。如果5分钟内不能确定出人选，直升机会飞走，你们全组都将牺牲掉。

现在，计时开始。

(3) 各组讨论并决定牺牲者名单。(5分钟)

(三) 针对刚才的游戏活动，展开讨论

请牺牲掉的“战士们”起立。

1. 第一组牺牲的“战士”请回答，你们小组是如何选出牺牲者的?

2. 其他小组有没有不同的方式?

3. 还有不同的选择方式吗?

每个小组都用自己的方式选出了牺牲者。危难关头，更能彰显我们的人格。这让我再一次想起了我们不久前学过的课文《船长》。

让我们再一次分享船长的故事。(出示幻灯片)

4. 面对死亡，哈尔威船长又一次运用了成为一名英雄的权利。从船长身上，你看到了什么?(学生谈)

对照船长，再想想我们刚才的表现，你又有什么感悟?(学生再谈)

(四) 总结提升

刚才，同学们都谈到了团结，谈到了合作，谈到了责任感……是的，一个团队——包括个人，要想取得成功，没有以上这些品质，没有勇于担当的责任感，是不可能的。

那么，这些认识，会烙印到你的心里，影响到你以后的学习和生活吗?

那么，请拿起笔，写下你的感悟。

(殷芝华)

九、哥伦布发现了“新大陆”

(一) 活动内容

围绕哥伦布发现新大陆的主题，收集、整理相关的历史、地理资料，举行一次追访历史新闻活动。

(二) 活动目标

1. 体验根据主题收集、整理相关历史、地理材料的“研究”过程。初步培养学生整合知识和技能的能力。

2. 能够与小组同学合作设计、开展角色扮演活动，创造性地再现历史，培养学生的历史想象能力和表达能力，并体会历史人物的内心感受。在分组活动中促进学生个性的发展并让他们养成合作意识，相互学习，共同提高。

3. 加深或拓展对哥伦布航海活动的了解与认识。

（三）活动过程

1. 将全班同学分为三个专题研究小组：航海可行性论证组、航海探险组、重大影响组。学生根据自己的兴趣自愿组成学习小组，各小组依据专题确定本组要搜集的相关资料。

2. 教师提出活动要求：追访历史新闻的设计，要在符合新航路开辟基本史实的前提下，大胆、合理地想象如何生动地展开追访历史新闻的过程，找出有代表性、有深度的问题以备提问。

3. 各小组分工开展专题资料收集、整理与研究。选择典型资料，编制成追访历史新闻的活动方案或汇报稿，并可选择多种展示方式，准备 VCD、多媒体课件等。

4. 以小组为单位，举行追访历史新闻活动汇报会，于活动前做好会场布置。全班同学推举一人扮演新闻发布官、一人扮演哥伦布，每个专题组各推举一人扮演哥伦布的同伴，其他同学作为记者团记者，可自由提问。

（导入新课）

今年是 2012 年，五百多年前的 5 月 20 日，航海家、探险家克里斯多弗·哥伦布在西班牙巴利阿多利德永远地合上了眼睛，这位有着传奇经历的航海家画上了人生的句号。但是，哥伦布开启的航程却才刚刚开始：两个大陆，甚至整个世界的历史都因他改变；五百年后，后人关于哥伦布的功过是非，仍然没有定论。那么，今天就让我们用一种特殊的方式来纪念他，我们一起来举办一次跨越时空的追访历史新闻活动，回到 15 世纪末，与哥伦布及其同伴对话，去探测那位英雄人物，回顾那段伟大的历史。

（通过教师的语言烘托来创设历史情景）

在课前，同学们已分好了小组，确定了主题，下面就让老师把舞台交给你们。首先让我们有请这次活动的新闻发布官。

新闻发布官：尊敬的各位先生、女士，大家好！哥伦布一行经历了 240 天的远航探险，终于凯旋归来，这不仅轰动了西班牙，也震撼了整个欧洲。西班牙女王在巴塞罗那宫廷举行了隆重的欢迎仪式。哥伦布等人经过的地方人山人海，每个人都想争睹哥伦布的风采。我们受西班牙王室的委托举办这次新闻发布会，来详细地向大家介绍一下哥伦布的此次航海活动。下面就让我们用热烈的掌声请出这些勇敢的探险者——哥伦布及其同伴。

（哥伦布及其同伴上场）

新闻发布官：首先，我们请哥伦布先生对此次航海活动作一下简要的介绍。

（幻灯片，配以地图）

哥伦布：首先感谢女王陛下对我们这次航行所给予的大力支持。我们受西班牙国王派遣，于 1492 年 8 月 3 日带着给印度君主和中国皇帝的国书，率 3 艘百十来吨的帆船，从西班牙巴罗斯港扬帆驶出大西洋，直向正西驶去。经过 70 个昼夜的艰苦航行，1492 年 10 月 12 日凌晨我们终于发现了陆地。它就是东方的印度，我把它命名为圣萨尔瓦多。

新闻发布官：下面我们就把时间留给此次前来的记者们，如果有比较关心的问题可直接向哥伦布先生提问。

记者 A：哥伦布先生，在如此艰苦的条件下，是什么支撑您最终走向胜利呢？

哥伦布：对“地圆学说”的坚信，对黄金的渴望。但是我并不认为这样说就证明我是一个拜金主义者，因为黄金是所有商品中最贵重的，它不仅仅代表着财富，拥有黄金的人不仅能满足现世的需要，还能找到在炼狱中拯救灵魂的方法，走上通往天堂的路。

记者 A：谢谢。我非常佩服您这种勇敢、执着、不畏艰险的精神。

记者 B：请问哥伦布先生，是什么让您如此确定这次航海肯定会成功呢？

哥伦布：因为现在航海已经具备了一定的条件，下面请我的助手给大家介绍一下。

（幻灯片：罗盘针，地圆学说，多桅帆船。）

哥伦布的同伴：（1）我们的造船技术有了很大的进步，能造新式、轻便、安全、多桅、多帆、吃水深、储货空间大、能逆风行驶的大船。（2）航海技术改进较大。中国的罗盘针传入欧洲以后，给欧洲的航海事业带来了一场革命。以前欧洲人不敢到大海深处去航行，只能沿着海岸线弯弯曲曲地前进。有了罗盘针以后，船只就可以离开海岸线大胆地航行到适当的航线上，再也不怕阴天不怕大雾弥漫了。（3）地圆学说的流行。我们都具备一定的地理知识，对地球有了一定了解，而且现在绘制地图的技术已经很高，如今欧洲已出现了标明海岸线和港口位置的航海图。

记者 C：您能否和我们谈一谈航海途中的经历？

哥伦布的同伴：我们于1492年8月3日从西班牙出发。我们的船队由3艘大帆船和87名水手组成，由哥伦布指挥船队一直向西航行，我们对途中见到的每一群海鸟和每一片水草都进行了仔细的观察，不放过一点线索。1492年10月12日凌晨，经过两个多月的航行，久盼陆地而不见，船员怨声四起，您知道我们带去的水手大都是犯人和死囚，在路上自然争斗不断，那一天，就在几乎要发生叛乱的时候，船头上的一名水手突然一声惊叫："啊！陆地！"原来他在月光下隐隐约约地看到前方有一块陆地。这样我们就到达了印度（实际上是美洲大陆）。

记者D：能为我们描述一下您所登陆的岛屿的情形吗？

哥伦布的同伴：我们到那里的时候已经10月份了，但是还能听到夜莺在鸣唱，还有其他上千种鸟类出现在这个季节。这里可以看到七八种棕榈树，那些美丽树木的数量实在难以估计。其他的植物、果实也都一样。在岛上，有不可思议的菠萝丛、广大的可耕田地，还有新品种的蜜蜂，好几个品种的水果，以及以前从未见过的动物。在内陆，更有许多金矿，蕴藏量之大，不需要计算，就可以看得出来。这真是个惊奇之岛。

（播放幻灯片——美洲印第安风景）

记者E：当地的印第安人是否欢迎你们，你认为我们真的可以在那里寻找到我们想要的一切吗？

哥伦布：他们非常欢迎我们，甚至把我们当成神仙派来的贵客，很热情地招待。因为这些印第安人的生产方式还是极其原始的，所以我们带去的所有制品，甚至废物、玻璃碎片和每张用过的扑克牌对他们来说都是宝贝。我们就用这些东西换取了他们大量的贵重物品。所以我敢说只要有50人的军队，我们就能控制所有印第安人，让他们做任何事。

（播放幻灯片——第一次航行中，哥伦布遇到友好的印第安人的情形）

记者F：哥伦布先生，您为我们带来了福音，您是否打算再次去那里并征服他们呢？

哥伦布：是的。我们非常希望得到大家的支持。如果我们一起努力的话，那里将是我们新的家园，可以给我们带来黄金，更多的贸易、奴仆以及无穷的宝藏。

新闻发布官：非常感谢哥伦布先生及其同伴，由于时间的关系，本次新闻发布会到此结束。

（四）互动探究

师：通过此次活动，你又进一步了解了哪些内容？

生：我觉得哥伦布的成功离不开他广博的知识、过人的胆识、同伴的支持，离不开他的勇气、决心、毅力和开创的精神。我们在学习上和做人、做事上也要学习他的这种精神。

师：哥伦布的确是一位英雄人物，在当今社会里，这种敢闯、敢干、敢为天下先的精神仍然是值得提倡和学习的。

生：我知道了哥伦布此次航行的目的，其中之一就是去寻找黄金。

师：确实，这把“无形之手”推动着人们不惜牺牲生命去冒险。

生：虽然说哥伦布此次航行的动机主要是寻找黄金，但所带来的影响也是有积极的一面的，因为毕竟发现了新大陆，而且促进了西欧经济的发展。

生：但是哥伦布的一个野心就是征服当地的印第安人，所以哥伦布的航海也是带有很明显的殖民主义色彩的。

（引出学生对哥伦布航海的评价。在此过程中教师尽量引导学生全面客观地进行评价，及时纠正个别偏激的思想，培养学生公平、公正地对待事件的价值观）

师：哥伦布既是伟大的航海家、探险家，又是殖民者、侵略者。他发现了“新大陆”，带动了西欧资本主义经济的飞速发展，加强了世界各地的联系。但美洲的许多地方由于遭受了残酷的掠夺和屠杀而日益贫困落后，尤其是给印第安人带来了毁灭性的灾难。不过美洲也由此走出了原始社会，步入了文明时代。如果我们用“进步”和“正义”两条标准进行评价，可以说，哥伦布航行到美洲，有建立在非正义基础上的客观进步性，应该予以肯定。不管我们怎样评价新航路开辟这件事，我们都不能否认哥伦布是一位英雄人物。伟人已逝，精神永存。哥伦布广博的知识、过人的胆识以及他的勇气、决心、毅力和开创的精神，都是值得我们学习的。

（五）教师总结

这节课上，很多同学表现得都很出色。收集资料时，老师看到每位同学都在积极参与，而且大家认真地分析、讨论，看到了哥伦布发现新大陆的伟大及其实质。在活动中，老师体会到了你们对历史独特的感悟，也让我领悟到了同学们的求索精神和创新意识。希望同学们把这节活动课延伸下去，创办一期以“哥伦布发现新大陆”为主题的手抄报。

我也祝愿同学们在今后的学习道路上勇往直前，一帆风顺！

（六）活动拓展

每人出一份有关哥伦布的手抄报。

（林亚妮）

十、教育无小事：学生常规养成大讨论

（一）活动背景

小学阶段是培养学生良好素质的最佳时期，稳定的常规能保证小学生在学校健康、活泼地成长。常规看似无形，其实无处不在，是保障小学生一天生活各环节顺利进行的基础和前提。因此，常规培养是教育过程中不可忽视的一部分，也就是我们所说的“教育无小事”。

（二）活动目的

帮助新教师认识与学习小学生常规养成的内容和方法，进一步规范学生常规。

（三）活动准备

1. 做好活动前期的宣传推广、问卷调查及展示安排。

2. 根据任课情况，学校统筹安排，将教师搭配组合成4个团队。

一年级组：组长及8位组员

二年级组：组长及9位组员

三年级组：组长及6位组员

四年级组：组长及7位组员

3. 每组组长根据实际情况确定活动展示形式，与本组成员确定活动展示方案。(活动形式有：报告集、PPT课件、视频、手抄报、朗诵、读书推荐等)

（四）活动流程

1. 准备阶段（2012年10月8日～10日）

主要完成如下工作：

(1) 各组教师学习《小学生学习规范》《小学生日常行为规范》，充分了解学生应该养成哪些良好的学习与行为习惯。

(2) 新教师除学习以上内容之外，还要上网查阅相关资料，了解小学生应该养成哪些良好的学习与行为习惯，帮助学生养成这些好习惯的方法有

哪些。

2. 完成问卷，组织分工，归纳整理（2012年10月9日～10日）

（1）下发各年级“小学生常规养成情况教师问卷调查表”，各组完成问卷。

（2）各组完成问卷后交给组长，组长组织组员讨论后，产生本组的记录员、汇报员（必须是新教师，如果本组没有新教师，可让近3年内的新教师担任）、时间提醒员、金点子策划员。

（3）组长组织组员提前开展讨论（可以是会议形式，也可以是网络形式），确定展示思路，然后由本组的汇报员归纳，写出发言稿，制成课件，组长给予指导修改。

3. 小组交流展示（2012年10月10日下午4：20）

（五）活动过程

1. 主持人开场白

各位老师：

大家下午好！

本次活动的题目是“教育无小事：学生常规养成大讨论”。希望各位老师积极参与，知无不言，言无不尽，共同度过一个愉快、有意义的下午。

小学阶段是培养学生良好素质的最佳时期，常规稳定了才能保证小学生在校健康、活泼地成长。今天就让我们开展一次畅快淋漓的大研讨活动。

2. 活动过程

（1）活动进行第一项：小组分工介绍

现在请各组汇报你们的分工情况。

（2）活动进行第二项：小组展示汇报（时间5分钟）

①具体要求

A. 汇报形式新颖，有创意。

B. 能微笑面对大家，大方展示。

C. 声音洪亮，有激情，语速适中。

D. 展示小组注重对活动主题的分析，切中主题。

E. 汇报时间合理。

F. 听讲的老师要极度专注，随时质疑、提问。

②计分标准

专家评委会：由每组的组长组成。

每小组展示结束后，由专家评委会现场亮分。去掉一个最高分，去掉一个最低分，取平均分。

每组展示后，提出补充意见给相应组加 1 分或 0.5 分。

"教育无小事——学生常规养成大讨论"活动评分表

组别	形式新（10 分）	大方（5 分）	声音洪亮（10 分）	切中主题（10 分）	时间合理（5 分）	倾听认真（10 分）	总结展示（10 分）	个人总结（10 分）	补充（5 分）	总分
一年级组										
二年级组										
三年级组										
四年级组										

（3）活动进行第三项：点评、奖励

①个人总结展示

每人用一句话总结本次交流活动，不能重复，每人加 1 分，不发言计 0 分，计入小组总分中。

②各小组展示结束后，根据记分员最后统计的分数，评出最佳风采小组、最佳创意小组、最佳展示个人、最佳辩手，并请校长对本次活动进行总结性点评。

3. 结束语

教育无小事，事事都育人。让我们携手开展"学生常规养成教育"，帮助学生养成良好的习惯，共同成就学生美好的人生。

4. 效果预测

通过这次交流会，能够让老师们对学生常规养成的内容有明确的认识，学会一些常规培养的好方法，促进年轻教师特别是新教师的快速成长。

（李蕾）

十一、拽着阳光飞：《爱的教育》读书汇报教学反思

《爱的教育》这本书共有 100 多个故事，每个故事都是心与心的碰撞，心与心的交流。一名三年级的学生在一整个学年的记事，构成了这本书的主要内容，其间还穿插着教师每个月给学生讲述的一则则美好而真实的"每月

故事”。正是这一件件平凡细微的小事，记述了师生之情、父子之爱和朋友之谊，温暖着我们的心灵。它用最平实的方式，轻轻地扣动着我们内心最柔软的地方。

泰戈尔曾说：“爱是亘古长明的灯塔，它定睛望着风暴却兀不为动，爱就是充实了的生命，正如盛满了酒的酒杯。”我要说：“爱就是一缕阳光，照亮了你我，温暖了大家。”我们要用心去感受爱，感受爱就是拽着阳光飞。反思这场读书汇报会，我认为有以下成功之处：

1. 创造了平等和谐的交流氛围

整个读书汇报自始至终都让学生充分表达自己的观点，师生在对话中交流，在交流中碰撞，正因为学生的思维极其活跃，才会有那些用心体会之后的精彩发言。

王佳说：“最让我感动的细节是《意外事件》，勇敢的洛贝谛为了不让一个陌生孩子被马车撞倒，毅然冲向马车，救出了孩子，而他却被马车压伤了腿。醒来之后，他的第一句话竟是问他的书包在哪儿，而丝毫不关心自己的伤势。我们要学习他这种不顾一切、舍己为人的高尚精神。”她的发言道出了一个小学生的心声。

杨昭说：“最让我感动的细节是《小抄写匠》，裘里亚为了帮助父亲抄写稿子睡不好觉，还要承受父亲的误解，他所做的一切都是因为他爱父母，爱他的家，这让我感动。”

从孩子的谈话中，我们知道学生对爱有自己的见解，大家认识到了世间的爱是无处不在的，爱是美好的情感，它就在我们每天的生活当中，在我们周围，如空气般不可缺少。我相信，此时此刻学生的心灵就是在拽着阳光飞。

2. 注重了对读书方法的渗透

自从实施自己的第二课程以来，我不仅在课堂教学中注重引导学生将课内外结合起来进行阅读学习，还注重引导学生读大量的经典名著。假期要求学生读一两本名著，平时的教学中每月推荐学生读一本名著，然后举行读书汇报会，这些都让学生受益匪浅。我相信学生在读书时习得的方法会让他们终生受益。因此，在平时的教学中我很注重向学生渗透读书方法。

在这节汇报课上，我告诉学生想要了解一本没有读过的书，我们要去读序言，从序言中了解书的主要内容、作者的写作意图。比如写人的书，读完之后我们要掩卷深思：书的主要内容是什么，最打动自己的细节是什么，并要点评人物以及反思对自己有什么影响。这次的读书汇报我也是按照这样的思路去设计的，相信通过这次读书汇报课，学生都会学有所获！

3. 给每个学生展示自己的舞台

读书汇报交流会为每个孩子提供了展示自我的舞台。读书汇报中的问题先在小组内交流，然后小组选一个代表在全班交流，同时，小组内的每个学生都可以补充，其他小组的同学也可以发表不同的见解，这样，每个学生都有发表自己观点的机会。正因为如此，当学生谈到生活中的爱的故事时，都会各抒己见，有的谈到潍坊的艺术考试，有的谈到自己看到一个陌生人为考生热情地指路，感受到了爱的力量。大家发自内心的语言都是：真爱无声！正像古人说的“爱人者，人恒爱之。敬人者，人恒敬之”“老吾老以及人之老，幼吾幼以及人之幼”。孩子们精彩的发言让我觉得吃惊，但仔细想想这也并不奇怪，因为他们都有一颗善良的心灵，有一双发现美的眼睛。爱就像空气，每天在我们身边，与我们同呼吸、共命运！

整个读书汇报会上，学生的情绪饱满，大家都在拽着阳光飞！这样的课程是学生需要的。教育的终极目标是促进学生的发展，我们每一位教师开发的第二课程也都必须是为学生的终身发展服务的，想到这里，一股喜悦涌向心头，漫上眉梢！

（伦丽美）

第九章

与课程一起成长

畅诉，老师们在课程开发的过程中边实践、边思考，用一点一滴的收获呈现一个成长的命题。很多老师在课程开发与实施中成为了课程研究的专家，逐渐找寻到了课程改革的基本路径，有了意想不到的收获。

一、在学习中不断成长

今年，我有幸参加了奎文区“李秀伟名师工作室”这个研究与向上的集体。在参加工作室近一年的日子里，我经历着，学习着，收获着。回想这一年的学习过程，我从心底感谢李秀伟老师，感谢工作室这个平台，让我认识并走近这么多热情、智慧的老师。从他们身上，我学到了很多，感受到很多。他们对于教育教学发自心底的热爱让我感动，他们对于学校教育教学工作永不停步的勤勉、钻研让我敬佩，他们彼此之间共享智慧、交流所长的真诚又让我倍感温暖和愉悦。盘点一年的学习生活，既有观念上的洗礼，也有理论上的提高；既有知识上的积淀，也有教学技艺的提升。概括起来，有如下三个方面。

（一）在创新理念引领下提高

今年，工作室专家李秀伟老师给我们提出了一个全新的理念：第二课程。这个理念从全国范围来说也是崭新的。李老师让工作室的每位成员根据自己学科的情况，站在一个教育专家的角度，用国家课程开发人员的视角，去开发一门符合学科要求和特点的第二课程。在李秀伟老师的指导下，每位老师都制订了各自的课程纲要，并结合自己对学科教学的理解，阐明开设第二课程的目的和意义。李老师指导并带动我们打开思路，不断反思更新。经过近一年来的摸索，我依据信息技术学科的特点，结合全国的电脑制作活动，构建起了《信息技术与电脑制作相结合的第二课程》。在李老师的指导下，我正在逐步完善我的第二课程，并在日常教学中不断地实践、探索。

新的理念、新的探索、新的努力，李秀伟老师全新的理念让我的教学理念和思想不断激荡，不断引领着我的成长，让我在教学工作中不断地去思索、去感受、去总结，让我的理论素养不断得到提升。

（二）在读书中成长

作为一名教师，我经常在课堂上鼓励学生多读书。"读一本好书，就如同结交一位好友。爱上读书，就让我们站在了巨人的肩头……"像这样的话语经常在口中萦绕。关于读书的益处，自己再清楚不过，可平时总有这样或那样的借口，导致闲暇时间都被电视、电脑侵占了。参加工作以来，真的很少有上学时手捧书卷时的平心静气。书——曾经那么亲密的朋友，竟似乎多年未曾亲近。加入名师工作室后，有了师傅的"逼迫"，有了同仁们的感召，书又重新走进了我的生活，读书又慢慢成了自己生活的一部分。在本学期中，李老师安排我们读书、摘录、笔记，并推荐了科学类的书籍。我接过《科学的价值》这本哲学经典，虽然大师的观点不太好理解，我还是用心去看、去思考，读书时摘摘写写，虽然辛苦倒也乐在其中。书，更新了我的观念，增加了我的底蕴，指导着我的行动。

（三）在实践中提高

名师工作室的学习培训也给我带来了全新实践的机会。结合第二课程的开发，李老师让我们从实践中去尝试、去体验、去感受、去总结，这也给我提供了锻炼自己的机会。借鉴在工作室中学习的第二课程理念，结合自己学科的特点，我逐步开展了信息技术与电脑制作相结合的第二课程研究。实践出真知，在课堂中应用第二课程，这让我能够总结自己设计的课程，同时通过观摩工作室成员的教学，学习他们的先进做法，取长补短，让自己的课堂更丰富、更精彩。在授课过程中，我也看到自己的第二课程还存在着很多问题和不足，如多元评价的实施问题等。我希望能在以后的工作中去改正，并能有机会展示一下自己的第二课程。

名师工作室的学习让我沐浴着关爱而成长，更让我发现了自己的不足，感谢工作室给我思想上的洗礼、心灵上的震撼、理念上的革新。我希望在以后的工作室活动中，得到李老师更多的指点，让我在今后的工作和学习中，能够不断提高和进步。真心感谢李秀伟老师，感谢给予我关怀的各级领导，感谢工作室的每位成员！

（方刚）

二、明晰、感悟、反思

近一年来，作为工作室的一员，我在李秀伟老师的指导下进行着教师第二课程开发的研究和实践。在实践过程中，我对教师第二课程有了全新的认识，并在实践中不断反思，有所感悟。

以前，我对教师第二课程存在着很大的疑惑：什么是第二课程？教师该如何进行第二课程的开发？当学校现有的利于课程开发的资源与学生的兴趣爱好相冲突时，作为开发者，我们该怎么办？在李秀伟老师的悉心指导下，我对第二课程的认识逐渐明晰，其实教师第二课程是开放的、多种多样的。可以说，第二课程就在我们身边，它并不神秘，也不是高不可攀的，而且课程开发没有局限性，没有条件的限制。但是有一点需要强调，我认为所开发的课程应该以教师所任教学科为依托，在现有学科的基础上进行第二课程的开发，使第二课程成为已有学科的延伸和拓展。即使不是现有学科的拓展，那也应该与教师现在的工作有密切联系。

教师第二课程开发对教师提出了更高的要求。提高教师的知识、技术、能力，是第二课程开发的重要条件。因此，首先，要充分认识第二课程对学生个人发展所起到的特殊作用，充分认识基础教育阶段各科教学水平对于提高全体国民素质的重要性，充分认识教书育人的神圣职责，要以强烈的责任心爱生、敬业、为人师表。其次，要转变观念，转变角色。这要求教师不再仅仅满足于知识的传授，而必须转变角色意识，从教材的使用者转为课程的开发者和研究者。再次，要转变教学方式。在转变教学观念的同时，教师必须转变教学方式，更新教学方法。面向课程改革，开展理论学习和实践研究，使教师们对课程价值的认识，由关注知识向关注人的发展转变；对课程功能的认识，由给出结论向引出活动转变；对课程资源的探讨，要求老师们告别仅仅依靠教科书教学的历史，充分利用和广泛开发新的课程资源。最后，要提高素养，形成研究意识。教师要不断更新自己的知识，钻研教育理论，积累课程资源，挖掘自身潜能，努力学会并运用教科研方法，培养探究意识，在日常的教学工作中做个有心人。

在《初中历史活动课》的实施过程中，我真切感受到了学生的变化，他们真正成为历史课的主体。首先，历史活动课极大地激发了学生学习历史的兴趣。形式多样的历史活动课，适应了初中学生身心发展的需要，使学生感到新鲜有趣，主动参与的热情高涨；为学生学习历史提供了广阔的空间，使学生真正体会到历史的丰富多彩，从而形成历史学习的浓厚兴趣，使学生由“要我学”变成“我要学”。其次，学生能力得到了培养和提高。历史活动课给学生提供了智慧发展的学习情境，让学生的潜能得到了充分的发展，学生的能力得到培养和提高。比如，“哥伦布发现了‘新大陆’”“世纪审判——拿破仑”“世界八大奇迹图片展”等历史活动课，通过让学生搜集资料、调查、辩论等，培养了学生的语言表达、搜集资料、计算机操作等各方面的综合能力。再次，改变了传统的教学方式。历史活动课对教师提出了较高的要求，要求教师具备良好的教育教学素质，要以新的教育理念来指导教育实践，不断更新、优化自己的知识结构。另外，还需要教师具备较强的组织能力和创新能力。同时，教师的角色也在发生变化。教师不仅仅是一个知识传授者，更是一个学生学习的合作者、课程的开发者、教育教学的研究者。活动的过程也是教师和学生共同学习、共同发展的过程。

虽然第二课程的实施对教师和学生来说都是大有裨益的，但还是存在着这样或那样的问题。首先，第二课程的开展缺乏时间保障。本学期，我承担初三历史的教学任务，每周只有两节课，完成正常的教学任务都非常紧张，这就使得历史第二课程的开展举步维艰。为此，我只能占用学生的活动时间进行教学。所以，怎样争取有效的时间，使初中历史活动课更具有可操作性，成为我第二课程开发中的一个难题。其次，生源参差不齐导致课程难以实施。我所任教的十三中属于偏远学校，学生受家庭条件和环境的影响，能力参差不齐，辩论赛、历史剧、历史知识竞赛等历史活动课程难以开展，直接影响了教学效果和教学进度的顺利进行。

“教学是一门艺术。”在第二课程开发和实施的过程中，我们要有敢于创新、敢于尝试、敢于整合的勇气，引导学生在众多课程的选择中得到个性的发展，在选择中激发潜在能力的火花，在选择中培养学生信息采集和加工的能力，使学生在课程的自主选择和个性化知识的掌握过程中形成更多更广泛的能力。

（林亚妮）

三、实施教师第二课程的心得体会

在李老师的指引、点拨下，在全体工作室成员集体研究、探讨的环境下，我找到了属于自己的第二课程——剪纸教学，这个第二课程符合我所教学科的特点，也比较适合处在城乡结合地域的学生们。剪纸是我国的民族传统文化，现在也已经被列入了联合国非物质文化遗产。为了让孩子们对剪纸文化更加了解和熟悉，我决定把剪纸教学作为自己的第二课程，利用每周的第二节美术课在中高年级进行剪纸教学。

（一）谈感受

目前，我的第二课程顺利实施并且有了一定的实施效果。我花费了大量的时间搜集不同历史时期、不同地域的剪纸文化，包括剪纸的由来、剪纸的题材、剪纸的分类、剪纸的元素、剪纸的图片等。并且，我专门到高密跟剪纸大师范祚信老师学习剪纸技巧，回校后反复练习剪法，直至熟练掌握，然后再把所学知识传授给学生们，使得他们学到了美术课本上没有的知识，拓展了他们的知识面。而学生们也深深地喜欢上了剪纸，剪纸兴趣日渐浓厚，看着他们剪出的作品越来越好，我感到无比兴奋。剪纸教学能够得到学生们的喜爱，而且能够激发、调动起他们的学习积极性，我觉得这是很成功的。成功的背后，离不开李秀伟老师的鼓励与支持。记得我把第二课程展示给李老师及工作室成员后，李老师给我提出了宝贵的建议，使得我的第二课程能更加完善、更加完美地进行下去。而且李老师一直给予我很高的评价，不断地鼓励我，使得我对自己的第二课程信心百倍。真的很感激李老师！

（二）谈收获

经过近一年的研究与实践，学生们对剪纸有了浓厚的学习兴趣，也学会了剪纸的技法、技巧，而且能够熟练掌握。剪纸教学，可以弘扬民族传统文化，培养学生的动手制作能力，促进学生全面发展，实现我们办学的特色目标，师生两方面收益颇丰。

1. 学生的发展

（1）激发学生学习剪纸的兴趣

通过查找有关剪纸的资料，如剪纸的由来、剪纸的历史、剪纸的特点、剪纸的意义等，学生对剪纸有了初步的了解。通过展示古代、现代剪纸作品，学生产生了学习剪纸的兴趣，并将这种兴趣转化为持久的情感态度。而且，剪纸又与我们的生活息息相关，让学生在实际生活中领悟剪纸的独特价值，有助于改善学生的精神状态和生活品质。

（2）掌握了剪纸的技巧、技法

我们以适合学生特点的剪纸艺术为载体，对学生进行认知、操作、情感等方面的训练，使学生能掌握基本的剪纸知识和技能，并且培养学生热爱中华民族优秀艺术文化、继承发扬民间艺术的情感。为了充分发挥学生的个性和特长，我们组织了一支有活力的剪纸队伍，极大地丰富了我们的校园生活。学生们的优秀剪纸作品被做成了刊板，挂在了教室及美术展室中，受到了广大师生们的一致赞扬。

（3）培养了学生们的审美能力

剪纸是一种有着悠久历史的民间艺术，从古至今，深得广大人民群众的喜爱。它对培养学生的思维能力、动手能力、审美能力有很大的作用。通过对剪纸作品的学习和欣赏，参与制作过程，体验剪纸学习的乐趣，培养了学生的艺术感知与欣赏能力、艺术表现与创作能力，让学生形成基本的美术素养。

2. 教师的发展

经过近一年的研究与实践，我的理论实践水平提升了，在教学和教研方面的实践能力得以增强，以“剪纸教学”为主题的第二课程得到了李秀伟老师的认可与赞扬；在山东省普通中小学创新发展研讨会上提供的公开课《我的第二课程——剪纸教学》，受到了广大专家的一致好评；撰写的论文《我的剪纸教学》荣获山东省中小学教育科研优秀成果二等奖；等等。这些成果的取得，是我近一年来不懈努力的成果。我会继续研究、探讨、实践，使得我的剪纸教学更受学生们的喜欢，将我的第二课程更加深入地开展下去。

（三）谈不足

第二课程在实施中当然还存在很多问题和不足，需要进一步解决。具体有：

1. 实施中发现部分男同学的学习积极性不够高，要想办法调动这部分男同学的学习积极性。为此，我还要做更多的工作。

2. 对于套色剪纸跟染色剪纸，学生们完成得还不够好，今后要加强这方面的训练。

3. 对于课程的研究还不够深入细致。

4. 让学生自发创编图案，这还是一个难点。

5. 我将进一步进行有效研究，增强推广力度，真正使课程研究为教育教学服务。课程研究虽然取得了一些成果，但是我还需要不断学习，不断探索，不断加强研究力度，将我的第二课程深入持续地开展下去。

（宋燕）

四、第二课程实施的苦与乐

课程是教师实施教学的主要依据。教师是课程的实施者，也是课程的开发者，每位教师在教学中都会对课程进行调整，也就是重组。如何利用好重组后的剩余课时，就成为摆在教师面前的一个问题。对此，我们开始利用这部分时间进行教师第二课程的开发。第二课程开发的过程是艰苦的，它的艰苦源于没有前人的经验可以借鉴；第二课程的开发又是快乐的，它的快乐源于自我的成就感。我们执着地探索着，在课程开发中慢慢体会着其中的苦与乐。

（一）第二课程开发基于课堂教学的需要

在多年的美术教学工作中，我发现美术课本中有的教学内容在授课过程中不是很容易操作，因为学生的美术材料很难准备，影响了教学效果。而且，因为课本上的内容不多，能够剩余一部分课堂时间。为了保证课堂教学质量，经过深入思考，我决定开发第二课程——面塑。

（二）第二课程开发基于学生发展的需要

面塑课程是一门综合性的艺术课程。通过学习面塑技法，学生了解了面塑艺术的发展史，掌握了非物质文化遗产面塑的相关知识，开阔了视野，增强了动手能力，激发了学习乐趣，大大提升了综合素质，在愉快体验的过程中掌握了简单的技艺，深刻地领悟到非物质文化是祖辈们留下的一份宝贵的财富。

（三）第二课程开发基于教师专业成长的需要

库姆斯说：“一个好的教师首先是一个人，一个有独特的人格的人，是一个知道运用自我最为有效的工具进入教学的人。”从专业发展角度看，教师的成长离不开教育教学实践，教师的发展只能在学校中、在具体的实践中、在对自身实践的不断反思中才能完成。教师第二课程开发是以课堂为实践基地的课程开发，必然是教师专业发展的有效途径。

（四）我的课程之路

我是在李秀伟老师工作室中开始接触第二课程的。最初的茫然与无措，让我深深焦虑，但一次次的深入研讨，打开了我开发第二课程的思路。李秀伟老师的培训报告，为我的第二课程开发奠定了基础。在开发面塑课程的过程中，我得到了学校领导的大力支持。学校特地成立了课程开发领导小组，进行课程开发项目攻关。同时，我获得了专家的引领，赵氏面塑的传承人亲自到校指导课程开发，提出了合理化的建议。在课程标准的编写中，我收集了大量材料，不断丰富自身的业务知识，使面塑课程不断丰富。

通过一段时间的实践，学生掌握了面塑的基本技法，了解了面塑的起源和发展。面塑课程的开展，对教材知识进行了有效的补充，开阔了学生的视野，把课堂教学延伸到生动有趣的活动中，极大地激发了学生对非物质文化的探究兴趣，进而促进了我市非物质文化遗产保护与传承工作的开展。丰富的面塑课程，不仅使许多孩子凸显出了各方面的才能，同时成就了教师。我们面塑课程组的沈海朋、范彩霞两位老师，在课程中展现自己的特长，而且不断学习、及时总结，共同编写了《面塑第二课程》一书。我们也取得了一定的成绩，学生的面塑作品发表在校园网上，面塑工作室被命名为潍坊市“面塑艺术传习所”。

（五）反思

一是，面塑课程开发的教材内容不够充实；二是，教师的课程开发能力有待加强；三是，实施过程中，学生的材料准备不充分。

苦与乐是相对的，只有付出，才会有收获，这是不变的真理。我将沿着第二课程之路大步前进！

（田金芳）

五、第二课程，就在我们身边

一提起课程，我总是把它和课程表上的学科联系在一起，总感觉那是上级部门和学校领导的事情，和自己无关……但自从 2011 年 3 月成为李秀伟工作室成员的那一刻起，我与团队一起成长，逐渐有了自己的第二课程，并且和自己的语文教学有效融合了起来。从此，第二课程悄悄走进我的语文教学，我和学生们徜徉在第二课程的无限乐趣之中，并且乐此不疲……

当李秀伟老师提出“第二课程”这个话题时，我感觉是那么遥远，好像是一个专家口中的术语一样，自己根本理解不了。于是，李老师一遍遍地给我们解释、阐述、举例，还提供课堂范例让我们观摩。就在这一次次的研讨、切磋中，我渐渐认识了第二课程的含义，并了解了第二课程的内容，也拥有了属于自己的第二课程……

万事开头难。我不知道孩子们喜欢什么，我擅长什么，什么课程内容是和语文教学相得益彰的，什么课程是为孩子们一生奠基的。我久久思索，从和孩子们的对话中寻找切入点，从和家长们的交流中感知孩子们的兴趣点，从语文课堂上探求生长点……在一次语文课堂上，我和孩子们一起朗读儿歌《秋天到》。“秋天到，秋天到，田里庄稼长得好。棉花朵朵白，大豆粒粒饱，高粱涨红了脸，稻子笑弯了腰……”孩子们朗朗的读书声，让我想起儿时也学过这首儿歌，并且印象深刻：在一个秋高气爽的早晨，我和小伙伴们坐在简陋的平房教室里，高声地朗诵着这首儿歌……至今，脑海里依旧浮现着那个朗读儿歌的秋天的早晨：不大的校园里，高大的杨树迎着太阳伸展着枝条，村落里的炊烟不时地飘荡到校园，风里流动着秋天收获的声音……经过岁月的沉淀，记住的那些定律、概念早已忘却，唯有那个早晨的这首儿歌让我记忆犹新。因为，我记住的不只是这首儿歌的内容，而且是那个早晨和小伙伴们一起高声诵读儿歌的快乐和单纯，以及对诗歌最早的留恋。我愿意让我的学生与诗歌为伴，从小就走进诗歌的王国，用听赏、吟诵、阅读、创作诗歌为人生铺垫诗意的童年。

“儿童诗”对于低年级孩子来说，内容浅显易懂，语言生动优美，读起来朗朗上口，易于记诵，不但能增加孩子们的识字量，还能扩大他们的阅读量，提高他们的读写水平。而且，小学人教版语文教材中，每个学期都有不少声情并茂的儿童诗呢！我可以将儿童诗作为切入点，从朗读儿童诗、背诵儿童诗、创作儿童诗来开展我的第二课程，让学生喜欢上诗歌，自己能创作诗歌，说起话来妙语连珠，写起文章来诗意浓浓，重要的是能通过儿童诗系统地感受汉语语言特点，掌握汉语语言艺术，从而提高学生的语文素养。

于是，在搜集孩子们背诵的儿童诗中，我从网上下载，到书店摘抄，购买诗集……一首首充满童趣、生动优美的诗歌呈现在我面前的时候，我感觉自己也立刻喜欢上了它们！当我把诗歌打印出来发给孩子们时，他们也迫不及待地读起来！“这是什么字啊?”“这句话怎么读啊?”“这句诗什么意思啊?”孩子们如小鸟一样围在我身边问这问那。我置身其中，感觉孩子们已经悄悄走近儿童诗了！

语文课上，我和孩子们一起朗读诗歌。加上停顿线，标出重音，范读举例，音乐伴读，小组与小组之间进行比赛朗读，男生与女生开展竞赛诵读，学生之间进行 PK 赛读……每逢进行这些竞赛时，孩子们都跃跃欲试，毫不示弱，你争我赶……在一次次的朗读活动中，孩子们的朗读水平渐渐提高了！

周末，我鼓励家长带着孩子们到虞河畔去感受自然的变化。秋天，采集树叶，观察树叶；冬天，玩雪，赏雪，打雪仗……在学生感受生活、感受自然之后，我让孩子们一起创作诗歌。于是，稚嫩的笔端流淌出一句句充满童真童趣的诗句。

如今，孩子们读起诗歌来，声情并茂，而且还能从停顿、重音、感情把握等方面去点评同学的朗读了！孩子们仿写诗歌时也能用童心看生活了！诗歌已经是我们语文课上的“熟客”了！诗歌让孩子们更加喜欢学习语文了！

和孩子们一起读诗歌、写诗歌，已经一年多了。回顾搜集诗歌的过程，曾经是彷徨和迷惘的；想想孩子们写诗歌的过程，起初是艰涩而困难的。但当走过之后，我发现自己已经不知不觉拥有了自己的第二课程了！原来，只要发现，善于钻研，第二课程就在我们的身边！

（张君燕）

六、从随意到规范

李老师提出第二课程的概念时，我有点茫然不知所措，但源于对李老师一贯的信任，我知道这肯定是一个新的领域，只要潜心去做，肯定会有意想不到的收获。

思考了很久，我找到了一个似乎理想的主题——生活英语第二课程开发。生活英语作业是我进行了很久的一项探索，它对于激发学生的学习兴趣、提高学生的英语应用能力确实有一定的好处。借李老师提出的第二课程的理念，把生活英语的探索实践进一步深化，似乎让我窥见了一丝烛光。

真正开始把这项探索上升到课程的高度之后，我才发现这简直是一个新的挑战。理论支撑这一关是必须要过的。我反复地阅读《英语课程标准》，并开始广泛地涉猎关于课程的研究内容，努力寻找生活英语课程的理论基础和实践基础。

真正把课程纳入实施，新的问题又出现了。原来的生活英语作业是结合所学的内容随机布置的，现在上升到课程，首先要做到的是有计划，随意性、随机性是必须要改进的。找到了症结所在，我开始认真地思考课程的渐进性和内在逻辑性，并且在充分征求学生意见的基础上，将学生感兴趣的、想探究的内容进行了重新的梳理，终于确定了生活英语探究的内容。

在每次上课之前，我让同学们先通过自己的实践积累生活英语的资料，然后让同学们分组讨论搜集到的资料并进行展示。比如，调查人们的饮食、服饰、交通方面的情况等，学生选择一个感兴趣的话题，搜集一些文字资料、图片、实物等，然后整理资料，筛选资料，总结升华资料，形成展示汇报材料。由于选题和生活密切相关，身边可以利用的资源很多，学生表现得十分积极主动、兴趣高涨。在课堂上，我给每个小组几分钟的时间上台演讲，让他们将自己的研究成果汇报、展示给其他同学，并选出最佳协作小组给予表彰，极大地鼓舞了同学们的热情。这件事给了我很大的启发，学生的潜力是无限的，关键要看老师如何挖掘。因此，教师不仅要有创新思维，更要敢于大胆放手，让学生成为课堂主角。

随着课程实施的不断推进，我越来越感到教师第二课程的价值指向是双重的，除了改变学生的学习方式，还会改变教师的教学方式。而且，从实践的过程中，我也体会到，教师在课程实施中的指导作用举足轻重，相当关键，而且教学方式改变起来比改变学生的学习方式显得更加困难。

1. 在课程的初始阶段，教师首先应针对学生的知识基础及兴趣爱好、学生所处的特定的家庭社区背景和自然条件，引导学生确定合理可行的活动主题。随着学生能力的不断发展，教师应逐步放手让学生自主确定活动主题，并引导学生制订合理可行的活动方案，培养学生的设计、规划能力。

2. 在课程的实施阶段，教师要指导学生进行资料的搜集，也可结合实例对学生进行一定的训练，帮助学生学会利用工具、使用视听媒体，掌握做笔记、进行访谈、对资料整理和分类等方面的技能。在具体的活动过程中，教师要指导学生有目的地收集材料，指导学生运用调查、观察、访问等方法，指导学生真实记录个人体验。同时，教师还要及时了解学生的活动进展情况，有针对性地进行指导、点拨与督促，要组织灵活多样的交流、研讨活动。

3. 在课程的展示阶段，教师应指导学生对活动过程中的资料进行筛选、整理，形成结论，指导学生进行不同方式的表达和交流。

首先是手抄报。学生们从小就开始自己办手抄报，所以办手抄报对他们来说是驾轻就熟的事情。为了留下实践的足迹，我让学生分组分主题做生活英语的手抄报，每 4 人组成一个小组。最终交上来的作业中有奥运、交通、我的一家等各种主题。

其次是应用环境的开辟。在班级的门口和公共场所贴上有关英语的标语，把教室内的摆设贴上相应的英语单词，在每月一期的黑板报上加上生活英语的内容，墙壁上设计一份英文版的课程表，黑板上开辟英语天气预报角等!

最后是各种竞赛和比赛展示。让学生在课余时间自编自演对话、小品、课本剧、短剧、音乐剧等，放手让学生自己去做一做。这样的活动在发挥学生的想象能力的同时，也提高了学生实际运用语言的能力，让他们既学到了知识，也体验了快乐。

在第二课程实践活动中，我根据自身的知识结构和教学风格并结合学生实际，策划了一系列的主题活动，虽然在形式与内容的策划上绞尽脑汁、费尽心力，在具体的实施过程中有着疲惫与迷茫，在实施过程中还不时遇到一些挫折，但最终的结果是让人满意的，我和学生在这一方天地取得了双赢的结果。他们在成长，我也取得了的进步！

（庄明华）

七、英语学习的快乐源泉

上学期，李秀伟老师将一个全新的课程研究领域展现在我们面前，那就是以学科的课程标准和学生的学习经验为基础，以教育行为的课程走向为引领，进行教师个人第二课程的开发和实施。

李老师初次提出这一理念时，我感觉既新鲜又茫然。因为对于像我这样处于在教学一线的教师来说，课程开发似乎离我们很遥远，感觉那应该是专家或是学者的事情。后来，在李老师的指引下，我逐渐明白了第二课程的含义及开发的意义。经过两次修改，我也完成了自己的第二课程目标纲要的撰写。提出一个美好的愿景，描绘一幅完美的蓝图，都不是太难的事情，真正将写出来的“构想”付诸实施，却并非一件易事，我心中还是充满了迷惘与困惑。

终于，在李秀伟老师和学校领导的帮助下，我的第二课程——“英语趣味活动课”进行了初步的尝试实施。我将本课的主题定为“Animals（动物）”，学生围绕这一主题开展了“单词比拼”“口语沙龙”“演讲比赛”“英语歌会”“育华剧场”等活动。虽然有很多缺陷和不成熟的地方，然而这次尝试让我和孩子们尝到了一种有别于平时课堂教学的甜头，也让我看到了今后第二课程实施需改进的方向。

下学期，李秀伟工作室的全体成员将继续做好课程纲要的修改和完善工作，并进入全面实施阶段。感谢李秀伟老师在百忙之中为我们提出中肯的课程实施修改意见，让我们的第二课程在实践中不断完善。

在“英语趣味活动课”实施过程中，我为学生提供了更多的语言实践机会，给学生创设了良好的学习英语的环境，并通过丰富多彩的教学活动激发和培养了学生学习英语的兴趣，让学生在真实而又有趣的生活中自然习得第二语言，在学中乐，在乐中学，实现了真正的素质教育，使学生综合运用语言的能力得到很大提高。在参与和合作的过程中，学生的竞争意识和创新精神也得到全面发展。而我，也从孩子们享受英语和成功的快乐笑脸中看到了教育的魅力和自己的价值，那种幸福和满足感真是无法用语言来形容。可以说，第二课程的实施，已成为我们师生英语学习的快乐源泉。

在课程实施过程中，我也遇到了很多困惑的地方，如第二课程的授课时间是否应该定在学校课程的时间之外，第二课程的开展是否可以由学生自己组织或主持等。我认为，要想进入全校范围的教师第二课程的全面实施，亟待解决的问题是在不增加教师过多负担的基础上制定较为完善的教师评价制度和课程方案，确保第二课程实施的顺利开展。

相信在第二课程实施与研究之路上，我们的道路必将渐行渐远，越走越宽广。

（赵楠）

八、柳暗花明又一村

转眼一年已经过去。在李秀伟老师的带领下，我们已在第二课程探索的道路上行进了一年。期间，从开始的兴奋迷糊，到数次修改后对第二课程越来越深入的理解，路越走越明，景越来越美。

1. 第二课程把琐碎的积累提纲挈领

教学是一个不断发现与积累的过程。教学近二十年，不经意的实践发现与主动探索所得形成了相对充实却琐碎零乱的积累。我曾经探讨过阶段性教学，不想囿于经验限制又进行了教育学硕士的学习，同时，在李老师的带领下进行了写作教学的课题研究，硕士论文也作了同题研究。这样，对写作教学与阅读教学都有了一些积累。尤其是今年以来，我越来越认识到写作教学的重要。随着对写作教学探索的深入，我的探索视线又被思辨能力培养吸引。我常常觉得自己有一些零乱的想法，脑袋里有“嗡嗡”响的激动，想要找个方向再突破，却苦于没有突破口。就在这时，李老师引进了第二课程的理念，以学生思辨能力的培养与发展为关注点，使我的教学发现得以迅速条理化与集中化。第二课程，让我初次领教了在梳理中进阶的柳暗花明。

2. 第二课程俯视教学发现异样的美景

教学资源是需要开掘的，开掘需要独到的关注，否则，日常教学就只能是平静流淌的水，不会掀起波澜。在第二课程的引领下，我的教学思路活了，如一粒石子投入静水，让平静的教学生活呈现出太多意想不到的美妙。在第二课程理念的激发下，我看到了平时被疏忽的教学资源，并开发了班会这一教学资源，结合写作设计了实践，结合演讲整合了思辨表达。为了培养学生的思辨意识，我甚至利用学校现有的多媒体条件，让学生观看了《百年航母》《探密月球》《探密地球》《伟大的卫国战争》《恐龙》《南京大屠杀纪录片》等科技影片，让学生在科技与历史真实面前了解世界，学会用理智与求真的态度面对生活与历史中的一切。思辨能力培养的课程意识，让我看到了平静生活下掩藏的资源，激发了我的教学智慧。当学生在辩论中成长，在实践中探索，在科技面前冷静地思考中国与世界、过去与未来时，我感到由衷的欣慰：作为一个教师，还有什么比教给孩子们这些更重要的呢？中国的发展不正需要这样的教育吗?!

3. 第二课程引领一条渐行渐远的路

回顾一年来的付出，我只是品尝到了第二课程赐予的一点甘露。在第二课程的引领下，这条路必将渐行渐远，越来越美。

岁末，我感激一年来李老师辛辛苦苦的付出和赠予；新年，我期待拼搏之后更丰厚的礼物。相信，第二课程会继续照亮我的课堂，滋养学生们青春勃发的生命。

（李德花）

九、奖赏自己的一朵花儿

时光荏苒，参加李秀伟名师工作室不觉间已有一年的时光。虽然每一次李老师都是来去匆匆，但并不妨碍我们从他短暂的停留中吸取知识的营养。每一次，他给我们撒下求知的种子，然后我们带回去，小心翼翼地浇水、施肥，看它慢慢地生根、抽芽。那么，这一年，它可曾开出了什么花儿？答案当然是肯定的。虽然，这朵花儿远没有达到鲜艳和惹眼的程度，但是，我偷偷地欣赏它，认为它是为我自己开出的花儿，可不也好？

这一年，曾开出了什么花儿？让我来回顾总结。

编写课程纲要。之所以把它视为自己最大的一朵花儿，因为在它身上，我确实付出了最多的心血。为了它的降生，我冥思苦想，一度把脑袋累到了用头疼来抗议的程度。

在工作室的上半年，我迟迟定不下自己要开发的第二课程到底要选择什么。李老师要书面材料时，我就回到我的“半亩方塘”。李老师不要材料时，我又想在学生心理健康教育方面动动心思。直到下半年，在李老师加快第二课程开发进度的时候，我死心塌地地专攻心理健康教育了。

一个人能走多远，首先取决于他想走多远，正所谓“心有多大，舞台就有多大”。这些年，忙忙碌碌，每天忙于完成学校安排的工作，忙于完成上级安排的工作，忙于日常的琐琐碎碎……心在空气中漂浮，浮躁成为工作的主旋律。

我要成为一位什么样的教师？我想要达到怎样的教育教学境界？我时常这样问自己。

这一年来，在工作室中，跟着李老师读书，做研究，浮躁的心渐渐沉静下来，我的眼睛慢慢转向对自我的审视。

课程开发，我认为也就是“给知识寻找恰当的载体”。这是一个非常时兴的话题，更是一个比较复杂的命题。这一年，在工作室中，主要的工作也是开发自己的的第二课程。张志勇厅长多次强调，教师一定要有自己的第二课程。一介普通教师，既无高深见识，又无渊博学识，我想我们没有能力去直接编写一套教材，但这显然也不是张厅长的本意。以课程标准为根本，以现有教材为主要素材，结合教育教学的实际进行整合，这大概才是我们现在就可在教室内实施的做法，也是我们每位老师通过努力能够做到的。

做惯了语文老师，所以习惯从语文的角度来说话。研读过几个名师的课堂实录，也听过几个名师的授课，在我的理解中，大凡名师均是教材整合的高手。如果我们的眼中只有一本教材、几篇孤立的课文，那我们的语文教学必将是枯燥的、乏味的，是缺少灵气的，是缺乏生活气息的。根据教学实际，整合一个单元甚至一册教材，整合不同版本的教材，整合课内与课外，整合语文和生活，这是我们语文老师必定要走的路。况且，语文的外延和生活的外延本应相等，语文本就是生活。正如钱梦龙老师所说，“一个语文老师成熟的标志，就是自己能独立处理教材”。我想这里的“能独立处理教材”

显然应当包括“整合、开发”的意思。

但我不想从语文学科入手。

这一年，在李老师的指导下，我以心理健康教育为着力点，编写出了心理健康教育课程实施的课程纲要，虽然很稚嫩和浅薄，但毕竟已初步成型，是这一年自己忙碌的一点收获。

时代在不断进步、发展，社会的转型期中浮躁甚嚣尘上。但是，我们所从事的这份职业，不允许我们踮着脚尖走路。加强专业能力的培养，促进知识结构发展，具备新的教育理念、教育方法和教学手段，是我们职业生涯自始至终的要求。加入工作室，我慢慢沉静下来，沉浸下来，做一份自己喜欢的工作，那真的是一种很美妙的感觉。实事求是地讲，这种美妙的感觉我也是刚刚品尝到一点点。在登堂入室的过程中，我只不过是刚刚敲开大门，刚刚抬起一只脚，还没有跨出一步，还没有跨进门槛。但越是这样，神圣殿堂里的无限风景就越令我期待。

（殷芝华）

十、染一方特色天空

对于我来说，李老师引导我们做的教师第二课程开发确实是个大课题。我既没有专家的理论高度，也没有大师的深厚专业素养，我有的只是对学生的热爱，而这一感觉在自己做了母亲以后更加强烈，还有就是自己从教 18 年的教学经验和在教学中的一点儿摸索而已。

和工作室其他成员一样，在李老师提出教师第二课程这个全新的理念之前，我也在进行着教师第二课程的开发和实施，只是当时是基于自己的教学经验的朴素做法而已，不知这就是教师的第二课程，更不知一个完整课程的要素。得益于李老师的指导，我才明晰了第二课程所应包含的内容。

在李老师的指导下，我也有了自己的第二课程纲要，虽然在专家的眼里它可能很不成器，但我却将视若珍宝，因为它是我一年思索与实践的结果，虽只是一枚青涩的果实，但这并不重要，重要的是在第二课程的开发与实施中，我与学生共同成长。

记得张志勇厅长的一句话：“只要强调了统一，强调了规范，就是扼杀了个性的教育。”这对我触动很大。教育的终极目标是促进学生的发展。教师第二课程开发就是为了更好地满足学生的需要。教师在第二课程开发的过程中，要充分考虑学生的兴趣、爱好、需求、特点，尽量使自己的教学内容和教学方式符合学生的需要。这就是说，学生的充分发展是教师第二课程开发的着眼点和目标，因而第二课程开发要立足本学科，同时注重学生原有的生活经验和学习经验，以学生的需要为导向，使每个学生得到充分的发展，给学生个性的发展留下自由的空间，尽可能满足学生的不同需要，提供差异性教育。一年的时间里，我与学生共同经历的课堂上，有 1/3～2/3 的时间是学生的“讨论时间”“交流时间”“辩论时间”，我逐渐走下讲台，走进学生之间，让学生成为课堂的真正主人，让讲堂变成学堂。课堂上，老师滔滔不绝的讲解少了，学生专心地读书背诵、讨论交流和个性展示多了，学得多而实。课堂上，大量阅读资料的引入，各种题材的文章让学生感受到阅读的快乐，为学生提供了广阔的学习空间。在老师指导下的阅读使学生的阅读水平大幅度提高，激发了学生的阅读期待，而且课内、课外阅读使学生的语文综合素质得到提高的同时，更让学生感受到阅读的价值，让学生爱上了阅读。大量阅读内容的引进不仅让学生增加了知识，开阔了视野，发展了思维，更提高了学生的文化品味，激发了学生的创造潜能。深受孩子们喜爱的漫画卡通系列丛书已经被有深度和厚度的中外名著、名人故事等所替代。

教师第二课程的开发，是教师基于理论思考的实践，这就充分发挥了教师的主体地位，更彰显了教师的个性，让教学回归教育的本质。

一路思考，一路摸索，一路走来，可能自己离真正意义上的教师第二课程还有很长的一段路要走。但千里之行始于足下，我们已迈出了关键的一步，前方有更美的风景、更明亮的天空等待我们！

（伦丽美）

结　语

缘于奎文区名师（专家）工作室的机制①

李秀伟工作室的成果来自于潍坊市奎文区多年来对名师工作室建设的探索与坚持。为给名师铺就成长的平台，奎文区一直坚持在做这项工作。

一、关于加强区域教师队伍建设的认识和思考

教师作为教育事业的主体，是教育教学的主要参与者，是推动教育改革和发展的中坚力量。教师素质的高低是办好教育的关键所在，加强教师队伍建设是学校不断发展的内在动力。《国家中长期教育改革和发展规划纲要（2010—2020年）》中明确提出了教师队伍建设的目标，即“严格教师资质，提升教师素质，努力造就一支师德高尚、业务精湛、结构合理、充满活力的高素质专业化教师队伍”，它是国家中长期教育改革和发展规划是否能够顺利实现的重要保障措施。在这样的背景下，探索教师队伍建设新模式，引领区域教师专业发展方向，实现教师队伍建设健康、协调、可持续的发展，具有重要的现实意义。基于以上任务和要求，对如何以名师带动加强区域教师队伍建设，我们认真进行了分析和思考：

1. 我区具有比较丰厚的名师资源，有齐鲁名师、山东省特级教师、潍坊名师、市特级教师等近20人。如何帮助这些名师的自身专业成长得到持续发展，如何发挥好名师引领、辐射和带动作用，需要找到合适的载体和建立有效的机制。

2. 如何将区域内的优秀教师资源凝聚起来成为“教师发展共同体”，从而便于主管部门对区域内优秀教师群体进行管理与规划，便于宏观调控优秀教师群体的发展方向和进程？

---

① 奎文区教育局提供。

3. 我区地处市区中心，拥有较丰富的优质教育资源，如何发挥区域内高校、上级教科研主管部门内专家的资源优势，为本区教师专业成长提供智力支持和理论引领？

4. 名师需要培养，要通过一种培养机制才能完成质的飞跃。作为教育主管部门，就要积极地为名师的成长搭建平台，创造条件和机会。因此，名师培养工程也是对在区域内培养高端教育人才的研究和探索。

基于以上思考和认识，我们确定了“以名师工作室为载体，促进区域教师专业发展”的工作思路。通过几年来的探索与实践，现在已经初步形成以“名师工作室”为载体培养教师的制度框架和实施办法，构建起名师专业成长持续发展和青年骨干教师培养的工作机制。

二、区域名师工作室建设的主要阶段

我区工作室的发展经历了三个阶段：

第一阶段：2006～2008 年，组建齐鲁名师成长工作室。以齐鲁名师提名者为主体，组建了孙颖齐鲁名师成长工作室、颜诺齐鲁名师成长工作室。主要目的有两个：一是搭建两位齐鲁名师候选人自身专业成长的平台；二是将工作室作为名师带动青年教师成长的载体。

第二阶段：2009～2010 年，组建省、市、区三级名师工作室。2009 年，随着齐鲁名师成长工作室的两位主持教师孙颖、颜诺被正式认定为山东省首届齐鲁名师，齐鲁名师成长工作室顺利完成转型，成为齐鲁名师工作室。同时，我们还以孙颖工作室为依托，分别成立了幸福街小学语、数、英三个学科工作室，实现了齐鲁名师工作室的衍生发展；颜诺工作室作为潍坊市教育局首批设立的潍坊名师工作室，与齐鲁名师工作室有机融合，并行发展。这一年，我们还选择了区内有突出表现和特长的老师（王丽、刘青、辛秀红、孙晓燕），组建了四个个性化教师工作室，实现了个性教师工作室的创生发展。同时，我们充分利用中心市区优势，引进市内优质教育资源，于 2010 年 3 月组建了两个专家工作室——欧晓霞专家工作室（以潍坊学院欧晓霞教授为主体成立的家庭教育和心理健康教育研究工作室）、李秀伟专家工作室（以原潍坊市教科院现任职于齐鲁师范学院山东省基础教育课程研究中心的李秀伟老师为主体成立的教育教学研究工作室），实现了专家工作室的创新发展。

第三阶段：2011年至今，加强名师工作室运行保障机制建设。这一阶段，主要进行了名师工作室运行保障机制的研究与实践，重点加强工作室制度建设，制订出台了《奎文区名师（专家）工作室管理办法（试行）》。根据该管理办法，2011年组建了11个工作室，2012年组建了12个工作室，覆盖专家、名师、个性教师工作室三个层级。在健全的制度和运行机制的保障下，我区各级工作室逐渐走上规范、健康、高效的发展之路。

三、区域名师工作室建设的推进措施

我们主要本着“区域制度规范”和“工作室自主管理”两大原则开展工作，“区域制度规范”，即将影响工作室效益的要素进行制度建设，建章立制，让制度说话，让制度规范；“工作室自主管理”，即实施项目管理，设置项目管理经费，工作室自主规划与运行，以加大工作的能动性和可控性。总之，目前我区各工作室处于良好运转状态。

1. 健全工作室的管理机构

名师培养工程是一个上下协调、内外互动的系统工程，要高起点、高定位、高标准地组织并实施好这一工程，需要各方面的共同努力。教育局专门成立了以局党工委书记、局长为组长的领导小组，副局长为组长的工作室评审委员会，教研室主任为组长的工作小组，全力推进工程实施工作，为名师培养工程增势助力；实施项目管理，设立区项目组，负责区域协调与推进，设立11个子项目组，负责工作室的管理与研究；工作室所在学校提供服务与支持。

现在，我区组建的11个工作室，在学科、学段、研究主题等方面更加全面；11个工作室集聚了我区170多名骨干优秀教师，形成了一个区域内优秀教师团队，大家一起立足学科，聚焦课堂，发挥集体智慧、团队力量、专业优势，多方互动、深入基层来培养高端教师，打造学科高地。我区的“专家、名师、个性教师”三级工作室，以共同的愿景为导向，以协商、合作的文化为机制，以教师的实践问题为基础，以参与中的身份认同为标志的“教师发展共同体”已经成为我区教师队伍建设的重要措施。

2. 完善工作室的运行机制

我们围绕影响工作室效益的要素进行制度建设，建章立制，用制度管理、用制度规范。在多次论证、反复研究的基础上制订出台了《奎文区名师

（专家）工作室管理办法》，从组建、组织、经费、成果与评价管理等方面做了具体的界定，明确了工作室主持人、成员、工作室领导小组、工作室评审委员会的权利和责任。这个文件成为我区各级工作室管理的指导性、落实性、评价性文件，并在此基础上进一步加大工作室的自主管理力度、研究力度、成果推介力度，工作室实施项目管理，设置项目管理经费，这些举措极大地调动了工作室主持人的积极性和能动性。制度规范和项目管理机制已经成为工作室深度研修的有力保障。

3. 建设工作室的运行要素

（1）工作室的层级界定

我区工作室分设“专家、名师、个性教师”三级，各级工作室具体界定如下：

专家工作室：是指引进奎文区以外的教育专家或特殊人才，为我区教师专业成长提供智力支持和理论引领而组建的工作室。有条件的学校可以根据发展需要，聘请高校或教育科研机构等单位的专家，组建专家工作室落户本校，引领学校和教师发展。

名师工作室：是指发挥区内齐鲁名师、省特级教师、潍坊名师、市特级教师、奎文名师（专家型校长）的引领、辐射作用而组建的工作室。

个性教师工作室：是指区内在某个研究领域具有个性化教育教学特色和特长的老师组建的工作室，以发挥个性教师的专业引领作用。

鼓励学校积极建立校级工作室。校级工作室组建后，可向奎文区名师（专家）工作室领导小组申请备案，对已备案的校级工作室，如果运转良好、成效突出将优先审批。

（2）工作室的组建

工作室实行动态管理，以完成阶段性研究内容为工作时限，按照年度进行申报和备案（期限一般为 1 年），每年 1 月份为申报备案时间，每年 12 月份为审核审批时间。

组建工作室由学校或主持人提出申报，提供年度项目管理计划书，要有明确的研究课题，能发挥示范引领作用，能带动学校发展和教师成长；要有具体的项目实施工作方案，工作目标、工作内容、工作方式有较强的可行性和可操作性，预期成果明确，可检验。“奎文区名师工作室领导小组”对申请工作室的计划书进行审核，择优确定主持人，并以教育局办公室文件的形式在全区范围内进行公示。

工作室培养对象可由个人申报、单位同意推荐、“奎文区名师工作室领导小组”批准的方式确定；或由主持人提议，“奎文区名师工作室领导小组”批准的方式确定；也可由“奎文区名师工作室领导小组”根据人才培养要求提名确定。培养对象确定后全区范围内进行公示。

（3）工作室的研究主题

教师专业发展最有效的途径就是行动研究，工作室实施课题带动策略，根据主持人的自身特色及研究领域存在的问题确定工作室的研究主题，并进行省、市、区各级课题的规范管理，以此规范研究，促进研究，引领研究，实现工作室科学、可持续发展。

（4）工作室的月展示

为进一步加强日常管理，定期展示各工作室的研究成效，建立“每月一次公开展示活动，每年公开展示活动不少于8次”的工作机制。由区项目组汇总各工作室的月展示活动形成“奎文区各级工作室月配档表”，下发到相关学校，以便大家提前安排好学校工作室，提高参与率，也方便主持人提前谋划展示活动，以确保研修的深度。在工作室主持人的精心组织下，工作室活动的主题性、研究性、实效性均有明显提高。

（5）工作室的月观摩

为进一步规范工作室活动程序，定期调度各工作室活动情况，建立“每月全体观摩一次活动”的工作机制，优先展示原则上较为成熟的工作室；自愿承办的方式，实现了各工作室之间的学习和借鉴、引领和促进；为区域管理部门实现定期调度提供了机会，以便及时发现管理中的问题，布置后期工作。

（6）工作室的中期调度

工作室的中期调度在每年的7月份举行，由各工作室主持人对前期工作进行全面总结，就各自开展的工作进行汇报，对过程性材料进行展评。可以说，“中期调度”的目的有二，一是促进各工作室之间进行学习与交流；二是全面梳理前期取得的成效和存在的问题，为后期工作的开展提供依据。

（7）工作室的年终评审

各工作室于每年12月份要进行项目汇报与展示，由工作室领导小组对各工作室项目组织考核。考核分两部分，一是由本工作室成员对工作室工作进行自评；二是由工作室评审委员会进行考评，对工作室项目完成情况从日常活动参与、培养对象成长、成果物化、在全区教育教学中产生的影响和经费使用效益五个方面进行验收和评估。

奎文区名师（专家）工作室领导小组根据工作室的测评情况，对优质项目成果予以推广和奖励，受到奖励的项目主持人在下一次项目申请时予以优先考虑；对执行不利、研究成果不显著的项目，不再予以审批。

此项工作是我区深化名师工作室运行机制的一个主要表现，主要是解决工作室的评价问题，极大地规范、完整了工作室的运行程序，激发了工作室的运作潜能，成为今年工作的终点和下年全新工作的起点。

（8）工作室的经费管理

教育局为工作室设立专项经费，每个工作室每年度 2～3 万元，用于工作室开展工作和进行项目实施，由工作室主持人提出使用意见，专款专用；主要用于成员专业发展和成果推介，以提升工作室的经费使用效益；各工作室在申报项目时由工作室主持人提出用款计划，由区教育局计财科会同工作室管理办公室审核后下拨主持人所在单位，委托单位法人代管，会计单独记账、核算，不得超范围使用。

（9）工作室的成果管理

每个工作室每年至少有 2 个标志性成果。如发表正式期刊论文、出版专著，有省市级教学成果、省市课题结题、省市级优质课观摩课，培养了省市教学能手、各级名师，在区域推广经验等。

凡属工作室项目成果的论文、专著、媒体刊载、技术资料、汇报材料和成果评议鉴定资料等，在发表、出版、展示、汇报时均应注明“奎文区名师（专家）工作室”字样。工作室领导小组将精选各工作室的优秀成果，由区教育局出资每年结集出版一次；对于研究成果特别突出的工作室，区教育局将出资为其出版专著。

（10）工作室的宣传推介

鼓励各级工作室充分利用各种资源，致力于工作室成果的推介和宣传；区项目组充分发挥各种渠道的作用，积极为各级工作室提供机会和平台，以提升工作室的品质和扩大区域影响。

四、区域名师工作室建设的主要成效

经过几年的探索、研究与实践，我区的“名师工作室”作为“促进区域教师专业发展，引领、辐射和带动青年骨干教师快速成长”的一种教师队伍建设新模式，它的作用和价值在实践中越来越显得突出和重要。

1. 工作室的价值特点逐渐凸显

经过前期的实践与探索，我区的工作室形成了以下特点：

(1) 权威性：工作室的主持人在教育界和社会有一定的知名度和话语权。

(2) 学术性：工作室的主持人在学术上有专长。

(3) 学科性：以学科设立工作室，载体具体，易于交流。

(4) 开放性：工作室的大门是敞开的，不是封闭的，既有内部的广泛交流，也有外部的延伸。

(5) 互惠性：主持人与成员是平等、互补、互助、互惠的关系。

(6) 实践性：是实践共同体，为全体成员提供“做”的“场”。

(7) 研究性：强调以课堂教学为研究的第一要素，用研究带动成员的提升。

(8) 引领性：实现主持人、成员自身素质的提高和成员辐射效应的拓展。

我区的名师工作室，是一种带教方式，是一种学习机制，是一个信息交流、资源共享的平台，更是一个专业发展共同体。工作室不局限于获悉教学之术，而是要究教学之理，悟教学之道。“让教学蕴含学术，让教育充满思想”已经逐渐成为工作室践行的准则和目标追求。

2. 工作室的研究活动有序高效

各工作室依据各自的研究主题，自主、有序地开展系列研究活动，研究活动主题突出、效果明显。各个工作室结合自身的特点，于实践中逐渐梳理出科学、有效的工作模式。如课题跟进式、课堂观察式、课例打磨式、网络教研式、教育叙事研究式等，完善了区域内名师工作室的实施策略，以“读书——研究——写作”为主线的工作室模式正日趋成熟。

目前，工作室的团队研修机制正如“滚雪球”般显现其价值。“1+8+n”带动周边人共同发展。“1”表示团队的主持人，“8”代表来自各校的8

名成员，“n”表示团队所有成员所在学校的老师，通过1带8带n的团队工作模式的力量，层层带动，发挥辐射作用，引领队员教师所在学校教师的共同发展，形成更强劲的新生力量，从而实现整个研修群体的专业提升。正所谓：水相荡而生涟漪。

3. 工作室的研究成果丰富显著

我区名师工作室的健康、和谐运行极大地唤醒了区域教师的成长意识（从每年各级工作室的培养对象招募情况来看，学校、教师的积极性非常高涨）。唤醒，就是通过专业引领，让教师具有自我意识，能够自我内省，不断反思，将成长视为生活中不可或缺的重要组成部分，从而更加关注教育教学，投身研究，赋予教育新的生命价值和意义，使学习和成长成为教师的行为模式，成为教师的常态。

奎文区个性教师工作室主持人肖宝臻老师说：“工作室的工作使我有了很大的发展。我过去的班级工作是跟着感觉走，现在是依托理论开展实践，我个人认为这是一个飞跃；个人实践变成了组织群体实践与研究，我慢慢地学会了组织、协调等，这对于我这个以前不愿意抛头露面的人来说是一个挑战，同时也提高了我的工作能力；我学会了思考和总结，过去的班级管理工作总是做了就做了，现在不同了，要制订计划，要组织活动，要注意积累，要及时总结。”李蓓蓓老师是潍坊中新双语学校的一位名不见经传的青年教师，在李秀伟专家工作室的引领打造下，为山东省小学语文远程研修提供的课例，得到了多位专家的亲自指导；在2011年10月举行的全国目标教学会上提供了一节观摩课，获得特等奖，得到了与会老师的高度评价。正是工作室给她提供了一个平台、机会、指导团队，让她成长得如此灿烂！

各级工作室的研究成果丰富显著，各个工作室均能完成《名师工作室管理办法》中界定的标志性成果的级别和数量。如省市教学能手的培养，打磨国家省市级观摩课优质课，省市级课题结题，省市级科研成果，为山东省远程研修提供课例，在核心期刊发表论文，参加市级推介会等；2011年，工作室的29个课题全部通过潍坊市“十一五”规划课题的鉴定，实现了一线教师担当课题主持人的目标，极大地提高了各工作室的积极性和今后研究的规范性；全面整理我区的研究成果，于2012年编辑出版《奎文区名师工作室建设与探索》一书，从缘起、规划、管理、模式、实践、成果、感悟、展望等方面全面解读以“名师工作室”为载体培养教师的操作框架和实施策略；

2012 年《中小学学科教学改进的研究》荣获山东省第三届教学成果二等奖，2012 年《奎文区名师工作室管理办法》获潍坊市金点子成功案例一等奖，我区的名师工作室建设经验在全市教师教育与师德考评工作会议上作典型交流。工作室已经成为大家专业发展和收获研究成果的平台，成为区域工作、学校工作的核心和生力军。

五、区域名师工作室建设存在的问题

1. 工作室的理论水平不够，成为制约工作室高水平发展的瓶颈，“究教学之理、悟教学之道”显然离不开教育理论的支撑。

2. 进一步畅通发表、出版、推介渠道，为工作室创造更加宽广、更加开放的发展领域。

“名师工作室”是我们奎文教育的一项意义深远的工作，是奎文教育创新人才培养模式、构筑人才高地的重要举措。我区将继续深化工作室的运行机制研究，面向整体，精心谋划，加强各级联动、互动，加大优秀成员、重点成员的培养推介力度，用标准引领，用项目驱动，用竞争激励，用机制创新，为教师的专业成长注入不竭动力，实现我区教师队伍的科学、优先、可持续发展，共同成就现时和未来奎文教育的领军团队。